思想的・睿智的・獨見的

經典名著文庫

策劃 楊榮川

五南圖書出版公司 印行

經典名著文庫

學術評議者簡介（依姓氏筆畫排序）

- 丘為君　美國俄亥俄州立大學歷史研究所博士
- 吳惠林　美國芝加哥大學經濟系訪問研究、臺灣大學經濟系博士
- 宋鎮照　美國佛羅里達大學社會學博士
- 林玉体　美國愛荷華大學哲學博士
- 邱燮友　國立臺灣師範大學國文研究所文學碩士
- 洪漢鼎　德國杜塞爾多夫大學榮譽博士
- 孫效智　德國慕尼黑哲學院哲學博士
- 秦夢群　美國麥迪遜威斯康辛大學博士
- 高明士　日本東京大學歷史學博士
- 高宣揚　巴黎第一大學哲學系博士
- 張光宇　美國加州大學柏克萊校區語言學博士
- 張炳陽　國立臺灣大學哲學研究所博士
- 陳秀蓉　國立臺灣大學理學院心理學研究所臨床心理學組博士
- 陳思賢　美國約翰霍普金斯大學政治學博士
- 陳清秀　美國喬治城大學訪問研究、臺灣大學法學博士
- 陳鼓應　國立臺灣大學哲學研究所
- 曾永義　國家文學博士、中央研究院院士
- 黃光國　美國夏威夷大學社會心理學博士
- 黃光雄　國家教育學博士
- 黃昆輝　美國北科羅拉多州立大學博士
- 黃政傑　美國麥迪遜威斯康辛大學博士
- 楊維哲　美國普林斯頓大學數學博士
- 葉海煙　私立輔仁大學哲學研究所博士
- 葉國良　國立臺灣大學中文所博士
- 廖達琪　美國密西根大學政治學博士
- 劉滄龍　德國柏林洪堡大學哲學博士
- 黎建球　私立輔仁大學哲學研究所博士
- 盧美貴　國立臺灣師範大學教育學博士
- 薛化元　國立臺灣大學歷史學系博士
- 謝宗林　美國聖路易華盛頓大學經濟研究所博士候選人
- 簡成熙　國立高雄師範大學教育研究所博士
- 顏厥安　德國慕尼黑大學法學博士

經典名著文庫018

資本主義與自由

密爾頓・弗利曼 著
(Milton Friedman)
謝宗林 譯
吳惠林 導讀

經典永恆・名著常在

五十週年的獻禮・「經典名著文庫」出版緣起

總策劃 楊榮川

五南，五十年了。半個世紀，人生旅程的一大半，我們走過來了。不敢說有多大成就，至少沒有凋零。

五南忝爲學術出版的一員，在大專教材、學術專著、知識讀本出版已逾壹萬參仟種之後，面對著當今圖書界媚俗的追逐、淺碟化的內容以及碎片化的資訊圖景當中，我們思索著：邁向百年的未來歷程裡，我們能爲知識界、文化學術界做些什麼？在速食文化的生態下，有什麼值得讓人雋永品味的？

歷代經典・當今名著，經過時間的洗禮，千錘百鍊，流傳至今，光芒耀人；不僅使我們能領悟前人的智慧，同時也增深加廣我們思考的深度與視野。十九世紀唯意志論開創者叔本華，在其〈論閱讀和書籍〉文中指出：「對任何時代所謂的暢銷書要持謹慎的態度。」他覺得讀書應該精挑細選，把時間用來閱讀那些「古今中外的偉大人物的著作」，閱讀那些「站在人類之巔的著作及享受不朽聲譽的人們的作品」。閱讀就要「讀原著」，是他的體悟。他甚至認爲，閱讀經典原著，勝過於親炙教誨。他說：

> 「一個人的著作是這個人的思想菁華。所以，儘管一個人具有偉大的思想能力，但閱讀這個人的著作總會比與這個人的交往獲得更多的內容。就最重要的方面而言，閱讀這些著作的確可以取代，甚至遠遠超過與這個人的近身交往。」

爲什麼？原因正在於這些著作正是他思想的完整呈現，是他所有的思考、研究和學習的結果；而與這個人的交往卻是片斷的、支離的、隨機的。何況，想與之交談，如今時空，只能徒呼負負，空留神往而已。

三十歲就當芝加哥大學校長、四十六歲榮任名譽校長的赫欽斯（Robert M. Hutchins, 1899-1977），是力倡人文教育的大師。「教育要教眞理」，是其名言，強調「經典就是人文教育最佳的方式」。他認爲：

> 「西方學術思想傳遞下來的永恆學識，即那些不因時代變遷而有所減損其價值

的古代經典及現代名著，乃是眞正的文化菁華所在。」

這些經典在一定程度上代表西方文明發展的軌跡，故而他爲大學擬訂了從柏拉圖的《理想國》，以至愛因斯坦的《相對論》，構成著名的「大學百本經典名著課程」。成爲大學通識教育課程的典範。

歷代經典．當今名著，超越了時空，價値永恆。五南跟業界一樣，過去已偶有引進，但都未系統化的完整舖陳。我們決心投入巨資，有計劃的系統梳選，成立「經典名著文庫」，希望收入古今中外思想性的、充滿睿智與獨見的經典、名著，包括：

- 歷經千百年的時間洗禮，依然耀明的著作。遠溯二千三百年前，亞里斯多德的《尼各馬科倫理學》、柏拉圖的《理想國》，還有奧古斯丁的《懺悔錄》。
- 聲震寰宇、澤流遐裔的著作。西方哲學不用說，東方哲學中，我國的孔孟、老莊哲學，古印度毗耶娑（Vyāsa）的《薄伽梵歌》、日本鈴木大拙的《禪與心理分析》，都不缺漏。
- 成就一家之言，獨領風騷之名著。諸如伽森狄（Pierre Gassendi）與笛卡兒論戰的《對笛卡兒沉思錄的詰難》、達爾文（Darwin）的《物種起源》、米塞斯（Mises）的《人的行爲》，以至當今印度獲得諾貝爾經濟學獎阿馬蒂亞．

森（Amartya Sen）的《貧困與饑荒》，及法國當代的哲學家及漢學家余蓮（François Jullien）的《功效論》。

梳選的書目已超過七百種，初期計劃首爲三百種。先從思想性的經典開始，漸次及於專業性的論著。「江山代有才人出，各領風騷數百年」，這是一項理想性的、永續性的巨大出版工程。不在意讀者的眾寡，只考慮它的學術價值，力求完整展現先哲思想的軌跡。雖然不符合商業經營模式的考量，但只要能爲知識界開啓一片智慧之窗，營造一座百花綻放的世界文明公園，任君遨遊、取菁吸蜜、嘉惠學子，於願足矣！

最後，要感謝學界的支持與熱心參與。擔任「學術評議」的專家，義務的提供建言；各書「導讀」的撰寫者，不計代價地導引讀者進入堂奧；而著譯者日以繼夜，伏案疾書，更是辛苦，感謝你們。也期待熱心文化傳承的智者參與耕耘，共同經營這座「世界文明公園」。如能得到廣大讀者的共鳴與滋潤，那麼經典永恆，名著常在。就不是夢想了！

二〇一七年八月一日 於

五南圖書出版公司

導讀——永垂不朽愈陳愈香的《資本主義與自由》

「天下沒有白吃的午餐」（There's No Such Thing as a Free Lunch）這句當代人幾乎都能琅琅上口的話語，其原始出處雖有爭議，但它之所以能膾炙人口，無疑歸功於密爾頓・弗利曼（Milton Friedman, 1912-2006）這位一九七六年諾貝爾經濟學獎得主、有「二十世紀最偉大的自由經濟學家」美譽的經濟學大師。由於弗利曼在寫給大眾的通俗文章於一九七五年集結成書用這句話作為書名，這句話才風迷全球，這同時也凸顯出弗利曼在公眾中享有極高的聲譽。

弗利曼獲頒諾貝爾獎，足證其學術成就之高，但他之所以享譽全球、對人類有極大的貢獻，卻是在公共政策領域上對「自由經濟理念」的大力傳布、推廣之故。他在這方面不但著作等身，而且風塵僕僕到各國對國家領導人和普羅大眾耳提面命。為了發揮更大影響力，弗利曼在一九六八年十一月與海勒（W. Heller）舉行公開大辯論，也在《新聞週刊》（*Newsweek*）一段時間（1966-1984）與薩繆爾遜（P. A. Samuelson, 1915-2009，凱因斯學派最主要大將，一九七〇年第二屆諾貝爾經濟學獎得主）紙上論戰，被薩繆爾遜稱為「經濟學界的鰻魚」。

經濟學界鰻魚的情操

這個比喻鮮活地點出弗利曼的自由經濟觀點在當時屬於少數，但卻頗富攻擊力，有如遠洋漁業捕魚者，為了維持所補獲魚群的新鮮，必須放入幾條鰻魚與魚群相鬥。這也顯示出弗利曼處境的艱難，但他為真理「義無反顧、勇往直前」，隻身力戰群雄。

除了以文章、演講、辯論宣揚自由經濟理念外，弗利曼更深入政治專制獨裁國度與領導人對談，或充當經濟顧問，將經濟自由灌輸在政策決策者腦中，最有名的當推他在一九七〇年代充當智利軍政府獨裁者皮諾契特（Augusto Pinochet, 1915-2006）顧問，促使智利致力推動市場自由化策略。但也因為如此，弗利曼在一九七六年被宣布榮獲諾貝爾經濟學獎時，引發史無前例的抗議風波。

舉斯德哥爾摩大學經濟學系和瑞典商業學院的教師及研究員的抗議信為例，內容是：「儘管弗利曼在經濟學理論方面有一些成就，但他完全不理會他所推薦的經濟政策所帶來的後果……。他和他的芝加哥學派，做了巴西和阿根廷軍事獨裁者的顧問，也替智利軍人政權擬出一條經濟政治路線。……這一切不但指出了皇家科學院的政治幼稚病，也完全抹煞了弗利曼的得獎資格。……」

除了有這種書信抗議外，頒獎那天，場內有一人示威，場外更有四千人示威，創下截至該年為止，共七十五年諾貝爾獎頒獎典禮受到破壞的先例，且因示威者擋道，典禮後的國王傳統晚宴，也首度延遲開席。雖然受到如此激烈抗議，弗利曼仍堅持其藉機轉變獨裁者理念的作法，繼續充當各國政要的諮詢顧問，最著名的就是與中共經改初期的關鍵人物趙紫陽在一九八八年的長達兩小時面對面會談。

為何弗利曼敢於干犯眾怒，冒著「為虎作倀」的罪名持續幫軍事獨裁者擬定經改政策？在弗利曼夫婦一九九八年出版的對話式自傳《兩個幸運的人》（*Two Lucky People*）的第二十四和二十六兩章，對該事件的始末，有非常詳細的記載和辯解。我的理解是，弗利曼相信「經濟自由的結果將促成政治自由」。在智利，皮諾契特將軍接受人民的裁決（公民投票），安排於一九八九年十二月進行總統選舉，軍事執政團把政權交給自由選舉產生的政府，恢復了真正的政治自由，而新民主政府繼續執行自由市場經濟政策，也終究實現了「自由市場經濟在自由社會中健全運作」的終極目標。

堅信自由經濟最能造福人群

弗利曼之所以有如此的勇氣，乃在其對自由經濟或市場經濟的堅信，堅信這種制度對人類的福祉最有助益。為了促進人類福祉，不辭辛勞地做自由經濟佈道工作，他將其完整理念在一九六二年作了統整，以《資本主義與自由》（*Capitalism and Freedom*）這本書呈現，而這是一本以一般讀者為對象的書。

由於當時那些深恐政府規模擴大，以及深恐福利國家和凱因斯思想的得勢會危及自由和繁榮者，是被屬於相當多數的同輩知識份子視為怪異份子的少數團體，該書因而受到漠視，沒有任何一份全國性的主要刊物對之評論，但出版十八年也賣出了四十幾萬本。到一九八〇年，當《選擇的自由》（*Free to Choose*）這本書出版時，情況卻大為改觀。這由弗利曼在《資本主義與自由》的〈一九八二年版序言〉中可清楚得知。

弗利曼這樣寫著：「過去二十五年來學術氣候轉變之大，可由我的妻子和我合著的《選擇的自由》一書所受到非常不同的待遇得到證明。《選擇的自由》一書刊行於一九八〇年，在思想上直接承襲《資本主義與自由》。《選擇的自由》得到所有主要刊物的評論，而且通常是作為特稿的長篇評論。《書摘》不僅摘述該書，而且在封面上以該書為號召。《選擇的自由》出版後的第一年就在美國賣出四十萬冊精裝本，一九八一年初並印行普及版，而且已被譯成十二種外國文字。

我們認為這兩本書被接受程度的不同，不在於品質的差別。事實上，較早的那本較著重哲學思想，也較抽象，因此是較為基本的。而《選擇的自由》，如同我們在該書的序言所說的，『較多精微實例，較少理論架構』，《選擇的自由》補足了，而非取代了《資本主義與自由》。從表面上看，讀者對這兩本書有不同的接受程度，可以歸功於電視的力量。《選擇的自由》是根據我們在公共電視台同名的節目而設計的，原本也是要伴隨該節目的推出來銷售。毫無疑問，電視影集的成功，凸顯了該書的卓越。

這種解釋相當膚淺，因為電視節目本身的存在和成功，正可證明學術氣候的改變。在一九六〇年代，從未有人來找我們製作像《選擇的自由》這樣的電視節目；這樣的節目即使有贊助者的話，也必定很少。如果真的製作出這樣的節目來，觀眾也一定少得可憐。因此，《選擇的自由》所得到的不同待遇，以及電視影集的成功，正是輿論氣候改變的當然結果。雖然我們這兩本書的論調依然稱不上知識的主流，但至少現在已得到知識份子的尊重，而在廣大的讀者群中幾乎要被視為傳統的作品了。」

輿論氣候的大轉變

弗利曼又說：「輿論氣候的改變，來自經驗，而非理論或哲學。蘇聯和中國曾經是知識階級的大希望之所寄，如今很明顯的已經被唾棄了。英國的費邊社會主義曾經對美國的知識份子產生極大的影響，也早已身陷困境。回頭看看美國，一向熱衷於大政府的知識份子，其中大部分又為民主黨的支持者，在經過了越戰，特別是甘迺迪和詹森兩位總統所扮演的角色後，已感到大失所望。許多偉大的改革計畫，諸如國民住宅、支援工會、學校的種族融合、合併學區、聯邦對教育的補助、反歧視運動，這些過去代表福利的旗幟，如今已多化為灰燼。和其他人一樣，鼓吹改革計畫的經濟學家，他們著作的宣傳小冊銷量也受到通貨膨脹和高稅率的衝擊。是以上這些現象，而不是理論書籍洋洋灑灑陳述出來的理念，解釋了一九六四年高華德（Barry Goldwater）的大敗，而到了一九八〇年雷根（Ronald Reagan）的大勝之間的轉變。高華德和雷根這兩個人提出了相同的計畫，也傳達了相同的訊息，卻遭到截然不同的命運。

那麼，像本書一樣的同類書籍，它們所扮演的是什麼角色？就我看，有兩層意義。首先，是提供了自由討論的題目。如同我們在《選擇的自由》一書的前言中寫到：『唯一能真正說服你的人便是你自己。你必須讓各種論題自在地在心中翻動，考慮這許許多多的辯論，讓這些辯論去喧騰鼓動，過了一段長時間之後，把你的偏好變為堅定的信仰。』

其次，也是較為基本的是，在環境必須做轉變之前，保有開放的選擇空間。在私人行事中，尤其是在政府的體制中，都存在著一種巨大的慣性，這種慣性可以說是現狀的專橫宰制（The Tyranny of Statusquo）。只有在面臨危機時，不管是實際發生的還是預期到的危機，才能產生真正的改變。一旦危機發生，應付危機所採取的行動，是依當時社會廣為流傳的理念而定。我相信這就是我們的基本功能；亦即，對應於現存的政策，發展出不同的方案，使這些方案保持活力且具可行性，直到它們從政治上的不可能採行，變為政治上的不可避免。」

經由弗利曼的自述，我們已經知道《資本主義與自由》與《選擇的自由》兩本書是互補而非替代性的，只是《資本主義與自由》較著重哲學思想、較抽象、也較為基本。

弗利曼在一九八〇年時認為，美國人正在覺醒，也再度認清「受到過度管理的社會很危險」，也瞭解「好目標會被壞手段搞砸」，而「依賴人的自由，根據他們本身的價值，去控制自己的生活，是充分實現偉大社會的完整潛力，最牢靠的作法」。所以，弗利曼以「也幸好，身而為人，我們仍然能夠自由的選擇應該走哪條路—是否繼續走政府越來越大的路，還是喊停和改變方向」，作為《選擇的自由》這本書結語。

不過，弗利曼雖慶幸美國人在一九八〇年代有選擇的自由的權力，但他在一九九三年二月於《資本主義與自由》一九八二年版的〈中文版作者序〉中，卻提出了震撼人心的警語。

經濟自由倒退

弗利曼寫道：「我很高興，《資本主義與自由》中文版能在臺灣發行。雖然該書英文第一版發行於三十年前，但書中所揭櫫的理念乃是永恆的。那些理念適用於三十年前，也適用於今日的環境，而就某些層次言，可說更切合當前的局勢。政府干預市場的年代已因輿論而有所改變；當年批判政府干預，被視為極端且激進的論點，如今已廣被接受。儘管如此，政府干預的行為並未隨著觀念的改變而同等變化。

相反的，在美國和其他西方國家，政府的角色自一九六〇年代以來，非但沒有減弱，且有增強之勢。今天的政府花掉國民所得的一大部分，採取更多的管制，且更細膩地干預到個人生活。

最重大的行為變革發生在原本是共產主義的國家，包括蘇聯和其衛星國，以及中國。那些國家試圖以自由市場取代中央集權控制，來獲取最大可能的利益，位處於西半球的我們對這些發展深感得意。共產主義的瓦解使我們相信，我們正在進行的任何事情都是正確的。其實不然，似乎我們正努力走向五十年前的共產主義國家之形態，而共產主義國家正在努力走向七十五年前我們所處的國家之形態。

我對臺灣的瞭解不深，因此我不敢說臺灣的情形是否亦如上述的西方國家之態勢。然而，以美國為例，我確信反轉目前的方向且改行縮小政府規模和減少侵犯個人事務是極為迫切的作法。我們有必要言行一致。

在臺灣發行《資本主義與自由》也許像是運送煤炭到電氣化的城市，因為臺灣過去四十年來遵循本書所闡釋的理念，已經變成二十世紀的經濟奇蹟之一，一如香港、新加坡、二次大戰後二三十年的西德，以及過去二十年來的智利。不過，這樣的成果並不意味本書的理念從此就不相干了。美國和其他已開發國家的例子顯示，一旦透過市場機能贏得繁榮之後，常有強烈傾向走向社會主義國家之形態，要維持市場機能的運作，可能比導入市場機能來得困難。我非常希望本書的發行能夠幫助臺灣保有、且擴大其人民的自由和經濟的自由。」

弗利曼在該序文中表示對臺灣的瞭解不深，因而不敢說臺灣的情況與他所描述的西方國家態勢相同，他又謙虛地表示《資本主義與自由》在臺灣發行，也許像是運送煤炭到電氣化的城市。弗利曼言下之意是，臺灣早已遵循這本書所闡釋的自由經濟理念，因而本書在臺灣面世恐怕是多此一舉。其實，當時臺灣的情況比弗利曼憂心的西方世界之演變，是有過之而無不及！尤其二〇〇九年在金融海嘯後，馬政府急切與對岸簽訂ECFA，更產生危機。而二〇一六年蔡政府上臺，傾向左派的社會主義政策且方興未艾。

在美國，歐巴馬主政後快速走向社會主義道路，以健保改革強渡關山可見一斑，這也更凸顯弗利曼的先知。到二〇一七年，川普當選總統，重拾一九八〇年代雷根總統的自由經濟，雖被稱為「敲響社會主義的警鐘」，但其行動卻是困難重重，因為美國社會早已迷漫社會主義思維，甚至被共產主義普遍滲透了！至於共產世界的邁向自由經濟，更是掛羊頭賣狗肉，由中共所謂的「中國特色社會主義經濟思想」已可清楚明白。所以，二十一世紀的今天，還是需要弗利曼一九六二年寫作的《資本主義與自由》來引領。

十二個問題歷久彌新

這一本沒有數學符號、沒有任何幾何圖形的「敘述性」著作，展現出不同於「一般人」所認定的「經濟學理」，也無形中為「自由經濟學無用」作了極為有力的辯解。藉著身為自由主義份子（這個名詞的定義還請詳見書中弗利曼的澄清）所抱持的「自由」精神，弗利曼將各個社會中常見的十二個重要問題以淺顯的文字、流利的文筆提出精闢的分析。

這十二個問題分別是經濟自由和政治自由的關係、政府在自由社會裡的角色、控制貨幣、國際金融與貿易安排、財政政策、政府在教育方面的角色、資本主義與歧視、獨占與企業和勞方的社會責任、職業特許、所得分配、社會福利的措施，以及減輕貧窮。

這些問題都與社會中的每一份子息息相關，也是各個領域的學者爭論不休的課題，弗利曼以自由經濟的角度，為我們指出一條異於一般人想像的明路。

這本早在一九六二年出版的書，是弗利曼根據其在一九五六年的一系列演說內容集結而成，據此推算各篇文章正是弗利曼壯年期精力充沛、生產力達到頂峰時的傑作。無怪乎一九九五年諾貝爾經濟學獎得主、理性預期學派的宗師盧卡斯（R.E.

Lucas）推崇本書是弗利曼思想的精華，既有原創性又極富哲理。

自由經濟在乎政府角色的正確

本書所論述的十二項問題，都圍繞在「政府」角色的如何扮演，這也正是臺灣自一九八四年即提出的「自由化、國際化、制度化」政策之關鍵點；到一九九五年「亞太營運中心」跨世紀方案，配合「行政改革」、「政府再造或改造」、「減肥」等等行動，全都是在「小而有能」、「做該做的事」等等政府職責何在，以及如何作法上圍繞；就是一九九七年憲改大戲也都在作這種事，但成效卻不彰。癥結所在，就是在正確觀念的無法生根，此由弗利曼在本書的〈導論〉一開始所引的已故美國總統約翰・甘迺迪名言：「不要問國家能為你做什麼，要問你能為國家做什麼。」被此間當成金科玉律就可知一斑了，也就是說沒有跳脫出政府是主人或神祇，人民是僕人或崇拜者的迷思，如此，恐怕任何改革都無濟於事。為何早在李登輝當總統時就公開喊出「人民是頭家」，但實際現象卻似乎相反，實在值得在弗利曼這本書的導論和第一、二章找尋答案。

記得哲人曾說：「知識有兩種，一種是亙古不變的，一種則是與時俱變的。」

速食、技術性的知識是屬於時常變動的，而富於哲理的思想性知識是不變的，要歸為不變的知識並不容易，經得起時代考驗的著作更不多見，這本《資本主義與自由》確是屬於此類作品。已故的自由經濟學前輩夏道平先生曾在其《人的行為》（*Human Action*）譯著的修訂版譯者序中，一開頭就說：「不朽的名著，沒有『時效』問題，因而也沒有『過時』的翻譯；有的，只是無常的『時運』。」他用來恭維米塞斯（Ludwig von Mises, 1881-1973）大作的話語，也同樣適合弗利曼的這本書。

不朽的名著越久越閃亮

總之，不朽的名著不但沒有過時之虞，還會有愈陳愈香、愈見其閃耀光芒的功力，《資本主義與自由》就是這樣的一本書，對於此時的臺灣，這本近六十年前面世的書所探討的十二個問題，如謝宗林在〈譯者序〉中所舉證的，還是懸而未決、甚且每下愈況的重大課題，讓我們一起在其中找尋明路和良藥吧！

最後，必須一提的是，這本書在臺灣最早的中譯本是一九七二年由臺灣銀行出版，是根據一九六二年最原始版翻譯，其後在一九九三年再由我邀藍科正教授和黃美齡小姐，就一九八二年版再重新翻譯，由久大萬象圖書公司出版。到二〇一〇年，這兩種譯書都已經絕版，當時我覺得有必要再讓這本書在臺灣重見天日，正好英文原書在二〇〇二年又再版，而當時最有資格作此翻譯工作的謝宗林又從中華經濟研究院退休，正可全力翻譯，於是向五南出版公司張副總編推薦，促成這本最新譯作的出版，相信翻譯功力已臻「信、達、雅」境界的本書，會對華人社會有莫大貢獻。

翻譯是吃力不討好的工作，物質報酬率極低，但對知識的傳布、交流卻極為重要，翻譯好一本書甚至比自己創作還難，遺憾的是，往往受到輕視，也被誤解為輕而易舉之事，於是很難吸引名家來作。因此，個人感謝謝宗林兄願意加入翻譯不朽名著的陣營，也欽佩五南公司博雅書屋的出版魄力。當時，更希望本書能引起廣大讀者的注意、思考，終而使社會更和諧、國人福祉更增進。

有意思的是，這本新翻譯書在二〇一〇年即將付梓出版之際，英國在當年五月十三日「政黨輪替」，以保守黨為首的聯合政府上臺，被認為是全歐洲政壇向右轉的最新例證。當時中間偏右的政黨或聯合政府都在西歐大國占上風，包括德、法、英與義大利。波蘭、匈牙利等東歐國家已是右派當權，至於南歐伊比利半島的西班牙與葡萄牙，當家的社會黨正竭力抵擋保守派反對黨的步步進逼。

當年《洛杉磯時報》引述分析家的看法指出，雖然國際金融體制幾近解體，全球經濟衰退又接踵而來，但這股默默持續數年的向右轉趨勢，正方興未艾。選民不但沒有受到某些專家們批判「資本主義失靈」而懲罰右派政黨，反而找他們出面收拾殘局。

選擇右派收拾金融危機殘局

設在倫敦的「歐洲改革中心」研究員歐唐納當時說：「許多歐洲國家的人民相信，中間偏右政黨比中間偏左政黨更有能力應付經濟問題。」

以英國為例，保守黨在選舉時強調整頓金融乃當務之急，批評工黨放任政府預算赤字達到類似希臘的比例，並開出當年就要刪除九十億美元支出的支票。二〇一〇年新首相卡麥隆五月十三日上臺當天召開首次內閣會議，內閣閣員立即減薪百分之五，藉此宣示要把矯正國家財政列為施政優先項目。

當時的歐洲為何會有向右轉現象？政治專家分析，一個理由是左派政黨已向中間靠攏，有時甚至吸收右派的政策理念為己有。另一個理由則是要削減赤字就只能削減支出，沒有其他辦法，也因此意識形態變得不管用。譬如在希臘、西班牙與葡萄牙執政的社會黨人士，受限於歐元區規定，只能推嚴苛的撙節措施來降低膨脹的公共赤字，與保守派政黨沒有兩樣。或者可以說，各國政府採用「印鈔救市」拉拔經濟，其實不被人民所認同，而金融海嘯和經濟蕭條也不被認為是市場失靈或資本主義失敗，反而是大政府或政府干預經濟失當所致。

不過，儘管撙節、小政府的右傾思維看似占上風，但在貧富懸殊擴大、中產階級消失、低薪等等現象浮出，追求「公平正義」的聲音及行動擴大下，法國經濟學家皮凱提（Thomas Piketty）又在二〇一四年出版《二十一世紀資本論》（*Capital in Twenty-First Century*）這本暢銷全球的磚頭書，讓社會主義、甚至馬克思共產主義再復活，而資本主義又被指責。所幸美國川普總統獨排眾議，重拾一九八〇年雷根總統的自由經濟理念，正需要這本《資本主義與自由》重出江湖作為理論基礎及行動準則，而臺灣更應跟隨美國的腳步向右轉，也當然需要這本書。

就在此時（二〇一八年），五南出版公司推出「經典名著文庫」，將二〇一〇年的《資本主義與自由》中譯本重新排版納入其中，實在是再恰當不過了。我也相信讀者能經由這本經典書籍，獲得政府應當扮演何種角色的正確認知。當然，更盼望政府決策者和有關公共政策的專家學者們，好好仔細閱讀這本經典！

世界輿論氣候再左轉

不過，正當川普對中國大陸發起貿易戰，試圖打垮「中共新重商主義」，好讓全球回到公平貿易、進而再往自由貿易全球新秩序方向落實之際，一場由中國武漢引爆的中共病毒（新冠病毒）卻打垮美國經濟，在滿天弊案下川普連任受阻，民主黨拜登政府上台。不但重拾歐巴馬社會主義政策，更實施極端左派、激進社會主義的民主黨議程，而二〇〇八年諾貝爾經濟學獎得主克魯曼（Paul Krugman），這位「新凱因斯學派」領頭羊極力主張的「政府大力干預」再度抬頭。

說也真巧，弗利曼的《資本主義與自由》最新英文版本也在二〇二〇年面世。或許是芝加哥大學出版社有鑑於社會風氣極速左移，乃趕緊再將弗利曼推出來制衡，畢竟芝加哥大學是自由經濟的灘頭堡，而弗利曼是芝加哥學派最具代表人物，這本《資本主義與自由》是其最重要的代表作，理論和現實問題並具，這個時候再重新推出有如及時雨，再恰當不過了！

雖說是新版，但除了新加《紐約時報》編委賓雅明・亞波榜（Binyamin Applebaum）所寫的〈前言〉（Foreword）外，與二〇〇二年版本的內容完全相同。眾所周知，《紐約時報》是左派媒體，認同社會主義，其記者和編委也應都偏向左派，為何芝大出版社會邀亞波榜寫本書前言？文，為何亞波榜會答應為本書寫前言？實在耐人尋味。或許因為亞波榜曾在二〇一九年九月出版《經濟學家的時刻》（*The Economist's Hour*），書中主角就是弗利曼，而亞波榜在二〇二〇年九月十八日於《紐約時報》的時論〈責備密爾頓・弗利曼五十年，這裡有其他看法〉（50 Years of Blaming Milton Friedman. Here's Another Idea），看似在為弗利曼辯護，由而認為亞波榜是為當代人引介弗利曼及其經典著作的適當人選。

正如本書中文譯者謝宗林在翻譯該〈前言〉之後所言，這位左派人士對弗利曼的理念多所誤解。該篇〈前言〉前面十分之八篇幅在介紹弗利曼的生平事蹟，提供了有意思訊息，但最後十分之二篇幅對這本書的評論卻令人搖頭。讀者可就他們兩人的論評，對照弗利曼的全書，仔細思量，相信會收獲良多，也應能明白為何自由經濟或市場經濟造福人類，也可明白左派社會主義者如何抹黑、污衊自由市場，而「資本主義與自由」是不可分割的，政府是來維護自由，並非來干預市場的，並進而思索「小而有能的政府該做什麼正確事務，又該如何做好」這個最根本、最重要課題。

這本最新中文版本，是謝宗林在二〇一八年修改二〇一〇年譯本的版本，再加上亞波榜新寫的〈前言〉，並將弗利曼在一九九三年二月為「一九九三年中文版」親筆所寫的序文（藍科正教授中譯）納入。如弗利曼所言：「書中所揭櫫的理念乃是永恆的。」那些理念適用於六十年前，也適用於今日的環境，而就某些層次言，可說更切合當前的局勢。

如今世間重大天災人禍頻傳，社會主義盤據全球，如何在這「末後之末」逆流而上，拯救人類於水深火熱、滿天瘟疫之中，這本經典可說是「靈丹妙葯」！怎可不看呢？

中華經濟研究院特約研究員
吳惠林
謹識於臺北
二〇二二年十一月二十四日

譯者序

臺灣人不可忽視的十二個議題

弗利曼（Milton Friedman）這本藉由針砭美國政府干涉經濟活動，闡釋自由主義之政策主張的書，寫成於一九六〇年之前，首版於一九六二年問世，並分別於一九八二年和二〇〇二年再版發行，每次再版，除了增加一篇簡短的前言外，並未對內容進行任何增修，因此可以說，這是一本超過半世紀的舊書。然而，如今讀來，依然鮮味撲鼻。對作者本人來說，在某方面，這不是壞事，正如他在二〇〇二年版的前言裡說的，「對於本書這麼經得起時間考驗，以及還是這麼切合當前的問題，我感到非常滿意。」本書「經得起時間考驗」，證明書中的論證鞭闢入裡，雖然經過半世紀，尚無人能真正超越或推翻，其論理卓越的程度當然值得慶賀。但是，本書「經得起時間考驗」不也暗示，經濟分析在過去半世紀似乎沒有任何有意義的長進，這段期間的職業經濟學界是否該為此覺得汗顏呢？

更有理由讓人覺得遺憾的是，本書鮮味未退的另一個原因：它「還是這麼切合當前的問題。」這等於是說，五十年前弗利曼針砭的問題目前還存在，甚至變本加厲，他所建議的自由主義對策大多仍被束諸高閣。沒錯，過去半世紀多，除了自由浮動匯率與自由貿易（見本書第四章），在某一程度內，普遍被世界各國採行，算是自由主義的一項有限與暫時的勝利外，政府對貨幣市場的不當干預與裁量管理仍然是經濟激烈波動（例如，二〇〇七年與二〇〇八年美國房屋抵押次貸危機與席捲全球的金融大海嘯）的一個重要肇因（第三章）；凱因斯的經濟神話仍然為實際造成經濟不穩定的財政政策張目，為政府「對經濟生活的深遠干預，取得廣泛的民意支持」（第五章）；政府對教育的補貼仍然是補貼學校而不是補貼學生（第六章）；弱勢族群仍然「傾向把他們切身遭遇到的一些殘餘的限制歸咎於資本主義，反而沒看出那些限制之所以能變得像實際那樣微小，自由市場其實厥功甚偉」，從而要求政府干預市場自由交易（第七章）；政府協助與縱容仍然是企業與勞方獨占的一個主要因素，而腐蝕自由經濟根基的所謂企業應負「社會責任」的邪僻言論仍然甚囂塵上（第八章）；無異於中古世紀的行會制度「限制人們的自由，不准他們按照他們自己的意思運用他們自己的能力，除非經過特許」的規定（例如，醫師、律師與會計師的執業證照規定）仍然與我們同在（第九章）；沒有實效但造成資源嚴重浪費的個人所得稅累進稅率仍被倚為改變所得分配的主要工具（第十章）；各種實施結果與成立的美意大相逕庭的社會福利措施仍不斷推出（第十一章）；名為幫助窮人的措施，結果往往只是「幫助屬於某些特定職業團體，或某些年齡層，或某些工資率階層，或某些勞工組織，或某些產業的成員」，反倒和他們是否貧窮無關（第十二章）。

既然政府干預的成績是這麼難看，為什麼不僅舊的干預很難移除，而且新的干預還紛至沓來呢？為什麼發達於自由主義傳統的國家越來越傾向社會主義式的政府干預呢？弗利曼引述十九世紀英國法學家與憲政理論家戴雪（A. V. Dicey, 1835～1922）的話幫他回答：「國家干預，特別是以立法的形式實施的干預，有益的作用是直接的、立即的，並且，可以說，顯而易見的，而干預的有害作用卻是漸進的、間接的，出現在遠處看不見的。……而……大部分人民也不會牢記國家督察員可能是不稱職的、疏忽職守的，甚至偶爾是腐敗的……很少人領會國家幫助扼殺自助這個不可否認的真理。因此，大多數人類必定幾乎總是對政府干預過分青眼有加。唯有社會上存在著……一種支持個人自由，亦即，一種支持自由放任的偏見或預設立場，才能夠抵抗此一自然的偏見。因此，僅僅是自助的信念減弱——而這種信念的減弱無疑已經發生——本身便足以解釋趨向社會主義的立法增長。」（見本書第十三章）

是的，只看到國家干預對特定團體帶來直接、立即與顯而易見的好處，不顧漸進、間接與遠處看不見的害處，加上個人自助的信念減弱，肯定是近二十年來臺灣在歷次民主選舉的浪潮中之所以逐漸往溫熱式的社會主義漂移的根本原因。經濟學之父亞當・史密斯曾說，「國家不會一下子就毀了。」問題是，如果人民大多不思自己負責與自助；記不住政客和官員可能是不稱職的、疏忽職守的，甚至偶爾是腐敗的；只要求國家賦予近利，不顧他人和下一代的負擔；如果人民大多是這樣的自私卸責與短視不智，國家遲早焉能不毀？

本書的翻譯工作就是在這樣的感觸激勵下勉力完成的。

謝宗林

二〇一〇年四月十九日

後記

重讀這篇寫於十二年前的譯者序，本人覺得只有一處比較不妥。當時我不該把浮動匯率視為自由主義的一項勝利。自由主義主張各國政府不該發行自己的貨幣，不該施行貨幣特殊主義。若能如此，便不會有匯率該如何訂定的問題。在貨幣特殊主義下，匯率方面的問題是政府浮濫發行本國鈔票所導致的。

謝宗林

二〇二二年十一月十六日

前言

Binyamin Appelbaum
賓雅明・亞波榜
紐約時報記者

已故的密爾頓・弗利曼，是學術界一位出色的經濟學家，他的學術貢獻，獲得諾貝爾經濟學獎，但在歷史書籍上，他主要被視為一名公共知識分子。他是二十世紀一位最有影響力的思想家，他認真、不懈、有效地主張，放任市場自由的資本主義，而他的這個理念也的確改變了世界。

這本首次出版於一九六二年的《資本主義與自由》，是弗利曼對市場甚具信心的宣言；這本書，時常被譽為戰後一本最重要的書，而這美譽一點也不過分。在這本書裡，弗利曼說，資本主義不僅是經濟繁榮的引擎。資本主義讓人們享有經濟自由，然而，弗利曼認為，在當代人們的議論中，經濟自由的價值，卻遭到低估。在市場經濟裡，人們可以自由選擇如何賺錢，並且自由選擇如何花錢。但，這還不是資本主義全部的好處。在弗利曼看來，自由的市場經濟，是「政治自由的一個必要條件」。

經過半個多世紀後，現在很難體會弗利曼這個論點的極端性。在本書首次出版時，「資本主義」一詞已經變得頗不討人喜歡；在一九五〇年代出版的書籍裡，「資本主義」一詞出現的次數，少於戰後任何十年出版的書籍裡它出現的次數，而且當出現時，往往還是一個罵名。當時，在美國，更不用說在西歐，主流的見解認為，若要保持政治自由，必須積極限制經濟自由，包括：政府對市場，進行嚴格管理，以及對經濟產出，進行大規模重分配。一九六〇年代，美國在甘迺迪總統和詹森總統執政下，倡議政府積極管理經濟的策士，影響力如日中天。當時，美國聯邦政府制定的經濟政策，似乎就是要和弗利曼的主張對著幹。

對於政府萬能的強人信仰，誕生自大蕭條和第二次世界大戰所導致的心理創傷，以及像是抗生素與核能方面的科學突破，使得人們大受鼓舞，對人類自身掌控環境的能耐，充滿信心。弗利曼本人，同樣受到這些歷史經驗的衝擊，但他從中得出不同的推論。弗利曼於一九一二年七月三十一日，出生在紐約布魯克林，一個來自東歐的猶太移民家庭；他出生後不久，全家便遷移到紐澤西拉威市（Rahway）安頓在那裡，父母經營小商店，過著簡樸的生活。一九二八年，弗利曼十六歲，進入羅格斯大學（Rutgers University），起初打算修習數學，以便成為一名保險精算師。實際卻是，他對經濟學發生興趣，後來，他的一位老師幫他，在芝加哥大學經濟學研究所，爭取到一個相當熱門的研究生名額。在那裡，在最初的一堂課裡，他的座位旁邊，湊巧是後來成為他的太太與共事者的蘿絲・達瑞克特（Rose Director）。一九三五年，這一對口袋拮据的夫婦，遷移到華盛頓特區，在那裡，在接下來的十年間，弗利曼主要是為聯邦政府打工。

諷刺的是，弗利曼在華府的工作，包括協助聯邦政府，設計現代的所得稅預扣制度，而這正是為——他後來極力反對的——福利國政策，提供必要財源的關鍵性工具。但，在華府工作的那些年，弗利曼也開始對經濟裡不斷擴大的政府角色，提出批評。他說，這世界是神祕般的複雜，未來不可預測，而旨在改善人類處境的政策，一般只會使情況變得更糟，不可能使情況變得更好。政策制定者，宛如在一片漆黑中摸索；最好的政策，是盡可能什麼都不做，而如果要做，也應盡可能慢慢做——這就是，在漫長的生涯中，他始終一再開出的政策處方。

弗利曼的這個世界觀，因他懷有某種浪漫的歷史情懷，而更為堅定。弗利曼時常拿立意良善的政策制定者，所造成的不幸，對比某個想像中的以前年代，那時的政府龜縮在後，放任人民自己盡全力不斷改善自身的物質處境，成就非凡。

這個世界觀，也因弗利曼身為猶太人的經驗而增強；猶太人是美國的少數族群，時常蒙受明顯的歧視。在職業生涯的早期，弗利曼，在申請威斯康辛大學的一份終身教職時，遭到拒絕，部分原因在於，經濟學系裡某些教授的反猶太觀點。對於歧視，弗利曼所建議的糾正辦法，非常不同於他的同代人普遍擁護的矯正方法。二十世紀的民權運動，主要目標是要求政府，保護少數族群的權利；但，弗利曼主張，少數族群，反而應該把對抗歧視的希望，寄託在自由的市場。他說，「歷史事實清楚顯示，資本主義的發展，向來伴隨特定的宗教、種族、或社會族群，在經濟活動上，所遭遇的各種特殊阻礙，或者說，所蒙受的各種不利歧視，大幅下降。」弗利曼說，在自由的市場裡，歧視的代價高得嚇人——歧視本身的代價如此之高，以致政府沒必要禁止歧視。市場力量會自動避免歧視問題。

一九四〇和一九五〇年代，弗利曼主張倚賴市場和削弱政府角色的言論，大多出現在他的學術著作裡。他最重要的學術貢獻，包括一個關於所得變動如何影響消費行為的理論，以及一部關於美國貨幣政策的歷史著作，都為反對政府積極管理經濟的主張，提供知識含量。但，這個時候，弗利曼只偶爾針對比較廣泛的讀者發表文章，譬如，有一本反對房租管制的小冊子，《屋頂或天花板？論當前的住宅危機》[1]，便很

1 譯者注：這本小冊子的英文名稱為*Roofs or Ceilings: The Current Housing Crisis*，其中的Roofs和Ceilings都是雙關語。Roofs，除了表面為「屋頂」的意思外，也暗喻房屋；Ceilings，除了表面為「天花板」的意思外，也暗指房租上限。這本小冊子的主旨大概是：房租管制政策的原意，是要嘉惠房屋租客，然而，政策的實際效果卻是，市場上沒有房子供潛在的租客租住。

值得注意：該書由他和摯友與同事經濟學家史蒂格勒（George Stigler）共同著作。到了一九六〇年代初，弗利曼已是一個頭角崢嶸和深受尊重的學者，並且有與此相稱的公眾形象。他出現在公益廣播電台，也在國會山莊的聽證會上，就一些技術性題目作證。一九六一年，《時代雜誌》稱弗利曼，是美國「最出色的保守主義經濟學家」。但，在《資本主義與自由》出版前夕，聯邦準備理事會的官員，猶能臉不紅氣不喘地堅稱，他們不熟悉弗利曼的著作。

《資本主義與自由》開頭，便抨擊甘迺迪總統於一年前發表的就職演說，而且還特別針對，甘迺迪最為人津津樂道的名言、迄今仍是所有美國總統演說中一段最著名的金句：「不要問國家能為你做什麼；要問你能為國家做什麼。」在弗利曼看來，甘迺迪的這個呼籲，概括了美國所有不對勁的地方。他說，「這句話表達公民與政府的兩種關係，而不管是前半句的那種，或是後半句的那種，都不配作為自由社會裡的自由人的理想。」他指摘甘迺迪影射，政府與美國人民之間的關係，類似家長與家庭成員。弗利曼說，政府，是人民用來集體追求某些共同目的的工具，而且這工具不可濫用，必須適可而止。「要保全我們的自由，政府是必不可缺的，它是我們的自由權得以行使的工具；然而，如果讓權力集中在政治人物手中，政府對自由也是一種威脅。」弗利曼認為，盡可能倚賴市場，從而盡可能減少人民必須集體達成一致的議題數，是促進繁榮、降低機會不平等與強化民主的最好辦法。

《資本主義與自由》接著，對於政府能小到什麼程度，有一番清晰和有系統的論述。沒有政府愈小愈好的預設立場，反而有一連串的審問與裁判。讀者目不轉睛地盯著，弗利曼向他的結論挺進，甚至當終點似乎清晰在望時，結果也可能頗具戲劇性。他真的會呼籲：停止核發醫生執照？撤除社會安全制度？慈善捐款免稅？（是的，是的，是的。）

這本書所以歷久不衰，其中蘿絲・達瑞克特・弗利曼的貢獻功不可沒。她把弗利曼許多先前零散的著述，縫合起來做成本書。他在本書首版的前言裡感謝她，但後來承認，她應該稱為共同作者。本書關於教育的那一章，來自一九五五年的一篇論文；第一章，來自一九五六年，在普林斯頓大學的一篇演講稿。但，絕大部分材料，來自弗利曼，以明星演講者的身分，於一九五六年六月，在印地安那州西部的Wabash學院，為年輕的經濟學教授舉辦的夏令營裡，所發表的一系列演講稿。這些講稿，有些很長，論述很詳細；有些基本上是演講時的要點列表。然而，這些各自獨立的碎片，卻堆疊出一份優雅的文件，主張：對於立意良善的政府政策，是否帶來有益的效果，我們應該抱持存疑的態度。在本書末了，弗利曼哀怨地問道：「儘管政府以往的政策紀錄實在難看，舉證的責任，現在似乎仍然著落在我們這些反對新政府計畫者的身上，為什麼是這樣？」

弗利曼稱，他對政府存疑，是「自由主義」的態度。他永遠充滿鬥志，不願意把「自由主義」的稱呼，讓給他的思想對手。在本書裡，他早早便宣稱，他自己是原始意義的自由主義——一套關於自由人（行為）的學說——的一個忠實信徒。他承認，長久以來，有許多人打著所謂自由主義的旗幟，主張「古典自由主義所極力反對的政府干預，以及家長作風的政策。」但，他不認為自己是一個保守主義者，儘管他的盟友和對手時常把這個標籤貼在他身上。他畢竟不斷倡議極端的政策改革，不是嗎？

他是一個令人敬畏的辯士；很會哄人，很熱情，反應很敏捷。據說，要和弗利曼爭論，最好等他離開房間再說。對於影響政策的方法，他的心底也很剔透：危機就是轉機。他說，關鍵在於；保持理念「活著，並且隨時可以登場，直到政治上不可能執行的理念，變成政治上必須執行的理念。」

早在一九五一年，弗利曼便預測，轉機的時刻就在眼前；他以為一般民眾已經對大政府失去耐心，所以他說，「新民意潮流取代舊民意的時機，已經成熟。」然而，這卻是一個過度樂觀的預測。甚至到了一九六二年，一般民眾也還沒準備好接受弗利曼的理念。

《資本主義與自由》的出版，是弗利曼開始從（比較封閉的）學術界，走向公共舞台的里程碑。但，《資本主義與自由》並沒立刻進入，弗利曼所盼望的，廣大群眾的眼簾。像《紐約時報》這樣的主流報刊，並未發表相關的書評，結果惹來弗利曼頗有道理的抱怨，說，它們一向經常報導，像他這樣傑出的教授所寫的，主張自由主義經濟觀點的書籍。

其實，這本書和其中包含的理念，是慢慢滲入主流思潮的。

亞利桑納州參議員高華德（Barry Goldwater），一九六四年共和黨總統候選人，是一位早期的粉絲，招募弗利曼擔任顧問。弗利曼參與草擬這位總統候選人的演講稿，並且在紐約《時報雜誌》發表了一篇名為〈高華德的經濟觀點〉的文章，主要則是講述他自己的經濟觀點。在當年的選戰中，高華德遭到詹森碾壓，但，其他保守派政治人物，看出弗利曼的經濟觀點頗有政治前途。一九六六年，當雷根（Ronald Reagan）競選加利福尼亞州州長時，他的一位助理注意到，這位候選人拿著一本《資本主義與自由》。弗利曼的理念讓雷根產生共鳴，後者於是開始經常諮詢這位經濟學家。一九七六年，在一次廣播電台的演講中，雷根敦促華府的政策制訂者，應該考慮弗利曼的政策見解。五年之後，雷根自己入主華府。

史蒂芬・赫比茨（Stephen Herbits），於一九六〇代讀到這本書時，還是塔夫茨大學（Tufts University）經濟學系的一位學生。這本書喚起他的政治興趣。讓他的印象特別深刻的，是弗利曼在書中呼籲政府終止徵兵制，並主張：政府若要填滿軍隊士兵的空缺，就「必須支付任何足以吸引所需人員的價格。」在第二次世界大戰後，美國國會一直循例核准進行中的徵兵制，而美國每年也確實需要成千上萬名年輕人入伍當兵。弗利曼說，徵兵制是不道德的和無效率的，它限制年輕人的自由，阻止他們充分發揮他們的天賦與才能。最好給士兵支付市場價格，而讓貓王艾維斯・普利斯萊（Elvis Presley）軍曹專心唱歌。赫比茨，大學畢業後，在國會山莊找到一份工作，變成一名終結徵兵運動的先鋒，於一九六七年，為數位自由主義派的共和黨籍眾議院議員代筆，撰寫了一本書，名為《如何終結徵兵制：贊成全志願軍的理由》。此時，弗利曼也繼續著述，主張終止徵兵，而尼克森，則在一九六八年的總統大選中，抓住這個理念，作為他競選的一個主題。尼克森，被選為總統後，提名弗利曼和赫比茨兩人，進入一個總統委員會，擬議一個適當的辦法，過渡到全志願兵的軍隊。徵兵制於一九七三年終止；弗利曼說，他在這當中的角色，是他最引以為傲的一項成就。後來，他為文說，「我曾參與的公共政策活動，從來沒有讓我獲得這樣大的滿足。」

亨利・曼尼（Henry Manne）也讀到《資本主義與自由》。曼尼，一位畢業於芝加哥大學的法學教授，於一九七〇年代中期，開始為聯邦法院的法官，講授自由市場經濟學；他邀請法官到南佛羅里達州，參加免費的研討會，在那裡聽包括弗利曼在內的經濟學家講課。到了一九九〇年，曼尼已經完成，所有在任聯邦法官整整四成的再教育工作，每一位參與研討會的法官，都收到一本《資本主義與自由》。

弗利曼的著作也影響到國外的讀者。瑪格莉特・柴契爾（Margaret Thatcher），在一九九二年的一次演講中，回想起她擔任英國首相的歲月時，說「我們曾在弗利曼膝下學到很多。」蘇聯解體後的捷克共和國第二任總統，瓦茨拉夫・克勞斯（Vaclav Klaus）說，在共產黨統治下，弗利曼的著作——被走私進入捷克和其他共產主義國家，而且往往是未經授權的翻譯版本——一直是黑暗裡的一盞明燈。克勞斯說，「我變成自由市場經濟的忠實信徒。」在智利，幾位畢業於芝加哥大學的自由市場經濟學家，成功說服軍頭獨裁者皮諾契特（Augusto Pinochet），採取種種市場導向的政策。其中一位經濟學家，皮內拉（José Piñera），把智利的社會安全制度私有化，他說，他這個私有化的想法，取自《資本主義與自由》。

這本書也漸漸地成為一本暢銷書。所得到的版稅，被用來建造弗利曼夫婦在佛蒙特州的避暑別墅，兩人將其命名為「Capitaf」[2]，以表彰本書的貢獻。本書的成功，幫助弗利曼開展第二職業生涯，發揮公共知識分子的影響。他成為《新聞周刊》的一

2 譯者注："Capitaf" 當中的 "Capita" 代表Capitalism，最後的 "f" 代表Freedom。

位專欄作家，電視節目中的熟面孔，尼克森、福特、和雷根等幾任共和黨總統執政時期的白宮常客。一九八〇年，他在美國公共電視台（PBS），主持一檔分為十集播出的電視節目，名為「選擇的自由」（Free to Choose），詳細說明他的經濟與政治觀點。丹尼爾・帕特里克・莫伊尼漢（Daniel Patrick Moynihan）稱他為，「我們這個時代最有創意的社會政治思想家」。

弗利曼，直到二〇〇六年才辭世，因此有足夠長的時間，親自看到自己許多極端的理念，變成徹底常規的想法。但，即便是在他在世的最後幾年，他仍然極力推辭人們頌揚他的思想獲勝，反而強調他所反抗的思潮，並沒有太大的變化。二〇〇六年，在接受經濟學家Russ Roberts的採訪時，他說，「我有一份很長的清單，列舉政府不應該做的事，而其中迄今唯一真正達成的，是志願役士兵。」

這句話，就一定程度而言，確實沒錯，但，如果在後視鏡裡看，實際情形就會大變樣。

自從《資本主義與自由》於一九六二年出版以來，經濟政策在美國，以及世界各國，已經劇烈地轉往弗利曼所囑咐的方向。弗利曼的勝利，或許不完全，但，所造成的實質改變，還是劇烈的。例如，弗利曼的理念，已經深刻地改變政府調節經濟情況，和回應景氣低迷的舊辦法，而讓中央銀行擔任主角。弗利曼的一個著名論點認為，美國聯邦準備理事會，由於未能將足夠多的貨幣注入經濟體系，結果把一次尋常的景氣衰退，變成一次歷史性的經濟蕭條，換言之，美國聯邦準備理事會的錯誤，導致大蕭條。二〇〇二年——也是《資本主義與自由》出版第四十周年——在弗利曼九十歲生日的慶生會上，柏南克（Ben S. Bernanke）——當時還是聯邦準備理事會的一名成員——對弗利曼和他經常的共同作者安娜・許瓦茲（Anna Schwartz）說，「關於大蕭條，你們說對了。是我們把事情搞砸的。我們深感抱歉。但，謝謝你們，我們不會再把事情搞砸。」幾年後，柏南克成為聯邦準備理事會主席，並且在二〇〇七至二〇〇九年金融危機中，實現他對弗利曼的承諾，給貨幣體系大量灌注資金，使經濟復甦。

但，並非每一個理念都被採納。某些理念，譬如，國家公園應該按照私人企業的模式經營，從來沒有多少人支持。其他理念仍然是激烈辯論的主題，包括弗利曼倡議的學校教育券，和社會安全制度私有化。但，許多在《資本主義與自由》裡粗略勾勒的理念，已經變得如此徹底的常規，以致現在持反對立場者，似乎像是極端者。弗利曼主張，世界各國應該拋棄，以國際合約固定各國貨幣相對價值，改為採取浮動匯率；如今，他這個主張已成為主流。他主張，州立大學應該收取更高的學費，政府應該停止公共住宅興建計畫，以及所得稅率應該大幅降低。他主張，一種負的所得稅制，以照顧收入較低的家庭；這個理念，變成現行的勞動所得稅扣抵制。在二〇〇六年弗利曼逝世時，哈佛大學的經濟學家和民主黨總統的經濟顧問，薩默斯（Larry Summers）為文寫道：「對於如今世界各國所實施的經濟政策，他的影響，比其他任何現代人物都來得大。」

二〇〇二年出版的《資本主義與自由》第四十周年版，弗利曼寫了一篇簡短的前言，他說，對於資本主義與自由共生，這個自己的基本斷言，他此刻有一些反思。他仍然認為，資本主義是政治自由的一個先決條件。弗利曼說，概略調查開發中國家的興起經驗後，發現「所有這些案例，都符合本書的主題，亦即，經濟自由，和政治與公民自由，一起增加，導致經濟繁榮進步；競爭性資本主義和自由，向來不可分割。」但，弗利曼接著說，他不再敢確定，要確保經濟自由，必須有政治自由。他說，在某些場合裡，政治自由「抑制公民與經濟自由」。

這是一個令人訝異的理念陣地放棄。弗利曼曾經說服如此多人相信，自由的市場，是其他種類的自由，得以確保的必要條件，然而，他現在卻暗示，人民必須接受，對其他種類的自由所施加的約束。他劃分，他所謂的公民自由——他認為這種自由比較安全，和他所謂的政治自由——他認為這種自由比較危險。他雖然沒詳盡說明所謂公民自由與政治自由的意思，不過，我們可以從他的某些思想盟友的著作，推斷出他的意思；他的這些盟友，長久以來一直主張，社會必須限制政治自由，以保護經濟自由，特別是私有財產權。換言之，弗利曼認為危險的那種自由，是調節市場或重分配財產的自由，資本管制——限制貨幣跨國自由移動，便是一個重要的例子。在《資本主義與自由》裡，弗利曼說，資本管制，根本違犯經濟自由，但他並未主張制止政府實施資本管制。然而，在後來的數年內，其他提倡自由市場的人士，關於國家主權應受國際約束的主張，卻獲得成功，例如，規定經濟發達的民主國家，必須撤除資本管制，才准加入經濟合作與發展組織（OECD）。

經過這些年的經驗，我們已經知曉，對市場的擁抱，還更直接地限制其他自由。限制經濟產出的重分配，助長經濟收益集中於極少數人的趨勢。美國經濟規模越來越大，然而數百萬美國人現在並未享有免於匱乏的自由。許多人欠缺住宅和醫療保健服務，以及機會。出生於貧民區的人，越來越沒有成功的機會，部分原因在於，過往的歧視所產生的影響，牢牢嵌入財富分配與機會分布中，而難以消除。

這些不平等，使民主政治賴以持續運作的共同目的感，大為緊繃，從而越來越難出口講「我們人民」，因為「我們」越來越沒有共同點。

弗利曼說，「市場機能的普遍使用，減少社會結構（Social Fabric）所承受的張力」。他這個說法，也誤解社會的本質，因為社會比較像是肌肉，而不像織造物那樣的結構；社會關係網絡，因使用而變得更強。社會的定義性特徵，是對集體抱有責任感，而市場的定義性特徵，則是隨時能棄集體於不顧而走開。

唯一站得住腳的結論是：資本主義與自由，兩者之間的關係是複雜的，兩者的價值必須分開考量，並且必須在它們彼此競爭的強烈要求中，取得某種平衡。當後來的世代，重新面對這個如何權衡的挑戰時，弗利曼的這本書，除了在二十世紀的思想與政治史上有其不可磨滅的地位外，仍有可以借鑒之處。對於資本主義與自由之間固有的取捨關係，這本書提供了一個非常清晰的說明；它或許是一支有照明裝置的放大鏡，尤其對那些想要達到不同結論的人來說。

謝宗林 譯

二〇二二年十一月十六日

譯者按：

1. 本文在最後五段以前，介紹弗利曼的生平事蹟，提供許多有意思的訊息，值得一讀。

2. 但，最後五段，是本文作者對本書的評論，就令人不敢恭維。

3. 首先，本文作者，為一反對自由市場機能的左派人士，其邏輯素養，一如左派普遍的品性，極差，例如：在最後第五段，他說：「換言之，弗利曼認為危險的那種自由，是調節市場或重分配財產的自由」，這隱含他認為，政府調節市場或重分配財產，是一種自由。政府的自由！限制個人自由的政府，應有自由限制人民自由！一場糊塗！昏倒！

4. 左派文人不僅邏輯可議，還往往刻意扭曲常識。例如：在最後第四段，他說：「限制經濟產出的重分配，助長經濟收益集中於極少數人的趨勢。美國經濟規模越來越大，然而數百萬美國人現在並未享有免於匱乏的自由。」姑且不論所謂「經濟收益集中」，是否為資本主義市場經濟固有的趨勢（當然不是），以及理論上是否會導致許多人的匱乏（當然不會），僅從每年有成千上萬非法移民，湧入美國勞動市場，尋找工作機會的事實，便可憑常識斷定，並非自由市場機制，導致某些美國人實際生活困頓。

5. 左派文人常用來扭曲邏輯推理的一個伎倆，是濫用比喻。例如：本文最後第二段，他將社會比喻為肌肉，反駁弗利曼據稱的織造物比喻。其實，當弗利曼說：「市場機能的普遍使用，減少社會結構（Social Fabric）所承受的張力」時，他並無意使用任何比喻；他只是表示，在民主社會裡，政治場域的較量，結果必然是一方輸而另一方贏，但市場領域的競爭，結果是大家終將得利。比喻，是摧毀邏輯嚴謹、扭曲常識的最佳武器！

6. 在最後一段，本文作者完全推翻弗利曼，關於「資本主義與自由不可分割」的主張，而斷言：資本主義與自由是兩種「必須分開來考量」的價值。作者的這個論斷，除了藉助於弗利曼自己承認的，「要確保經濟自由，（不見得）必須有政治自由」這個由頭，幾乎沒有其他任何基礎。

7. 其實，弗利曼本不該區分經濟自由與政治自由，因為自由不可區分行為領域，一如弗利曼本人已經理解的，自由不可數人頭（Liberty does not count）！不過，這個議題說來話長，在此謹建議讀者參閱，米塞斯《人的行為：經濟學專論》，第十五章〈市場〉，第六節〈自由〉，那裡的論述，比本書精湛甚多。此外，弗利曼所謂的政治自由一詞，或許是政治民主之誤稱。自由的市場經濟是民主政治的基礎。以馬克思主義的術語來說，民主政治是資本主義的政治上層結構。（以上）

作者序

二〇〇二年版

在本書一九八二年版前言裡，我指出社會思想氛圍曾發生戲劇性變化；這變化表現在一九六二年書評界對待本書首版的方式，和一九八二年對待內人和我合寫、闡述同一哲理的《選擇的自由》，大不相同。社會思想氛圍的該一變化醞釀於，而且一部分也是由於，政府角色在初步的福利國思想和凱因斯理論影響下急遽擴大之時。一九五六年，當我發表後來由內人幫忙改寫成本書的那幾次演講時，美國各級政府支出，包括聯邦、各州和地方縣市在內，約等於國民所得百分之二十六，大部分用在國防上，非國防支出僅占國民所得百分之十二。二十五年後，當本書一九八二年版發行時，各級政府總支出已上升至國民所得百分之三十九，而非國防支出所占比例則擴增一倍多，達國民所得百分之三十一。

社會思想氛圍的該一變化產生了一些影響。它導致柴契爾夫人選上英國首相，以及雷根選上美國總統。他們成功抑制了政府規模的擴張，卻未能削減政府的規模。

美國各級政府總支出的確略微下降，從一九八二年占國民所得百分之三十九降至二〇〇〇年占國民所得百分之三十六，但那幾乎全是國防支出減少所致。非國防支出維持在大致固定的水準上下波動：一九八二年占國民所得百分之三十一，二〇〇〇年占百分之三十。

一九八九年柏林圍牆倒塌和一九九二年蘇聯解體時，社會思想氛圍又往同一方向推進了一大步。柏林圍牆倒塌與蘇聯解體，戲劇性地結束了一樁歷時七十餘年的實驗，這樁實驗比較兩種經濟組織模式孰優孰劣：由上而下相對於由下而上；中央計畫管制相對於民間市場；或用白話來說，社會主義相對於資本主義。早就有幾個比較小尺度的同一類實驗，包括香港與臺灣對照中國、西德對照東德，以及南韓對照北韓，預示那樁比較大的實驗將會有什麼樣的結果。但是，同一類實驗所揭露的道理，要成為社會大眾流行的見解，卻需要有柏林圍牆倒塌以及蘇聯解體這樣富於戲劇性的事件衝擊，才使得人們現在大多理所當然地認為，中央計畫經濟確實就是，像海耶克於一九四四年為他那本很傑出的批判性著作所取的書名那樣，一條《到奴役之路》。

發生在美國與英國的變化，也同樣發生在其他西方先進國家。戰後開始的幾十年內，在一個接著一個國家，社會主義體制呈現爆炸性擴張，然後匍匐前進或停滯不前。然而，在所有這些國家，目前的壓力卻是朝向賦予市場更大的角色，縮小政府的規模。我覺得這情況反映思想和行動之間有很長的一段滯後期。第二次世界大戰後起初數十年的快速社會主義化，反映戰前社會思潮轉向集體主義；過去數十年匍匐前進或停滯不前的社會主義，反映戰後社會思潮轉向的初期效果；未來的去社會主義化，將反映社會思潮的轉向因蘇聯解體而戲劇性增強後的成熟效果。

思想氛圍的轉向，對從前的低開發國影響更為顯著。即便是中國，這個世界上最大的仍然宣示堅持共產主義的國家，也擋不住思想氛圍改變的影響。鄧小平於一九七〇年代末期引進市場改革，實際上將農業民營化，戲劇性地提高了農業產出，導致更多市場元素被引入該共產黨專政控制的社會。增幅有限的經濟自由，已經改變了中國的風貌，更加堅定我們對自由市場的信心。中國目前仍遠非是自由的社會，但中國人民現在無疑比毛澤東時代更自由，也更繁榮——在每一方面都更自由，除了在政治方面。甚至在政治自由方面，也開始露出稍有增加的小小徵兆，譬如，越來越多農村可以選舉一些地方官員。中國還有很漫長的路程要走，但它已踏上正確的方向。

第二次世界大戰戰後初期，標準的學說認為，第三世界的發展必須仰賴中央計畫加上大量外援。然而，正如彼得．波爾（Peter Bauer）和其他一些人徹底揭露的，該套發展公式，不管嘗試用在什麼地方，都遭致失敗。另一方面，針對市場的政策卻讓東亞四小龍——香港、新加坡、臺灣、南韓——獲得巨大的經濟成就。於是產生了一個非常不同的經濟發展學說。目前，許多拉丁美洲和亞洲國家，甚至一些非洲國家，已採取面向市場的發展策略，削減政府角色。許多前蘇聯衛星國也已採取同樣作法。恰如本書的主題所言，在所有這些國家，經濟自由實際上和政治自由以及公民自由攜手並進，並且導致繁榮進步；競爭性資本主義和自由向來是不可分割的。

最後我想談點兒個人感觸：對一個作者來說，在他的書首版發行四十年後，還能夠由他自己評估該書的價值，實在是一項非常罕見的殊榮。我很感激有這樣難得的幸運。對於本書這麼經得起時間考驗，以及還是這麼切合當前的問題，我感到非常滿意。如果說有一個比較大的訂正是我想做的，那就是以經濟自由、公民自由和政治自由這樣的三分法，取代經濟自由和政治自由的二分法。在寫完本書後，回歸中國前的香港經驗讓我相信，雖然經濟自由是公民與政治自由的一個必要條件，但是，政治自由，儘管本身也許值得追求，卻不是經濟與公民自由的一個必要條件。就這個觀點而言，本書的一個較大缺點，似乎在於對政治自由的討論不夠充分。在某些情況下，政治自由會促進經濟與公民自由，然而在其他一些情況下，政治自由卻會阻礙經濟與公民自由。

密爾頓．弗利曼

史丹佛市，加利福尼亞州

二〇〇二年三月十一日

一九八二年版

內人幫忙改寫成本書的那幾次演講發表於二十五年前。即便是當時正值盛年的人，現在都很難在腦海中重構當時的社會思想氛圍，更不用說當時還未滿十歲或尚未出生而今占全國人口半數以上的人。當時我們這些深深憂慮政府擴張、福利國思想得勢、凱因斯理論當道將危害自由與繁榮的，是被大部分知識份子同儕視為怪物圍堵攻擊的一小撮人。

甚至在那幾次演講發表七年後，本書首版發行時，書中的見解仍是這麼遠離主流，以致得不到任何主要的全國性刊物給予評論。雖然倫敦的《經濟學人雜誌》和主要的經濟學術期刊有登載書評，但《紐約時報》、《先鋒論壇報》（當時仍在紐約發行）、《芝加哥論壇報》、《時代雜誌》、《新聞週刊》，甚至《週六評論》都沒有評論。一本針對一般社會大眾而寫，由美國一所主要大學的一位教授執筆，而且在接下來的十八年內注定售出四十餘萬本的書，居然遭到這樣冷淡的對待！這樣的一本書，倘若出自某位學術地位相當，但對福利國、社會主義或共產主義青眼有加的經濟學者，那是無法想像當時書評界會如此沉默對待。

社會思想氛圍在過去二十五年的變化有多大，有一則故事可以證明：內人和我合寫的，直接延續《資本主義與自由》的主旨，闡述同一基本哲理，於一九八〇年出版的《選擇的自由》（*Free to Choose*），得到書評界大不相同的對待。每家主要刊物都給予書評，而且往往是作為當期號召的長篇書評。該書不僅被摘要重刊在《讀者文摘》裡，而且還成為該雜誌當期封面廣告的主角。出版後第一年，《選擇的自由》在美國售出約四十萬本精裝本，被譯成十二種外語版本，並於一九八一年初發行滿足大眾市場的平裝本。

書評界所以如此差別對待這兩本書，我們認為，不是因為兩書品質不一。沒錯，前一本書的哲學性比較強，比較抽象，因此也比較根本。而《選擇的自由》，正如我們在其前言裡所寫的，「比較偏重基礎實務，比較少談理論架構。」它補充而非取代《資本主義與自由》。表面上，書評界的差別對待，可歸因於電視的影響力。《選擇的自由》是根據，而且主要也是為了搭配我們在美國公共電視網以同一名稱播出的那一系列節目而寫的。該系列節目的成功，無疑使該書的知名度大增。

但是，這樣的解釋流於浮面，因為該電視節目的製播與成功，本身就是社會思想氛圍改變的證據。一九六〇年代，從未有人找我們製作類似《選擇的自由》的電視節目。當時即使有人願意贊助這類節目，也很難真的找到贊助者。倘若機緣湊巧，這類節目真被製播出來了，當時肯定也不會有多少觀眾接受它的見解。可以說，後一本書獲得熱烈的書評反應，以及那一系列電視節目的成功，顯然同屬社會思想氛圍已經改變的後果。我們這兩本書所闡述的那些理念，目前仍然遠非屬於主流思想，但是，在思想界，它們現在至少是值得尊重的觀點，而在一般大眾當中，很可能幾乎是社會流行的信念了。

導致社會思想氛圍改變的，既不是本書，也不是其他許多，諸如海耶克（Friedrich A. Hayek）的《到奴役之路》（*Road to Serfdom*）和《自由體制之構成》（*Constitution of Liberty*），等等屬於同一哲理傳統的書。證據嘛，只消舉出一則事實就夠了。一九七八年，《評論雜誌》（*Commentary*）的主編，為了籌備《資本主義，社會主義與民主政治》（*Capitalism, Socialism and Democracy*）評論集，發出一封徵文邀請函，裡頭有這麼一段話：「對於資本主義與民主政治也許有一不可避免之連繫的說法，有些知識份子過去一直認為不僅是錯的，而且甚至是會危害民主政治的，然而他們最近卻開始覺得，該說法似乎有些道理。」我為該評論集所寫的文章由三個部分組成：一是廣泛地引述《資本主義與自由》，二是比較簡要地引述亞當・史密斯，最後是歡迎大家「加入自由的陣營」。即便是在一九七八年，在除了我之外的二十五位評論集作者中，只有九位的見解可以被歸類為同情《資本主義與自由》的核心訊息。

導致社會思想氛圍改變的，不是理論或哲學，而是經驗。曾經是知識階級厚望所寄的蘇俄與中國，顯然已經變味發臭了。而所實施的費邊氏社會主義對美國知識份子具有絕對優勢影響力的英國，則是深陷困境。拉回到美國國內，向來熱中大政府主義而且絕大多數擁護美國民主黨的知識份子，則是被越戰，尤其是被甘乃迪總統和詹森總統於其中所扮演的角色，搞得幻想破滅。許多偉大的改革方案，諸如社會福利、公共住宅、偏袒工會、學校整合、聯邦教育援助、積極彌補歧視等等，過去被視為社會進步標竿的諸多計畫，正逐漸化為灰燼。至於其他美國人民，他們的錢包正遭到通貨膨脹和高稅負的雙重打擊。這些事實，而不是一些討論原理原則的書籍所闡述的那些理念的說服力，讓一九六四年高華德（Barry Goldwater）的一面倒敗選，轉變為一九八〇年雷根（Ronald Reagan）的一面倒勝選——這兩位美國總統候選人的政見與政綱基本上相同。

然則諸如本書這樣的著作又有什麼用處呢？我認為，有兩種用處。第一，為人們閒聊時提供交談主題。正如我們在《選擇的自由》前言裡所寫的：「唯一能真正說服你的人是你自己。你必須好整以暇地在心裡反覆咀嚼各個爭論點，審酌許多論證，讓它們慢慢地翻滾發酵，經過一段很長的時間後，將你偏好的見解化為你堅持的信念。」

第二，也比較基本的用處是，保持選擇的空間，等待不得不變的時機降臨。不管是個人私事的或公共政治的安排，尤其是後者，都有非常大的惰性——所謂現狀對思想與行動的箝制性（tyranny of the status quo）。只有發生或意識到危機，才會產生真正的行動變化。當那危機出現時，人們究竟會採取什麼行動，取決於人們身邊有哪些現成的行動點子。我相信，這才是我們這些人的基本功用：發展一些可以取代現行政策的方案，保持它們隨時活躍在人們的心中，直到政治上不可能的，變成政治上不可避免的。

一則個人的小故事也許可以證明前面的說法正確。大約在一九六〇年代末，我在威斯康辛大學和一位永不悔改的集體主義者，Leon Keyserling，進行了一場辯論。他以為，只要嘲諷我的見解全然反動，便可以打得我翻不了身。為此，他選擇逐項取笑本書第二章結論所列舉的那一連串，我說：「根據前面概略說明過的那些原則，盡我所知，絕不可能被辯解為正當的」政策項目。當他依序嘲笑我對農產品平準價格支持計畫、進口關稅保護政策等等的譴責時，獲得現場聽眾不錯的反應，直到他讀到第十一項，「於和平時期徵調國民服兵役。」我反對徵兵制的該項說法，引起熱烈的掌聲，讓他輸掉了現場聽眾和該場辯論。

附帶一提，在我列舉的十四項不能辯解為正當的政府措施中，迄今只有徵兵制一項被摘除掉，而這項勝利還絕非不可逆轉。至於其他許多項措施，實際的發展方向則是更加遠離本書所擁護的那些原則。這樣的發展，一方面，是社會思想氛圍所以改變的一個理由，而另一方面，也證明思想氛圍的改變迄今尚未產生多少實際效果。這也證明，本書的核心批評，切合一九八一年，如同切合一九六二年，縱使某些實例和細節也許過時了。

一九六二年版

這本拖延了很久才出版的書，源自一九五六年六月在Wabash學院由John Van Sickle和Benjamin Rogge主持Volker基金贊助的研討會上，我所發表的一系列演講。其後幾年，我陸續在Claremont學院由Arthur Kemp主持，在North Carolina大學由Clarence Philbrook主持，以及在Oklahoma州立大學由Richard Leftwich主持，全都由Volker基金贊助的研討會上，發表類似的演講。在每一次研討會上，我都會講述本書原則性比較濃厚的第一章和第二章，然後把那些原則運用到某一組不完全相同的特殊問題上。

我很感激這幾次研討會的主持先生，不僅是因為他們邀請我演講，更因為他們對演講的批評與指教，以及友善地敦促我試著先把要講的東西寫下來。我要感謝Volker基金的Richard Cornuelle、Kenneth Templeton和Ivan Bierly，他們負責安排了這幾次研討會。我也很感激研討會的諸多參與者，他們對諸多議題的濃厚興趣和犀利探究，以及無法澆熄的求知熱情，迫使我重新思考許多論點，並且改正了許多錯誤。這一系列的研討會無疑是我此生中最令人興奮的一次知性體驗。不用說，也許不會有任何一個研討會的主持人或參與者，會完全同意本書的任何一個論點。但是，我相信，他們不會不願意為那些論點承擔些許貢獻的責任。

本書所表述的哲理以及許多相關細節，是我的許多老師、同事和朋友教給我的，特別是我有幸在芝加哥大學與其相處的一群卓越的學者，包括Frank H. Knight、Henry C. Simons、Lloyd W. Mints、Aaron Director、Friedrich A. Hayek、George J. Stigler。我懇請他們原諒我未一一承認，他們將在這本書裡找到的許多理念其實是他們的。我從他們那裡學到的東西是這麼多，而這些東西又已經這麼盤根錯節地成為我自己思想的大半部分，以致我實在不知道怎樣挑選在哪裡加上註腳。

我不敢嘗試列舉其他許多我該感謝的人，因為我害怕一不小心漏掉某些人的名字，誤蹈不公正的過失。但是，我忍不住要提一下我的一對兒女，Janet和David。由於他們不會僅憑對我的信任就願意接受我的論點，以致迫使我必須以簡單的語言表述專門技術性的東西，從而不僅增進我對某些論點的理解，甚至也許讓我的論理說明變得更清晰。但是，我必須說，對於我的論點，他們也只會接受他們有所影響的責任，如果要說我的想法和他們自己的相同，他們肯定是不會接受的。

我大量引用一些已經發表的材料。第一章是根據先前以同一名稱發表在Felix Morley編輯的*Essays in Individuality*（University of Pennsylvania Press, 1958）的文章改寫的，而該篇文章也曾略作更動後以同一名稱出現在*The New Individualist Review*第一卷第一期（一九六一年四月）。第六章根據一篇以同一名稱首先發表在Robert A. Solo編輯的*Economics and the Public Interest*（Rutgers University Press, 1955）的文章改寫的。其他幾章裡許多零碎的論點，取材自我所寫的一些不同的論文和書。

「若非內人，大概寫不成本書」，已經成為學術性著作前言裡的陳腐套話。不過，就本書來說，這套話卻是百分之百的真實。她把斷簡殘編似的幾次講稿拼湊起來，把各個不同的版本整合在一起，把講稿改寫成比較接近書面語的英文，她自始至終一直是本書得以完成的幕後驅動力。版權頁裡承認她的協助，其實低估了她的貢獻。

我的秘書，Muriel A. Porter，是一個有效率而且可靠的好幫手，我很感謝她。她完成大部分手稿以及之前許多次部分草稿的打字工作。

中文版作者序

我很高興，《資本主義與自由》中文版能在臺灣發行。雖然該書英文第一版發行於三十年前，但書中所揭櫫的理念乃是永恆的。那些理念適用於三十年前，也適用於今日的環境，而就某些層次言，可說更切合當前的局勢，政府干預市場的年代已因輿論而有所收變；當年批判政府干預屬於極端且激進的論點如今已廣被接受。儘管如此，政府干預的行為並未隨著觀念的改變而同等變化。

相反的，在美國和其他西方國家，政府的角色自一九六〇年代以來，非但沒有減弱，且有增強之勢，今天的政府花掉國民所得的一大部分，採取更多的管制，且更細膩地干預到個人的生活。

最重大的行為變革發生在原本是共產主義的國家，包括蘇聯和其衛星國，以及中共。那些國家試圖以自由市場取代中央集權控制，來獲取最大可能的利益，位處於西半球的我們對這些發展深感得意。共產主義的瓦解使我們相信，我們正在進行的任何事情都是正確的。其實不然，似乎我們正努力走向五十年前的共產主義國家之形態，而共產主義國家卻正在努力走向七十五年前我們所處的國家之型態。

我對臺灣的瞭解不深，因此我不敢說臺灣的情形是否亦如上述的西方國家之態勢。然而，以美國為例，我確信反轉目前的方向且改行縮小政府規模和減少侵犯個人事務是極為迫切的做法。我們的行為有必要配合我們所說的話。

在臺灣發行《資本主義與自由》也許像是運送煤炭到電氣化的城市，因為臺灣過去四十年來遵循本書所闡釋的理念，已經變成二十世紀的經濟奇蹟之一，一如香港、新加坡、二次大戰後二、三十年的西德，以及過去二十年來的智利。不過，這樣的成果並不是說本書的理念就不相干了。美國和其他已開發國家的例子顯示，一旦透過市場機能贏得繁榮之後，常有強烈傾向走向社會主義國家之型態，要維持市場機能的運作可能比導入市場機能來得困難。

我非常希望本書的發行能夠幫助臺灣保有且擴大其人民的自由和經濟的自由。最後我要感謝吳惠林博士與藍科正博士協力翻譯本書。

1993年2月於胡佛研究所

藍科正　譯

目錄

導論

自由人既不會問國家能為他做什麼，也不會問他能為國家做什麼。他倒是會問，「我和我的同胞透過政府能做什麼」，以便有助於我們履行我們個人的責任，以便達成我們各自的目標和目的，特別是，以便保護我們的自由？

甘迺迪總統就職演說中有一句常被引述的話，是這麼說的：「不要問國家能為你做什麼，要問你能為國家做什麼。」我們的時代風貌的一個扎眼標誌就是，關於該句話的爭論，多半是針對它的出處，而不是針對它的內涵。該句話涉及公民與政府的兩種關係。不管是前半句的那種，或是後半句的那種，都不符合自由社會裡自由人的理想。有家父長思想味道的「國家能為你做什麼」，隱含政府是監護者，公民是受監護者。這個觀點不符合自由人自己的命運自己負責的信念。有機體統合味道的「你能為國家做什麼」，隱含政府是主人或神明，公民是僕人或信徒。對自由人來說，國家不過是組成國家的一群人罷了，不是什麼在他們之外或之上的東西。他以繼承共同的文明遺產為榮，也忠於共同的傳統規範。但是，他認為政府不過是一種手段、一種工具，既不是授與恩惠或禮物的某種存在，也不是該被盲目崇拜或奉獻的主人或神明。他不承認國家有什麼目標，除非是公民各自效勞的目標一致。他不承認國家有什麼目的，除非是公民各自努力的目的一致。

自由人既不會問國家能為他做什麼，也不會問他能為國家做什麼。他倒是會問，「我和我的同胞透過政府能做什麼」，以便有助於我們履行我們個人的責任，以便達成我們各自的目標和目的，特別是，以便保護我們的自由？而且當他問這個問題時，一定會附帶問另一個：怎樣避免我們所創造出來的政府，變成反噬創造者的怪物，破壞我們藉由它想要保護的自由呢？我們的內心深處告訴我們，而歷史也一再證實，權力集中是自由的最大威脅。政府是保全我們的自由必不可缺的，它是一項工具，我們能藉由它來運用我們的自由；然而，由於權力集中在政治人物手上，政府對自由也是一種威脅。即使掌控政府權力的那些人剛開始是心懷善意的好人，即使他們後來也沒被他們手上的權力腐敗掉，但是，那權力肯定不僅會吸引，而且也會塑造另一種性質的人。

我們怎樣才能享受政府可能產生的好處，同時避免政府對自由的威脅呢？體現在美國憲法的兩大原則給了一個答案，迄今保全了我們的自由，儘管被奉為圭臬的該兩大原則，實際上卻一再被冒犯。

第一個大原則是，政府的活動範圍必須受限制。政府的主要功能必須是保護我們的自由，免於國外敵人和國內同胞的侵害：維護社會治安、強制民間履行契約、促進競爭性市場。除了此一主要功能，政府也許有時候能讓我們共同達成一些若是由我們各自達成會比較困難或比較花錢的目的。然而，這麼使用政府，總是隱藏著危險。我們不應也不能完全避免這麼使用政府。但是，在我們這麼做之前，必須先搞清楚其利是否確實遠大於其弊。藉由主要倚賴自願合作和民間企業，進行經濟和其他領域的活動，我們能確保民間有能耐制約政府的權力，有效保護我們的言論自由、宗教自由，與思想自由。

第二個大原則是，政府的權力必須分散。如果非要政府動用權力不可，那麼，這權力由縣市政府動用勝過由州政府動用，由州政府動用勝過由華盛頓的聯邦政府動用。如果我不喜歡我的縣市政府的所作所為，不管是汙水處理、土地使用分區管制或學校教育方面，我可以搬到別的縣市。雖然不會有多少人真的採取此一步驟，但只消有此一可能性，便可遏阻縣市政府胡作非為。如果我不喜歡我的州政府的所作所為，我可以搬到別州。如果我不喜歡美國聯邦政府強要我接受的，那麼，在這個普遍對外國人心懷猜忌的世界上，我很少有其他選擇的餘地。

要避免聯邦政府擴權之所以困難重重，原因當然就在於權力集中對許多支持者有很大的吸引力。他們相信，權力集中將使他們得以更有效地推動立法，實施一些在他們看來，對公眾有利的方案，不管是將所得從富人手中移轉到窮人手中，或是將所得從用於私人目的移轉到用於政府目的。他們在某一意義上是對的。但是，權力是一把雙面刃，為善的權力也是為惡的權力。今日的掌權者也許明天就不再掌權；更重要的是，某個人認為是好的，他人也許認為是傷害。權力集中化的政治運動，和擴大各級政府職權的政治運動一樣，其主要的悲劇性，就在於領導這些運動的人固然多半立意良善，但最先悔恨運動後果的，往往也正是這些立意良善的運動倡導者。

保全自由，是限制與分散政府權力的一個消極性理由。但是，保全自由還有一個建設性理由。人類文明的重大進步，不管是在建築或繪畫、在科學或文藝、在工業或農業，從未源自中央集權政府。哥倫布出海尋找通往中國的新航路，並非附和某一國會多數議決的指令，雖然他從某位專制君主獲得部分贊助。牛頓和萊布尼茲（Leibnitz）；愛因斯坦和波爾（Bohr）；莎士比亞、彌爾頓（Milton），以及巴斯特納克（Pasternak）；惠特尼（Whitney）、麥考米克（McCormick），愛迪生，以及福特；珍．亞當斯（Jane Addams），佛蘿倫斯．南丁格爾（Florence Nightingale），以及亞伯特．史懷哲（Albert Schweitzer）；這些在人類的知識與悟性方面，在文學方面，在各種生產技術，或在救苦解難方面，開創先河締造新猷的人，沒有任何一個是受政府指令驅使的。他們的成就來自個人的天賦，來自勇於堅持少數派的見解，來自允許多樣與多變的社會環境。

政府絕無可能複製個人行動的多樣性與多變性。任何時候，藉由強制規定統一的住宅或營養或衣著標準，政府無疑能夠改善許多人的生活水準；藉由強制規定統一的學校教育、道路建設或衛生清潔標準，中央政府無疑能夠提升許多地方的施政品質，甚至也許能夠提升所有地方施政的平均水準。但是，時間拉長來看，這樣使用政府大概會導致停滯取代進步，導致整齊劃一的平庸取代那種能將明日的落後者提升至今日的平均水準之上的實驗所不可缺的多樣與多變。

本書討論一些這樣的大問題。書中的主要主題是，競爭性資本主義的角色，亦即，透過在自由市場中營運的民間企業來組織大部分經濟活動，不僅是一個經濟自由的系統，也是政治自由的一個必要條件。書中的次要主題是，在堅持自由並且主要倚賴市場來組織經濟活動的社會中，政府應該扮演的角色。

頭兩章在抽象層次討論這些問題，談的是一些原則，而不是這些原則的具體運用。後面幾章則是運用這些原則，討論各式各樣的特殊問題。

抽象論述要做到徹底完整，也許想像得到，不過，這個理想在頭兩章距離真正實現顯然還很遠。至於原則的具體運用，甚至不可能想像做到徹底完整。每天都會產生新問題與新情況。所以，政府的角色絕不可能按列舉其特定功能的方式一勞永逸地明確下來。因此，需要我們隨時重新檢視那些我們希望是不會改變的原則對時下諸多問題的意義。重新檢視原則的時下意義，不可避免地會附帶產生再次考驗原則的效果，從而增進我們對那些原則的理解。

本書所闡述的政經觀點，如果有個名稱，那就非常方便。自由主義應當是一個適切的名稱。不幸的是，「民營企業體制的敵對陣營，無意中對它致以最高敬意，自作聰明地占用了它的名稱」，[1]所以自由主義在美國有了一個，和它在十九世紀或者和它今天在歐陸大部分國家相比，非常不同的意義。

以自由主義為名的思想運動，在十八世紀末和十九世紀初發展時，強調自由是終極目的，強調個人是社會中的終極存在。它擁護國內自由放任，藉以削減政府在經濟方面的角色，從而擴大個人的角色；它擁護國際自由貿易，藉以和平民主地聯繫世界各國。在政治方面，它擁護發展議會政體和代議制度，擁護削減政府恣意獨斷的權力，擁護保障個人的公民自由。

然而，從十九世紀末開始，尤其是一九三〇年後在美國，自由主義一詞卻變得和一種非常不一樣的政治傾向連結在一起，特別是在經濟政策方面。它變得讓人聯想起隨時準備倚賴政府為主，而不是倚賴民間自願的安排為主，以達成各種想要達成的目標。當紅的口號變成社會福利與平等，而不是自由。十九世紀的自由主義者認為，擴張自由是增進社會福利與平等的最有效辦法；二十世紀的自由主義者要不是認為社會福利與平等是自由的先決條件，就是認為社會福利與平等是自由之外的另一個選項。打著社會福利與平等的名號，二十世紀的自由主義者變成主張，將古典自由主義所極

[1] Joseph Schumpeter, *History of Economic Analysis* (New York: Oxford University Press, 1954) p. 394.

力反對的那些政府干預和家父長作風的保護政策予以恢復。就在他把時鐘往回撥到十七世紀重商主義年代的當兒，他自己還喜歡斥責真正的自由主義者為反動份子呢！

自由主義一詞的詞意變化，在經濟方面比在政治方面更為顯著。二十世紀的自由主義者，和十九世紀的自由主義者一樣，也主張代議制度、議會政體、公民權利等等。但是，即便在政治方面，兩者還是有一顯著的差異。十九世紀的自由主義者，珍惜自由，害怕權力集中，不管是集中在政府或集中在私人手上，因此在政治上主張地方分權。二十世紀的自由主義者，熱中行動，深信只要權力掌握在表面上受選民控制的政府，權力一定會仁慈行善，因此主張中央集權政府。當有任何關於權力應該歸屬於何處的疑義需要解決時，他會主張歸於州政府而不是歸於市政府，主張歸於聯邦政府而不是歸於州政府，主張歸於某一世界性組織而不是歸於某一國家政府。

由於自由主義一詞的詞意變質，從前以自由主義為名的那些見解，現在時常被稱為保守主義（conservatism）。但是，這替代詞實在不能令人滿意。十九世紀的自由主義者是一個極端激進派（radical），不僅如該字在字源上的意思，他是一個追究事物根本的人，而且如該字在政治上的意思，他也是一個贊成社會制度重大變革的人。他的現代繼承者也該如是。對我們的自由有大大妨礙的政府干預，我們不希望保存，至於對我們的自由有增進作用的政府干預，我們當然希望保存。此外，保守主義一詞所涵蓋的見解範圍實際上已變得如此之廣，而且其中的見解互相又是如此之矛盾，以致將來我們無疑會看到，由幾個字串連起來的新名稱層出不窮，諸如強調自由的保守主義者（libertarian-conservative）和主張貴族政治的保守主義者（aristocratic-conservative）等等。

一來因為我不願意將該名詞讓給所支持的法令將會摧毀自由的那些人使用，二來因為我找不到更好的替代詞，所以為了解決這些困難，我決定按原始的意思使用自由主義一詞，亦即，我講的自由主義指的是屬於自由人的那些信條。

第一章　經濟自由與政治自由的關係

經濟自由本身就是目的。另一方面，經濟自由也是成就政治自由的一個絕對必要的手段。

有一個非常普遍的想法，認為政治與經濟是兩個分開而且大致沒有關聯的領域；認為個人自由是政治問題，而物質福利是經濟問題；認為任何性質的政治安排可以和任何性質的經濟安排組合在一起。這個想法在我們當代的主要徵候是，有很多人提倡「民主的社會主義」；一方面，他們會不假思索地譴責俄羅斯「極權的社會主義」對個人自由所強加的各種限制，但另一方面，他們卻被說服，相信一個國家，即便在經濟安排上採納俄羅斯經濟體制的基本特徵，還是可能藉由政治安排保證個人自由的。本章的主旨就是要指出這樣的想法其實是妄想，要指出經濟與政治之間其實有密切的關係，要指出只有某些組合的政治與經濟安排才是可能實現的，特別是，要指出一個在經濟上實施社會主義的國家，在政治上絕不可能是民主的，亦即，絕不可能保證個人自由。

對於促進自由的社會，經濟安排扮演一個雙重的角色。一方面，經濟安排方面的自由，本身就是廣義自由的一個成分，所以經濟自由本身就是目的。另一方面，經濟自由也是成就政治自由的一個絕對必要的手段。

經濟自由的第一種角色需要特別強調，因為知識份子特別有一強烈偏見，不認為這方面的自由有何重要性可言。他們傾向鄙視他們所謂物質生活的層面，傾向認為他們自己對一些所謂較高價值的追求，屬於另一個比較有意義的生活層面，值得特別注意。然而，對大多數公民來說，經濟自由的直接重要性，和經濟自由的間接重要性，亦即，和經濟自由作為成就政治自由的一個手段的重要性，至少是可相提並論的，即使對知識份子來說不然。

第二次世界大戰後，因為外匯管制而不被允許到美國度假的英國公民，被剝奪的基本自由，不亞於某個因為政治見解不容於當道而被拒絕到俄國度假的美國公民被剝奪的基本自由。前者對自由的限制表面上是基於經濟理由，而後者則是基於政治理由，不過，就限制本身而言，兩者基本上並無二致。

被法律強迫獻出大約百分之十個人所得，購買政府辦理的一種養老契約的美國公民，被剝奪了相應的一部分個人自由。這種剝奪讓被剝奪者產生多麼強烈的感覺，以及這種剝奪多麼接近剝奪宗教自由，亦即，多麼接近剝奪某種大家都認為屬於「公民的」或「政治的」而非屬於「經濟的」自由，被一則插曲般的事件非常戲劇性地展示出來。這事件涉及一群阿米希（Amish）教派的農夫。這群農夫根據教派原則認為，強制性的聯邦養老計畫侵害他們的個人自由，因此拒絕繳納養老稅，也拒絕接受政府的養老給付。結果是，他們的一部分家畜被拉到市場拍賣，以滿足社會安全稅的索求。沒錯，也許不會有多少人認為，強制性的養老保險剝奪了他們的個人自由，但是，自由的信徒從來不會認為，少數人的自由不是自由。

在各州法律規定下，一個不得自由從事自己所選擇的職業，除非取得執業證照的美國公民，也同樣是被剝奪了一部分他的基本自由。一個想要拿出自己的一些東西，和某個外國人，譬如說，某個瑞士人交換一只手錶，但受限於進出口配額，而無法完成該筆交易的美國公民，也是。一個以低於製造商依據所謂「公平交易法」訂定的價格銷售胃乳片而被扔進牢裡的加州人，也是。一個不能按照自己想要種植的數量種植小麥的農夫，也是。諸如此類的例子，不勝枚舉。顯然的，經濟自由本身就是整體自由中一個非常重要的成分。

就作為成就政治自由的一個手段來說，經濟安排之所以重要，在於不同的經濟安排，會產生不同的權力集中或分散效果。直接提供經濟自由的經濟安排，亦即，競爭性資本主義，也促進政治自由，因為這種經濟安排隔開經濟權力與政治權力，從而使這兩種權力相互抵銷。

關於政治自由與自由市場的關係，歷史證據所給的意見是一面倒的。在全世界的歷史中，找不到有哪一個擁有高度政治自由的社會，不是同時以某種堪比自由市場的制度在組織大部分經濟活動。

因為我們生活在一個大致自由的社會，所以我們很容易忘記，地球上，有過像是政治自由這種安排的地方是多麼有限，而歷史又是多麼短促：典型的人類處境是專制、奴役與不幸。就一般歷史發展趨勢而言，十九世紀到二十世紀初期的西方世界，是一個非常突出難得的例外。在這個很不一般的例子裡，政治自由，顯然和自由市場以及許多資本主義的習慣制度一起到來。古希臘黃金時期和羅馬時代早期的政治自由，也是這樣。

歷史僅指出資本主義是政治自由的一個必要條件。它顯然不是一個充分條件。法西斯時期的義大利、法西斯時期的西班牙、過去七十年間幾個不同時期的德國、第一次和第二次世界大戰前的日本、第一次世界大戰前數十年帝制時期的俄國，所有這些社會，絕不會有人想要稱之為政治自由的社會。不過，在前列每一個社會中，私人企業仍是主要的經濟組織形式。由此可見，基本上屬於資本主義的經濟安排，顯然是可以和不自由的政治安排並存的。

甚至在那些社會裡，公民享有的自由，多於俄國或納粹德國這等經濟極權加上政治極權的現代極權國家的公民。甚至在帝制時期的俄國，因為資本主義和私有財產權的存在對集權政府有一些約制作用，所以某些公民有可能在某些情況下改變他們的職業，毋須事先獲得政府機關的許可。

政治自由與經濟自由之間的關係是複雜而且絕非單向片面的。在十九世紀初期，邊沁（Bentham）和哲學激進派傾向認為，一般民眾身上被強加了許多各式各樣的限制，以致無法行動自如。他們認為，如果政治改革賦予大部分人民投票權，他們將會做出有利於自己的選擇，亦即，他們會投票贊成自由放任。事後看來，沒有人能說邊沁等人錯了。當時大幅的政治改革，確實伴隨著邁向高度自由放任的經濟改革。在經濟安排發生這樣的變革後，一般民眾的幸福水準確實有驚人的提升。

在功利的自由主義（Benthamite liberalism）於十九世紀英國的勝利後，興起一波反動浪潮，政府逐漸增加對經濟事務的干預。這波集體主義的浪潮，由於兩次世界大戰的推波助瀾，不僅在英國，也在其他國家，變得更加波濤洶湧起來。在民主國家裡，社會福利取代自由成為主要的旋律。戴雪（Albert V. Dicey）、米塞斯（Ludwig von Mises）、海耶克（Friedrich A. Hayek）、賽蒙斯（Henry Simons）等繼承哲學激進派傳統的思想家，看出該波反動浪潮對個人自由的潛在威脅，擔心集中控制經濟活動的趨勢如果持續下去，將像海耶克為他那本透澈分析此種過程的著作所取的書名那樣，真的變成一條《到奴役之路》。他們的思想，強調經濟自由是成就政治自由的一個必要手段。

第二次世界大戰結束後的事態發展，顯示經濟與政治自由之間還有另一層關係。集體主義經濟計畫確實會干擾個人自由。然而，至少在某些國家，計畫經濟實施的結果卻不是自由受到壓制，而是經濟政策反轉。這次又是英國給了最顯著的例子。轉捩點也許是所謂「僱用管制令」。儘管當時有很大的疑慮，英國工黨政府仍認為，若要執行該黨的經濟政策，是必須頒布該法令。如果徹底強制執行，該法令等於是要集中分配個人職業。這和個人自由的衝突是如此的尖銳，以致該法令僅在極少數個案獲得執行，而且在實施很短的一段時間後廢止。從廢止該法令開始，英國工黨政府的經濟政策明確地改弦更張，減弱對各種中央「計畫」與「方案」的倚賴，撤除許多管制措施，加重強調民間市場的功能。大多數其他民主國家，這時也發生類似的政策轉變。

中央經濟計畫乏善可陳、或完全沒達成預設的目標，也許是這些國家改變政策的近因。然而，原來的政策之所以失敗，至少在某一程度內，應歸因於中央經濟計畫的政治意涵，歸因於當局不願意徹底遵行中央經濟計畫的邏輯，因為這麼做必定會粗暴地踐踏許多被視為珍貴的私人權利。此次政策的轉變，也許很可能只是本世紀集體主義發展趨勢的一次暫時性中斷。即便如此，它也例證了政治自由和經濟安排有密切的關係。

單憑歷史證據絕無可能令人信服。自由的擴張，發生於資本主義市場體制同步發展的時候，這也許純粹只是巧合。有什麼理由說兩者之間有關係呢？經濟和政治自由有什麼邏輯聯繫？在討論這些問題時，我們首先把市場視為自由的一個直接成分，然後考慮市場安排與政治自由的間接關係。以下討論的一個附帶結果，將是為自由的社會勾勒理想的經濟安排。

吾輩自由主義者，以個人或家庭的自由為終極目的，來評判各種社會安排。自由，視為一項這種意義的價值，和人與人之間的關係有關；對於孤島上的魯濱遜・克魯梭（在遇到忠僕弗萊弟之前）來說，我們所謂的自由毫無意義。魯濱遜・克魯梭在島上受到「拘束」，他的「能力」有限，他只有非常有限的幾個行動計畫供他選擇，但他沒有我們要討論的那個意義的自由問題。同樣的，在一個社會裡，所謂自由，沒說個人該怎樣利用他的自由；自由不是無所不包的道德律。事實上，自由主義者的一個主要目的，就是要把道德問題留給個人去解決。「真正」重要的道德問題，是自由社會裡的個人要面對的那些問題——他應該怎樣利用他的自由。因此，有兩組價值受到自由主義者強調：和人與人之間的關係有關的那些價值，自由主義者認為，自由在這些價值當中居於第一順位；和個人怎樣利用其自由有關的一些價值，則屬於個人道德和哲學的範疇。

自由主義者認為人類是不完美的生靈。他認為，關於社會組織，怎樣防止「壞」人為惡的消極問題，和怎樣使「好」人得以為善的積極問題，同等重要；當然，「好」人和「壞」人也許是同一批人，是好是壞，取決於是誰在評判那一批人。

社會組織的基本問題是怎樣協調多數人的經濟活動。即便是在相對落後的社會，要有效利用現有資源也需要實施廣泛的分工與分業。在進步的社會，要充分利用現代科技所提供的諸多機會，需要協調的分工與分業規模更是驚人地龐大。毫不誇張地說，數百萬人互相牽連，提供彼此每天所需的麵包，更不用說提供彼此每年所需的汽車牽連了多少個人。對相信自由的人來說，一個根本的難題，是怎樣調和人與人普遍相互依存的必要性與個人自由。

基本上，只有兩種方法可以協調數百萬人的經濟活動。其中一種是中央集權指揮，需要使用強迫手段——這是軍隊和現代極權國家的作法。另一種是人們自願合作——這是市場裡的作法。

透過自願合作之所以可能獲致協調，有賴於一個非常基本但時常被否定的道理，亦即，任何經濟交易的雙方都可以從交易中獲益，只要這交易出於雙方自願而且雙方對交易條件都有充分的認識。交易因此能達成協調，毋須強迫。

要剖析一個藉由自願交易而協調組織起來的社會，我們可利用所謂自由的私人企業交易經濟這個操作模型，亦即，利用我們一直稱為競爭性資本主義的那個理念模型。

就最簡單的形式而言，這樣的一個社會，由某一數目的獨立家庭組成——可以說，是一群魯濱遜·克魯梭的集合。每一個家庭利用它所掌握的資源，生產物品與服務，和其他家庭生產的物品與服務，按雙方都能接受的條件交易。每一個家庭因此得以藉由為他人生產物品與服務，間接滿足自己的需要，而不是以生產物品供自己立即使用，直接滿足自己的需要。採取此一間接路線的誘因，當然是藉由分工與分業可能增加產量。由於每一個家庭總是可以選擇生產直接供自己使用的物品，沒有必要進行任何交易，除非從交易中獲益。因此不會有任何交易發生，除非交易雙方都能從中獲益。於是，要達成合作，毋須使用強迫手段。

如果家庭是終極的生產單位，分業與分工的程度將不會有很大的進展。在現代社會，我們已比最原始的分業與分工程度先進了一大截。我們引進了企業，作為個人的兩種身分之間的媒介，亦即，作為服務提供者的個人和物品購買者的個人之間的交易媒介。同樣的，如果我們繼續倚賴以物易物的交易，分業與分工的程度也不會有很大的進展。因此，貨幣被引進作為使交易更便捷的工具，同時使交易當中的購買和銷售得以分成兩個步驟。

儘管企業與貨幣在我們的實際經濟裡扮演重要的角色，也儘管企業與貨幣衍生出許多複雜的問題，達成協調的市場辦法，其核心特徵，仍充分展現在不含企業與貨幣的簡單交易經濟模型中。在這簡單的模型裡如此，在實際複雜的企業與貨幣交易經濟裡也是這樣，即：合作全然是個人自願的選擇，只要(1)企業是屬於私人的，所以訂立交易契約的終極主體全是個人，而且(2)個人擁有有效的自由，可以同意，也可以不同意，進行任何特定交易，所以每一筆交易全都是自願的。

籠統陳述這些附帶條件很容易，但是，要詳細說明它們，或者要精確表明哪些體制安排最有助於維持它們存在，那就困難多了。事實上，有相當多經濟專業文獻所研究的正是這些問題。基本要件是維持社會治安，防止個人被他人暴力脅迫，以及強制履行自願簽訂的契約，從而讓「私人之間的」契約具有實際效力。除了這個基本要件外，也許最困難的一些問題源自獨占——它抑制有效的自由，因為它使個人沒有其他選擇取代某些交易——以及源自「鄰里效應」——這種對第三者的效應，不可能收取費用或給予補償。我們在下一章將更詳細討論這些問題。

只要有效的交易自由獲得維持，市場組織經濟活動的核心特徵就是，在個人大部分的經濟活動上，市場阻止任何人干擾他人。消費者得到保護免於某個賣者的強賣，因為他可以和其他賣者達成交易。賣者也得到保護免於某個消費者的強買，因為他可以賣給其他消費者。受僱者得到保護免於某個僱主的強僱，因為他可以為其他僱主工作，等等。而且市場這麼做，完全不問個人的身分、地位、關係、好壞，也毋須某個核心權威的指導。

事實上，反對自由經濟的一個主要理由，正是市場把這工作做得太好。它給人們他們想要的，而不是某個特定團體認為他們應該要的。大部分反對市場的理由，背後隱藏著對自由本身缺乏信心。

自由市場的存在，當然不會消除我們對政府的需要。相反的，作為決定「遊戲規則」的論壇，以及作為解釋與執行既定規則的裁判，政府是必需的。市場的作用是大幅減少必須用政治手段解決的議題範圍，從而極小化需要政府直接參與遊戲的幅度。透過政治途徑採取的作為，往往要求或執行很大程度的全體劃一（conformity）。相反的，市場的好處是允許廣泛的多樣性。以政治術語來說，市場是一種比例代表制。每個人，可以說，都能票選他想要的領帶顏色，而且得到它；他不用看多數派想要什麼顏色；然後，如果他是少數派，只好委屈自己。

當我們說市場提供經濟自由時，我們指的就是市場的這項特徵。但是，這項特徵的意涵，遠超過狹隘的經濟範疇。政治自由的意義在於個人不受國人同胞的強迫。強迫的力量，不管是掌握在帝王、獨裁者、寡頭獨裁者、或一時的多數派手中，對自由都是根本的威脅。自由的保全，要求盡可能消除權力如此集中，以及分散布置任何不能被消除的權力，亦即要求有一套權力制衡的制度。藉由將組織經濟活動的工作移出政府控制的範圍外，市場消除政治當局的強迫力量。它使經濟力得以制衡而非增強政治力。

經濟權力能夠廣泛分散。沒有什麼守恆定律，迫使新經濟權力中心的成長必須犧牲既有的權力中心。相反的，政治權力則比較難以分散。這世界上也許能有為數眾多的小型獨立政府同時存在。但是，要在某一個大型政府裡維持許許多多同等有力的小型政治力中心，就遠比要在某一個經濟裡出現許許多多經濟權力中心困難得多了。一個大型經濟裡，可能有許多個百萬富翁。但是，一個國家裡，真正傑出、能匯聚國人動力與激情的政治領袖可能會有一個以上嗎？如果中央政府的權力增加，各地方政府的權力很可能會被犧牲削弱。要分配的政治權力，似乎有一固定的總量。因此，如果經濟權力和政治權力連結在一起，權力的集中幾乎是不可避免的。相反的，如果經濟權力和政治權力分離，前者便能牽制或抵抗後者。

這段抽象論證的效力，舉例也許最能說明。讓我們首先以一個假設性的例子，帶出此處所涉及的原則，然後以幾個最近發生的實例，說明市場如何發揮保全政治自由的作用。

自由社會的一個特徵，無疑是個人可以自由提倡與公開鼓吹社會結構的根本改革——只要這提倡限於勸服，未涉及武力或其他形式的強迫。人們能公開提倡與推動社會主義，是資本主義社會裡政治自由的一個標誌。同理，社會主義社會裡政治自由，也應該隱含人們有提倡引進資本主義的自由。但是，在社會主義社會裡，提倡資本主義的自由怎樣才能獲得保全呢？

若要人們提倡什麼，首先必須要讓他們能夠賺錢養家活口。在社會主義社會裡，這就很成問題了，因為所有工作都直接受政府機關控制。要一個社會主義政府容許它的雇員提倡直接忤逆官方教條的政策，需要該政府很會自我克制。這種修養工夫做起來有多不容易，第二次世界大戰後美國所謂聯邦雇員「安全」問題的經驗，說明得很清楚。

姑且讓我們假定社會主義政府確實做到了這種自我克制。然則提倡資本主義，若要有任何意義，提倡者必須能夠為他們的主張供應資金——以舉辦公聽會，出版文宣小冊子，購買電臺時段，發行報紙與雜誌，等等。他們怎樣才能募得資金呢？在社會主義社會裡，也許有，也很可能有一些人有很高的收入，甚至還持有政府債券等等形式的鉅額資本，但這些人必然是政府高官。我們還可能想像有這麼一位低層的社會主義政府官員，雖然公開提倡資本主義，但仍保有他的工作。但是，再怎麼輕信的人，大概也很難想像會有社會主義政府的高官資助這些「顛覆」活動。

唯一籌措資金的辦法也許是向大量低階官員募集小額捐款。但是，這也不是真正的解決之道。要從這些來源汲取資金，必先假定許多人已經被說服了，但我們所有的問題卻是，怎樣啟動和資助宣傳活動去說服很多人。在資本主義社會裡，激進的社會運動從來不是這樣得到資助的。那些運動一般是由少數幾個先被說服的有錢人贊助的——譬如，舉幾個最近相當出名的人名，由某個佛列德立克・范德比特・費爾德（Frederick Vanderbilt Field），或某個安妮達・麥考米克・布連恩（Anita McCormick Blaine），或某個寇利斯・拉蒙（Corliss Lamont），或時間遠一點，由某個佛來德里奇・恩格斯（Friedrich Engels）贊助的。這就是貧富不均很少被注意到的一個角色，一個在保全政治自由方面的角色——政治運動贊助者的角色。

在資本主義社會裡，只消說服少數幾個有錢人，便可得到資金來啟動任何理念的宣傳活動，不管這理念有多怪異，而且這樣的人或獨立的贊助中心，為數還很多。並且，事實上，甚至毋須說服擁有大筆資金的人或金融機構相信將被傳播的理念正確妥當，只消說服他們相信這傳播事業能在財務上成功；說服他們相信，所發行的報紙、雜誌或書籍，或所舉辦的其他宣傳事業，有利可圖。例如，有競爭壓力的出版商絕不可能只出版他個人贊同的著作；他的行動準則必定是，市場將來可不可能大到足以使他的投資得到令他滿足的報酬。

市場就這樣打破惡性循環，終於可能讓許多民眾掏出小額款項資助這種宣傳事業而毋須先說服他們。在社會主義社會裡，就沒有這種可能性；那裡只有全能的政府。

讓我們繃緊我們的想像力，想像有某個社會主義政府注意到這個問題，而且組成這個政府的是一群熱心於保全自由的人。它會提供資金贊助嗎？也許會，但很難想像它怎樣提供。它也許會設立一個專責機關補貼顛覆政府的宣傳活動。但它怎樣選擇贊助什麼人呢？如果對求助者來者不拒，它很快就會發現沒錢了，因為社會主義不可能使基本的經濟定律無效；只要價格夠高，就會招來大量供給。讓提倡激進主張有足夠好的報酬，提倡者就會源源不絕。

除此之外，提倡不受歡迎之主張的自由，並不隱含這種提倡行為毋須付出代價。相反的，社會絕無可能穩定，如果提倡激進改革不必負擔成本，更不用說還有補貼。人們為提倡他們深信的主張而做出一些犧牲奉獻，完全合理。沒錯，應當只為願意實踐自我克制的人保全自由，因為如果不這樣做，自由將變質退化成為任性放肆與沒有責任感。但絕對必要的是，提倡不受歡迎之主張的成本，應該保持在可容忍的程度，絕不應該高得嚇人。

但這還沒完哩。在自由市場社會裡，有資金就夠了。紙張的供應者將紙張賣給《工人日報》（*Daily Worker*）的意願，和賣給《華爾街日報》（*Wall Street Journal*）的意願一樣高。在社會主義社會裡，光有資金是不夠的。我們想像的那個資本主義提倡者，必須說服政府的某一工廠造紙賣給他，說服政府的某一印刷廠打印他的文宣小冊子，說服政府的某個郵局把它們分發給民眾，說服某個政府機關租給他某間會議聽，等等不一而足。

也許有某個辦法可以克服這些困難，保全社會主義社會裡的自由。這不能說完全不可能。然而，毫無疑問的，要建立體制有效保全提出異議的可能性，確實有許多真實的困難。就我所知，在一向贊成社會主義但也支持自由的人士當中，從來沒有哪一位，真正面對過這個問題，或還算認真地著手詳述在社會主義之下允許自由的一些制度安排。對照之下，資本主義社會的自由市場促進（政治）自由，則是毫無疑義的。

這些抽象原則有一個令人印象深刻的實例，那就是溫士頓・邱吉爾（Winston Churchill）的個人遭遇。從一九三三年起到第二次世界大戰爆發，邱吉爾不被允許透過英國的無線電波發聲。當然，這電波當時是英國政府的一項獨占權利，由英國廣播公司管理。這是英國一個很有地位的公民，一個國會議員，一個前內閣閣員，一個拼命想盡一切可能的辦法企圖說服他的國人同胞採取步驟防備納粹德國威脅的人。他不被允許透過無線電波向英國人民發聲，因為英國廣播公司是英國政府的一個獨占事業，而且他的立場太有「爭議性」。

另一個令人印象深刻的例子，見諸一九五九年一月二十六日出刊的《時代雜誌》報導，和「黑名單淡出」（Blacklist Fadeout）有關。《時代雜誌》的那則故事說：

> 奧斯卡頒獎典禮是好萊塢規模最大的宣傳造勢活動，但兩年前卻意外成為反宣

傳。當某位羅伯・李奇（Robert Rich）被宣布以《勇者》（*The Brave One*）獲得最佳編劇時，他未曾現身。羅伯・李奇是一個假名，掩飾某位被美國電影業懷疑是共產黨員或其同路人……而從一九四七年起被列入黑名單的劇作家；列入這份黑名單的劇作家為數約一百五十人。這事件特別令人難堪，因為美國電影學院向來禁止任何共產黨員或美國憲法第五修正案的申辯者角逐奧斯卡金像獎。上週，那一條有關共產黨的規則，以及關於李奇真實身分的謎底，突然都被改寫了。

結果李奇的真身被認出是達爾頓・特朗伯（Dalton Trumbo），《強尼上戰場》（*Johnny Got His Gun*）的編導，最初拒絕在一九四七年國會所舉行的聽證會就電影業的共產主義風作證的十個劇作家，即所謂「好萊塢十君子」（Hollywood Ten）之一。製片家法朗克・金（Frank King）曾經頑強堅持，羅伯・李奇是「西班牙一個留鬍子的年輕人」。他現在改口說，「盡可能買最好的劇本，是我們對我們的股東該負的一項責任。特朗伯帶《勇者》的劇本來見我們，然後我們把它買下來」。……

實質上，這是好萊塢黑名單的正式結束。對被禁的劇作家來說，非正式的結束早就發生。目前好萊塢製作中的電影至少有百分之十五的劇本，據傳是黑名單上的劇作家寫的。製片家法朗克・金說，「好萊塢裡的幽靈，比林茵紀念公園（Forest Lawn）裡的還多。在好萊塢，每家公司都採用黑名單上的劇作家的作品。每個人都知道這回事，我們只不過率先承認罷了。」

人，可以像我這樣認為共產主義會摧毀我們的一切自由，可以竭盡所能堅定且強烈地反對共產主義，然而，同時卻認為，自由社會應當無法忍受某個人，只因為相信或企圖促進共產主義，而被阻止和他人達成兩願、互利的安排。他的自由包含他促進共產主義的自由。當然，自由也包含他人不和他交易的自由。好萊塢的黑名單是一項破壞自由的非自由作為，因為它是一項共謀串通的安排，企圖使用強迫手段，阻止兩願交易。它所以沒發生作用，正是因為市場使堅持黑名單的人付出昂貴的代價。商人重利，亦即，經營企業的人事實上有盡可能賺錢的動機，保護了黑名單上那些人的自由；因為商人重利，所以那些人有其他就業機會，同時商人也有僱用那些人的動機。

如果好萊塢電影業是政府的企業，或者換作是在英國，如果這是英國廣播公司是否僱用的問題，那就很難相信「好萊塢十君子」或同類人士找得到工作。同樣也很難相信，在那種情況下，強烈擁護自由主義與私人企業精神的人，乃至強烈擁護任何有異於現狀之見解的人，還能找得到工作。

關於市場在保全政治自由上所扮演的角色，還有一個例子，是我們在麥卡錫主義肆虐時的經驗。撇開所涉及的實質問題不談，也姑且不論所指控的罪名是否有事實根據，這裡要問的是，有什麼可以保護人們，特別是政府雇員，對抗不負責任的指控，免於忍受若要如實回答就會違背良心的審訊探查？如果除了被政府僱用，沒有其他工作機會，訴諸第五修正案的保護，將淪為白費力氣的笑柄。

他們的根本保護，在於有一個他們可以工作謀生的民間市場經濟。這裡要再次強調，這種保護不是絕對的。許多潛在的民間僱主，不管對錯，不願意僱用那些被當眾羞辱過的人。代價通常讓提倡不受歡迎之主張的那些人承擔，固然沒啥道理，但相比之下，代價讓許多被牽連到的人承擔，也許真的更沒道理。然而，重要的是，這些代價是有限的，不像當政府僱用是唯一的可能時那樣高得嚇人。

有意思的是，在受牽連的人們當中有極高比例，後來好像加入最競爭的經濟部門，譬如，小生意、貿易、農業，那裡的市場最接近理想的自由市場。買麵包的人不知道做麵包的小麥是產自某個共產黨員或產自某個共和黨員，是產自某個憲政主義者或產自某個法西斯主義者，或就此而論，是產自某個黑人或產自某個白人。這個例子說明，一個不問個人身分的市場怎樣隔開經濟活動與政治見解，從而保護人們免於因為一些和他們的生產力無關的理由，而在經濟活動上遭到歧視，不管那些理由是基於他們的政治見解或基於他們的膚色。

正如前例所示，我們社會裡，在保全與強化競爭性資本主義的議題上，利益輸贏最大的群體，是那些最容易被多數族群懷疑與敵視的少數族群，譬如，僅舉幾個最顯而易見的，黑人、猶太人、外國移民，等等少數族群。然而，有夠矛盾的是，自由市場的敵人——社會主義者和共產主義者——有不成比例的一大部分新血，卻是一向來自這些少數族群。非但沒看出市場一直在保護他們免受多數國人同胞的歧視心態傷害，他們反而誤將殘餘的歧視歸咎於市場。

第二章　政府在自由社會裡的角色

普遍使用市場可以減輕社會結構所承受的張力，因為市場所涵蓋的任何活動都毋須強求社會統一服從。

一個常見的反對極權社會的理由說，這種社會認為目的可以證明手段的正當性。就字面來說，這個理由顯然不合邏輯。如果目的不能證明手段正當，那什麼能呢？但這個簡單的回應並未真正解決掉那個反對理由；它只證明那個反對理由陳述得不夠清楚。駁斥目的能證明手段正當，是在間接主張：問題中的目的不是最終目的，而最終目的正是使用適當的手段。任何目的，不管可欲或不可欲，如果只有使用不好的手段才能達成，那麼，相對於使用可接受的手段這個更基本的目的而言，它必須讓步。

對自由主義者來說，適當的手段是自由討論與自願合作，這意味著任何形式的強迫都是不適當的。理想的情況是，人們在自由且充分討論的基礎上，達成全體一致的見解。這是以另一個方式表述上一章所強調的自由的目的。

從這個觀點來看，市場的作用，正如前面特別提到的，是允許毋須全體統一的全體一致（unanimity without conformity），或者說，允許全體相合而不相同；換言之，市場是一個有效的比例代表制。相反的，透過明顯的政治管道所採取的行動，往往要求或必須強制實現很大程度的全體意見統一或劃一。典型的議題必定是以「贊成」或「反對」的方式來表決；頂多只可能透過為數有限的幾個行動選項。透過明顯的政治管道決定行動，即便使用比例代表制，也改變不了這個判斷。實際上能獲得代表的個別群體，為數極其有限，和市場裡的比例代表制相比，為數更顯稀少。更重要的是，由於最後的結果通常必定是某一適用於所有群體的法律規定，而不是為每一個被代表的「群體」個別通過適用的法律，這意味著政治管道的比例代表制，別說允許全體相合而不相同，反而往往流於無效代表與全體分裂。因此，政治場域的比例代表制，實際運作的結果，往往會摧毀任何共識，亦即摧毀達成全體相合而不相同所仰賴的基礎。

有一些問題顯然不可能用有效的比例代表辦法予以解決。我不可能得到我想要的那個數量的國防，同時讓你得到另一個數量。就這一類不可分割的事物，我們可以討論，激辯，然後投票表決。一旦決定了，我們必須一律服從。正是因為有這一類不可分割的事物存在，所以我們才不可能透過市場，完全倚賴個人個別的作為，來滿足我們的需要。如果我們要把我們的一部分資源用來取得這一類不可分割的事物，我們就必須運用政治途徑來調和我們之間的分歧。

使用政治管道，固然不可避免，但往往會使社會凝聚力緊張，殃及社會穩定。如果人們僅需就範圍有限的一些議題達成統一行動的決定，而人們對那些議題又不管怎樣總會有共同的見解，這張力還處於最小狀態。需要明確統一行動的議題範圍每一步擴展，都會使賴以維繫社會團結的那些微妙的絲線更加緊繃。一旦擴展到觸及某個人們感覺深刻但分歧很大的議題，社會很可能就此分崩離析。人生基本價值的一些根本差異，極少可能在投票箱上獲得解決；它們終究只能以衝突來決定何者勝出；不過，即便衝突，也消弭不了那些差異。許多歷史上的宗教戰爭與國內戰爭，是此一判斷的血淋淋證明。

普遍使用市場可以減輕社會結構所承受的張力，因為市場所處理的任何活動都毋須強求社會統一服從。市場處理的活動範圍越廣，需要統一意見，從而需要明顯的政治性決定的議題就越少。而需要統一意見的議題越少，則在維繫自由社會的同時，取得意見一致的可能性就越大。

全體意見一致當然只是個理想。實際上，我們花不起在每一個議題上達成全體一致所需的時間與力氣。我們不得不退而求其次。我們於是被導向接受某一個或另一個形式的多數決規則，作為權宜解決問題的辦法。多數決本身不是一個基本原則，而是一個權宜的辦法，這一點有一事實可以清楚證明，即，我們訴諸多數決的意願，以及我們要求多大的多數，端視議題的嚴重性而定。如果議題沒什麼重要性，而且少數方對於意見被否決也沒強烈感覺，也許相對多數就夠了。相反的，如果少數方對所涉及的議題感覺強烈，甚至絕對多數也不夠多。例如，我們當中很少有人願意看到，言論自由的議題由絕對多數的多數方決定。我們的法律結構充斥著，什麼樣的議題需要由什麼樣的多數決定，這樣的差別規定。位於極端的，是憲法裡有具體規定的那些議題。這些原則性的規定是如此重要，以致我們只願意對權宜的多數決做出最小幅度的讓步。當初在接受那些原則時，曾達成近乎實質的全體共識，所以在改變那些原則時，我們也要求必須有類似的實質共識。

(1)避免對我們的憲法或其他國家成文與不成文的憲法有具體規定的某些種類的議題使用多數決，這個自我克制的慣例，以及(2)這些憲法或地位相當的法律中，禁止強迫個人的一些具體規定，這兩者都應被視為係經過自由討論達成的，並且是反映人們對手段的實質共識。

我現在要開始比較具體地，雖然還是非常粗略地，考慮哪些議題全然不可能透過市場處理，或市場的處理成本是這麼高，以致透過政治途徑處理也許比較好。

政府作爲規則制定者與裁判

我們必須區別人們的日常活動，和規範日常活動的一般性習慣與法律架構。日常活動好比是遊戲參與者玩遊戲時的動作，而「架構」則是像他們所玩遊戲的規則。正如一場好遊戲要求遊戲者接受遊戲規則，以及接受裁判解釋與執行規則，所以一個好社會也要求成員同意某些一般性規則來規範他們之間的關係，同意某一仲裁辦法來解決具體解釋這些規則可能產生的意見分歧，以及同意某一方法來強迫大家遵守大家所接受的規則。如同遊戲，社會亦然，這些一般性規則大部分是習慣累積無意間形成的結果，被大家不經思索地接受。我們會明確思考的，頂多只是一些次要的修改，雖然一連串次要的修改所累積的效果，可能使遊戲或社會的性質徹底改變。而且不管是遊戲或是社會，除非大部分參與者在大部分時候服從規則毋須外力約束，沒有哪一套規則會流行；也就是說，除非有一廣泛、根本的社會共識。但是，我們也不能僅倚賴習慣或倚賴這個共識來解釋和執行規則；我們需要一個裁判。於是，這些就是政府在自由社會裡的基本角色：提供一個手段讓我們可以修改這些規則，調解我們在具體解釋這些規則時的分歧，以及迫使那些原本不肯按照規則玩遊戲的少數人服從規則。

我們所以在這些方面需要政府，是因為絕對自由是不可能的。無政府狀態，作為一套哲學，不管是多麼誘人，在這個人無完人的世界上，實際上是不可行的。人們的自由可能相互衝突，當衝突發生時，某個人的自由就必須受限制，以保全另一個人的自由──某位最高法院法官曾經這麼說，「我移動我的拳頭的自由，在你的下巴附近，必須受到限制。」

在決定政府的適當活動時，主要的問題是怎樣解決這種個人自由之間的衝突。在某些場合，這個問題很容易回答。例如，贊成個人謀殺其鄰居的自由必須犧牲，以保全他人生存的自由，達成幾乎全體一致的意見不會有什麼困難。在其他場合，同一問題卻很難回答。在經濟領域，有一個主要的問題涉及——聯合的自由與競爭的自由這兩種自由之間的衝突。修正後的「企業自由」該被賦予什麼意義呢？在美國，「企業自由」的意思一向被理解為任何人都有設立企業的自由，這種自由意味著現存的企業除了以相同價格出售較好的產品或以較低價格出售相同的產品，沒有不讓競爭者加入競爭行列的自由。然而，按照歐洲大陸的傳統，「企業自由」的意思，一般指企業可以自由做它們想做的，包括操縱價格、瓜分市場，以及採取其他方法排除潛在的競爭者。在這領域，最困難的也許是關於勞動者聯合的問題，這個問題所涉及的聯合的自由與競爭的自由衝突特別尖銳。

一個還要更為基本的經濟問題是怎樣定義財產權。這方面的答案既困難又重要。財產的概念，由於已經發展了數千年，也寫入了我們的法律，已經成為我們的思想中根深柢固的一部分，以致我們往往把它的存在視為理所當然，而未能認清，什麼東西構成財產，以及財產所有權賦予什麼權利，在很大的程度內，是複雜的社會創作，而非不證自明的定理。例如，我擁有某塊地的所有權，以及我有照我的意思使用我的財產的自由，是否允許我拒絕別人有權駕駛他的飛機越過我的土地呢？或是他有優先使用他的飛機的權利呢？或者他是否有這個優先權，取決於他飛得多高？或者取決於他造成多大的噪音？如果自願交易，那是否要求他付錢給我，以交換飛越我的土地的特權？還是我必須付錢給他，請他避免飛越我的土地？只要提到版稅、著作權、專利權、公司股份、河岸權，等等，也許便足以強調一般接受的社會規則對財產權定義的重要性。這也暗示，在許多場合，有一個說明得很詳細並且普遍接受的財產權定義存在，遠比那定義是什麼更為重要。

另一個引起特別困難的經濟問題是貨幣制度。政府對貨幣制度的責任久被承認。這責任明確規定在一條賦予政府權力，讓它得以「鑄造錢幣，調節其價值，以及外幣價值」的憲法條文裡。很可能沒有別的經濟活動領域像貨幣方面的安排這樣，政府的干預行動總是這麼被人們一律接受。這樣習慣性而且時至今日幾乎是不經思索地接受政府在這方面的責任，使得徹底瞭解這種責任的基礎更為重要，因為這習慣性與不經思索的接受，提高了政府活動範圍將盲目蔓延的危險，即，從適合自由社會的活動蔓延至不適合自由社會的活動，從提供一個貨幣架構蔓延至決定經濟資源在眾人之間的配置。我們將在第三章仔細討論這個問題。

總而言之，透過自願交易來組織經濟活動，預設我們已透過政府準備好維持治安，以防止個人遭到他人強迫，準備好執行自願成立的私人契約，確定了各種財產權的意義，準備好解釋與執行這些權利，並且提供了一個貨幣架構。

基於技術性獨占與鄰里效應而透過政府的作爲

我們剛考慮過的政府角色，是讓政府做一些市場不能為它自己做的事情，亦即，決定、仲裁，與執行市場的遊戲規則。但是，我們也可能想要透過政府做一些，雖然也許可能透過市場來做，但技術性或類似條件使得那樣做會很困難的事情。所有這些情況可簡化為純粹的自願交易非常耗費成本，或者實際上不可能。這些情況可分成兩大類：獨占和類似的市場不完善，以及鄰里效應。

只有當近乎相等的替代交易存在時，交易才是真正自願的。獨占隱含不存在替代交易，因此它抑制有效的交易自由。實際上，獨占往往，如果不是一概，源自政府的支持或若干人之間的串通協議。關於這些原因，解決問題的關鍵，或者在於避免政府助長獨占，或者在於激勵有效執行諸如寫入我們的反托拉斯法的那些規則。然而，之所以有獨占，也可能是因為維持單獨一家生產者或企業，技術上比較有效率。我敢說，這種情況比人們想像的少得多了，但它們無疑是存在的。一個簡單的例子，也許是在某個社區裡提供電話服務。我將以「技術性」獨占指稱這種例子。

當技術條件使某個獨占成為競爭性市場力量的自然結果時，似乎只有三個互斥的應對方案可供我們選擇：私人獨占、公共獨占，或公共管制獨占。所有這些方案都不好，所以我們必須三害相權取其輕。亨利・賽蒙斯（Henry Simons）觀察美國的公共管制獨占，發現結果是如此惹人厭，以致他推斷公共獨占是個比較小的弊害。瓦爾特・奧肯（Walter Eucken），一位著名的德國自由主義者，觀察德國鐵路的公共獨占，發現結果是如此惹人厭，以致他推斷公共管制獨占是個比較小的弊害。從他們兩位學到教訓後，我勉強推斷，如果還可容忍，私人獨占也許是三者中最小的弊害。

如果社會是靜止的，以致造成技術性獨占的條件確定會繼續存在，那麼，我對這個方案就不會有什麼信心。然而，在一個快速變動的社會，造成技術性獨占的那些條件時常改變。而我也覺得，和私人獨占相比，公共管制和公共獨占兩者對那些條件變化很可能比較不會有反應，也比較不可能被輕易淘汰。

美國的鐵路歷史便是一個極佳的例子。在十九世紀，基於技術考量，鐵路有很大程度的獨占也許是不可避免的。這是當時成立州際商務委員會（Interstate Commerce Commission）的理由。但是，如今條件已經改變。公路與航空運輸的出現，已將鐵路運輸的獨占成分減少到可以忽略的程度。但我們還沒撤除州際商務委員會。相反的，從作為一個保護民眾免於鐵路公司剝削的機關出發的州際商務委員會，已經變成一個保護鐵路公司免於卡車和其他運輸工具競爭的機關，而最近甚至還變成保護老牌的卡車公司免於新入行者競爭的機關。同樣的，在英國，當鐵路收歸國有時，卡車運輸起初被納入國家鐵路獨占的範圍。如果美國的鐵路從未被公共管制過，我們幾可確定，如今美國的運輸業，包括鐵路，肯定會是一個高度競爭的產業，不會有什麼顯著的獨占成分。

然而，在私人獨占、公共獨占和公共管制這三害當中，卻萬萬不可做了一次選擇後就永遠不改，完全不理會實際情況的演變。如果某項被視為絕對必要的服務或商品被技術性獨占，而且獨占力量相當大，則無管制的私人獨占也許甚至連短期效果也讓人無法忍受，這時公共管制或公共獨占也許會是個比較小的弊害。

技術性獨占有時候也許能正當化某個實際存在的公共獨占。但是，單憑技術性獨占絕不可能正當化任何藉由立法禁止別人競爭而實現的公共獨占。例如，沒有任何說法可以正當化美國目前對郵遞服務的公共獨占。也許有人會說，運送郵件是一項技術性獨占，而政府獨占此項服務的弊害最小。沿著這個論證路線，也許能正當化政府經辦郵局，但不能正當化目前禁止別人運送郵件的法律。如果傳遞郵件是一項技術性獨占服務，任何人和政府的郵局競爭都將不可能成功。如果傳遞郵件不是一項技術性獨占服務，政府便沒有任何理由從事該項服務。發現是不是技術性獨占的唯一方法，是讓人民自由加入從事該項服務。

根據歷史事實，美國之所以有郵政獨占，是因為快馬郵遞（Pony Express）傳送郵件橫越美洲大陸的服務實在做得太好了，以致當聯邦政府投入橫貫美洲大陸的郵遞服務時，沒辦法有效地和它競爭，虧損累累。結果通過了一條法律，禁止任何他人傳遞郵件。那是為什麼亞當斯快遞公司（Adams Express Company）如今是一個投資信託，而不是一家營運公司的原因。我猜，如果郵遞生意對所有人開放，肯定會有一大票廠商投入競爭，這個古老行業很快就會出現重大變革。

第二大類不可能有純粹自願交易的場合，出現在當個人的行為對他人有一些影響，卻又不可能就這些影響收取費用或給予補償時。這就是所謂「鄰里效應」的問題。一個明顯的例子是河川汙染。汙染河川的人實際上迫使他人以品質好的水交換品質差的水。這些他人也許願意按某一價格做這樣的交易。但是，各自行動的他們，實際上不可能避免這樣的交易，或迫使汙染者給付他們適當的補償。

一個比較不明顯的例子是提供道路服務。在這場合，技術上是可能確認哪些人使用了哪些道路，據以向他們收費，因此私人經營是可能的。然而，就一般連絡道路來說，由於有許多出入口，如果要在每一個人每一次使用道路時收費，收費的成本肯定是非常高，因為必須在所有出入口都設立收費站或類似的布置。汽油稅是一個比較便宜的辦法，可以大致按照個人使用道路的比例收取使用費。但是，這個辦法不可能扣緊哪一筆支付是為了哪一次使用了道路。因此，除非成立大範圍的私人獨占，否則幾乎是不可能由私人企業提供道路服務並收取費用的。

這些考慮不適用於交通密度很高但出入口有限的長途高速公路。就這些道路來說，使用時收費的成本很小，如今在許多場合使用者也當場支付了使用費，而且往往還有許多替代的收費辦法，所以沒有嚴重的獨占或強迫交易的問題。因此，所有的理由都指向這些道路應該由私人擁有並且經營。如果道路是由私人擁有並且經營的，經營道路的企業便應該得到行駛道路者所支付的汽油稅。

公園是一個有趣的例子，因為公園可以說明，鄰里效應能作為正當理由的場合和不能作為正當理由的場合，兩者之間有何差異，而且也因為幾乎每一個人乍看之下都會認為經營國家公園顯然是一項正當的政府職務。然而，事實上，鄰里效應也許可以正當化城市公園，卻不能正當化像黃石公園或大峽谷那樣的國家公園。什麼是這兩者之間的根本差異呢？就城市公園來說，非常難以確認哪些人從它獲得了哪些利益，並向他們收取受益費。如果城市的中央有一座公園，四周的房子得了空間開闊的利益，而走路穿過公園或經過公園邊的人也得了好處。在所有公園門口布置收費員，或向每一扇可以遠眺公園的窗戶徵收年費，肯定是非常耗費成本而且困難的。相反的，像黃石公園那樣的國家公園，通常只有少數幾處入口；大部分到訪的人又逗留相當長的一段時間，因此，設立收費站收取公園管理費是完全行得通的。事實上，現在就是這麼做，雖然所收的費用不足以抵償所有的成本。如果民眾有夠想要這類遊憩活動，願意為它付費，私人企業就會有充分的誘因提供這種公園。而目前當然有許多這一類的私人企業存在。我個人想不出有任何鄰里效應或重要的獨占效應，可以正當化政府介入這方面的活動。

有一些和我在鄰里效應這個標題下討論過的那些相似的理由，曾被人用來正當化幾乎每一項想得到的政府干預。然而，在許多場合，這種正當化只是詭辯，而不是鄰里效應這個概念的正當應用。鄰里效應是雙面刃，它可以是限制政府活動的理由，也可以是擴張政府活動的理由。鄰里效應阻礙自願交易，因為很難確認哪些第三者受到影響，也很難衡量那些影響的大小；但是，這樣的困難也存在政府的活動中。很難確切知道什麼時候鄰里效應足夠大，大到值得克服那些效應所需的成本，甚至更難找到某種適當的方式分攤該成本。因此，當政府介入克服鄰里效應的活動時，由於未能適當向人民收費或給予補償，它多少會引進另一組鄰里效應。究竟是原來的或是新引進的鄰里效應比較嚴重，只能就個案的實際情況來判定，甚至這樣的判定也只可能是非常粗略的。除此之外，利用政府來克服鄰里效應，本身還有一個極其重要的鄰里效應，這效應無關乎特定哪一次政府行動的場合。政府的每一步介入，都直接限制了個人自由的範圍，並且基於第一章所詳述的那些理由，也都間接威脅到自由的保全。

對於我們可以適當利用政府到什麼程度，以共同達成我們各自透過純粹自願的交易很難或不可能達成的目的，我們的那些原則並未提出任何不容變更的界線。在每一個擬議政府介入的場合，我們必須整理出一張類似資產負債表的東西，分別詳列政府介入的好處與壞處。我們的那些原則告訴我們，什麼項目應該擺在資產這一面，以及什麼項目應該擺在負債那一面，而在我們要賦予這些不同的項目一些權重時，那些原則也讓我們有些依據。尤其，對任何擬議中的政府干預，我們總是要在它的負債面列入它在威脅自由方面的鄰里效應，並且賦予這個效應相當大的權重。但是，和其他項目相比，究竟要賦予它多大的權重，端視實際情況而定。例如，如果現存的政府干預比較少，則對於新增的政府干預，我們或許將賦予它的負面效應一個比較小的權重。這是一個重要的原因，說明為什麼許多早期自由主義者，譬如：像亨利．賽蒙斯這樣，著書立論於以今天的標準來看，政府還算是很小的時候，希望政府承攬一些今日的自由主義者鑒於政府如今已變得過於肥大而不肯接受的活動。

基於家父長思想而透過政府的作爲

只對有負責能力的人來說，自由才是一個可主張的標的。我們不會認為瘋子或小孩子可主張自由。能負責的人和其他人需要分開處理，這是迴避不了的。但是，這也意味著，自由作為我們的終極目標，有一根本曖昧之處。以家父長作風對待那些被我們視為沒有負責能力的人，是免不了的。

最容易瞭解的場合，也許是瘋子那種情況了。我們既不願意容許他們自由，也不願意射殺他們。如果我們能倚賴某些人自願為他們張羅庇護與照顧，那就好了。但是，我認為，我們不可能排除這種慈善活動或許不足的可能性，即使只因為有鄰里效應這個事實，亦即，我將因別人奉獻照顧瘋子而自動獲益。因此，我們可能願意透過政府安排照顧他們的事宜。

小孩子的情況比較難理解。在我們社會裡，終極的活動單位是家庭，不是個人。但是，承認家庭是終極單位，相當大程度是基於權宜考量，而不是基於什麼原則。我們相信，父母一般最能夠保護他們的子女，最能夠扶養他們成為有能力負責、合適自由的人。但是，我們不相信父母自由對其子女為所欲為有益社會。小孩子是負責能力尚未成熟的人。相信自由的人也重視保護他們的終極權利。

換另一種看起來也許比較無情的方式來說，小孩子在同一時間既是耐久消費品，也是潛在的有負責能力的社會成員。人們有隨心所欲利用其經濟資源的自由，這種自由包含利用經濟資源擁有小孩的自由，這好比是利用經濟資源購買小孩子的服務，作為一種特別的消費形式。但是，一旦做了這種選擇，小孩子本身便是一個終極價值，便有一份他們自己的自由，而這份自由並非純粹是父母自由的延伸。

對自由主義者來說，正當化政府活動的家父長思想，在許多方面都是最惱人的；因為這思想含有接受某一原則的意思，即接受某些人為他人作決定。自由主義者覺得此一原則在大多數場合的應用結果令人厭惡。他很正確地視此一原則為他的主要思想對手的正字標記；他的這些對手所提倡的，不管是共產主義、社會主義、或福利國主義，都是以某個面目偽裝的集體主義，都接受某些人為其他人作決定的原則。然而，妄想問題會比實際的情況簡單是沒用的，我們免不了需要某一程度的家父長作風。正如戴雪（Albert V. Dicey）於一九一四年就一條保護智能不足者的法律所寫的，「智能障礙法是走上某條路的第一步，凡是神智健全的都不會拒絕走上這條路，但是，這條路，如果繼續走得太遠，將使政治家碰到一些，除非大幅干涉個人自由，否則難以處理的問題。」[1]沒有任何公式能告訴我們該在什麼地方停下來，我們必須倚賴我們免不了會犯錯的判斷。在達成某個判斷後，我們還必須倚賴我們的能力去說服我們的同胞接受那是一個正確的判斷，或倚賴他們的能力說服我們更改我們的見解。在這

---

1 A. V. Dicey, *Lectures on the Relation between Law and Public Opinion in England during the Nineteenth Century* (2d ed.; London: Macmillan & Co., 1914), p. li.

裡，和在其他地方一樣，我們必須相信不完美又有偏見的人們，透過自由討論與反覆試驗，達成的某一共識。

結論

一個維持社會治安的政府，一個界定財產權，充當手段供我們得以變更財產權與經濟遊戲的其他規則，裁定有關這些規則如何具體解釋的紛爭，執行契約，促進競爭，提供貨幣架構，從事活動因應某些技術性獨占，以及克服一些被廣泛視為充分重要，足以正當化政府介入的鄰里效應，補充私人慈善事業與家庭功能，以保護沒有負責能力的人，不管是瘋子或小孩；一個這樣的政府顯然有不少重要的職務要履行。理念一貫的自由主義者不是一個無政府主義者。

然而，一個這樣的政府，其職務也真是顯然有限的，而且它也肯定會避免從事目前美國聯邦與各州政府，以及其他西方國家的對應機關，所承攬的許多活動。接下來幾章將比較仔細地討論幾個這些活動，而其中有幾個也已經在上面討論過了。但是，在本章結束時，簡略地舉出目前由美國各級政府承攬的一些，根據前面概略說明過的那些原則，盡我所知，絕不可能辯解為正當的活動，也許可以讓讀者預先對自由主義會給政府指派什麼樣的角色稍微有些概念：

一、各種農產品平準價格支持計畫。

二、進口關稅或出口限制，諸如現行的石油進口配額，蔗糖配額，等等。

三、政府管制產量，諸如透過農作計畫，或透過按產能比例分配石油生產配額，像目前德州鐵路委員會實施的那一套。

四、房租管制，諸如目前仍在紐約實施的那一套，或更一般性的物價與工資管制，諸如第二次世界大戰期間與戰後不久執行的那一套。

五、法定最低工資率，或法定最高價格，諸如商業銀行對活期存款所能支付的利率法定最高為零，或對儲蓄存款和定期存款所能支付的利率也有法定的最高限制。

六、嚴格的產業管制，諸如州際商務委員會對運輸業的管制。當最初為鐵路運輸成立這種管制時，基於技術性獨占的考量，也許還有些正當性；但是，現在對任何運輸方式，嚴格管制完全沒有正當性。另一個例子是嚴密管制銀行業。

七、一個類似的例子，但是值得特別重視，因為它隱含新聞檢查與違背言論自由，亦即，聯邦傳播委員會對無線電與電視的管制。

八、現行的社會安全計畫，特別是養老與退休計畫，實際上強迫人們(1)拿出規定的一部分收入去購買退休年金，而且必須(2)向某一公營企業購買此種年金。

九、個別城市與州單行的職業證照規定，限制某些行業或職業或專業只對領有執照的人開放進入，而這執照又不單是任何希望加入該項活動的人，都可以繳費取得的某種納稅收據。

十、所謂「公共住宅」和其他許多旨在獎勵住宅興建的補貼計畫，諸如聯邦住屋局（F.H.A.）和退伍軍人局（V.A.）擔保房屋抵押貸款的計畫，等等。

十一、於和平時期徵調國民服兵役。在這方面，適當的自由市場安排，是自願的軍隊；亦即，僱人從軍。沒有正當理由不支付必要的價格，以吸引所需數目的人員從軍。現行的安排既不公平，也嫌專橫武斷，嚴重干擾年輕人具體決定其人生的自由，而且很可能甚至比市場替代方案更花成本。（普遍軍訓，以提供戰時的後備部隊，是一個不同的問題，也許可以在自由主義的基礎上給予辯解。）

十二、國家公園，如上所述。

十三、立法禁止傳遞郵件牟利。

十四、政府擁有與經營收費道路，如上所述。

這一串項目遠遠說不上周延。

第三章　控制貨幣

一九三〇年代的美國大蕭條，絕不是私人企業體系本質不穩定的一個標誌，而是一項證據，證明當少數人掌握龐大的權力可以影響一國之貨幣體系時，他們的錯誤會造成多大的傷害。

「充分就業」與「經濟成長」，在過去幾十年，已成為擴大政府干預經濟的主要藉口。私人企業經濟，據說，本質上是不穩定的，如果任由它自行其是，就會產生反覆相循的繁榮與蕭條，政府因此必須介入以穩定經濟。這些論調在一九三〇年代大蕭條期間和其後特別有效，是美國所謂「新政」以及同類政府干預在其他一些國家擴張的主要因素。近來，「經濟成長」變成是兩者中比較流行的口號。有人主張，政府必須負責讓經濟擴張以提供冷戰所需的資金，同時向全球的未結盟國證明，民主國家的經濟成長比共產國家更快。

這些論調完全顛倒錯亂。實際上，大蕭條，和其他大多數嚴重失業期一樣，是政府管理失當引起的，不是由於私人企業經濟本質上有任何不穩定因素。某個由政府設立的機關——聯邦準備理事會——被指定負責貨幣政策。在一九三〇和一九三一年，這個機關如此拙劣地行使職權，以致將原本只會是溫和的經濟收縮變成一次重大的災難（下面第二節——自由裁量的貨幣當局，對此有更進一步的討論）。現在的情況也是一樣，在美國，政府的許多措施是經濟成長的主要障礙。關稅和其他限制國際貿易的措施，高租稅負擔和複雜又不公平的租稅結構，各種產業管制委員會，政府管制物價與工資，以及其他許多措施，激勵人們誤用與誤導資源配置，扭曲新儲蓄的投資方向。為了經濟穩定成長，我們迫切需要的，是削減而非增加政府干預。

這樣削減之後，政府仍將在以下這些方面扮演重要角色。我們希望利用政府為自由經濟提供一個穩定的貨幣架構——這是在提供一個穩定的法律架構時，政府的一部分職務。我們也希望利用政府提供一個一般性的法律與經濟架構，讓人們得以創造經濟成長，如果那符合他們的人生價值。

和經濟穩定有關的政策領域，主要是貨幣政策與財政或預算政策。本章討論貨幣政策，下一章討論國際貨幣安排，而第五章則討論財政或預算政策。

在本章和下一章，我們的任務是把穩方向，走一條介於兩種見解之間的航線。這兩種見解，雖然都有其誘人之處，但我們都不能接受。其中一種可比作妖怪（Scylla）的見解，相信一個純粹自動的金本位制不僅很理想而且也是實際可行的，相信金本位制會解決所有關於怎樣促進各人之間與各國之間，在一個穩定的環境中經濟合作的問題。另一種可比作漩渦（Charybdis）的見解則認為，由於必須因應種種預料不到的情況，所以需要把廣泛的自由裁量權交給某一群專家，聚集在某個「獨立的」中央銀行，或某個官僚機關。這兩種見解，過去證明都不是令人滿意的解決方案；將來也很可能都不是。

自由主義者基本上害怕集中的權力。他的目標是，在兼顧個人自由不妨礙他人自由的情況下，保全每一個人最大程度的自由。他相信這個目標要求權力分散。他對指派政府承擔任何能透過市場執行的工作抱持懷疑，不僅因為那樣會在相關的活動方面以強迫取代自願合作，而且也因為那樣會擴大政府的角色，從而威脅到人們在其他活動方面的自由。

分散權力的必要性，引起一個特別困難的貨幣問題。大家普遍同意，政府必須承擔一些貨幣責任。大家也普遍承認，貨幣控制權有時可以是控制與形塑經濟的一個有效工具。這個工具的效力有多大，戲劇性地展現在列寧這句著名的聲明裡：要毀滅一個社會，最有效的方法是毀滅其貨幣。比較不那麼聳動的例證是，從遠古以來，貨幣控制權讓君主得以向一般民眾強索重稅，通常未經立法機構明確同意，即使當時有這種機構。情況向來如此，雖然方式各有不同——從早期的國王偷偷摸摸截取金屬貨幣邊緣或採取類似的變通辦法，到我們現在則是利用更精巧先進的現代科技轉動印鈔機，或乾脆更改帳簿紀錄。這裡的問題，是怎樣建立制度性安排，一方面讓政府得以執行其貨幣任務，但同時限制為此而授予政府的權力，防止此項權力用在一些可能使自由社會衰弱而非茁壯的方面。

商品本位制

歷史上，最常在許多地方、歷經好幾個世紀發展起來的方法，是某種商品本位制；亦即，利用某種實物商品，諸如黃金或白銀，黃銅或白錫，紙捲菸或白蘭地酒，或各式各樣的其他商品，作為貨幣。如果貨幣完全是由某種實物商品組成的，原則上，便完全不需要由政府來控制貨幣。社會裡的貨幣數量，將取決於生產貨幣商品相對於其他商品的成本。貨幣數量的變化，將取決於生產貨幣商品的技術條件變化，以及貨幣需求的變化。就是這個理想鼓舞了許多人相信，一個自動的金本位制是最好的貨幣制度。

實際出現過的商品本位制，距離這個不需要政府介入的簡單模式非常遠。歷史上，商品本位制——諸如金本位制或銀本位制——總是伴隨著某種信用貨幣的發展；表面上，信用貨幣可按固定條件兌換商品貨幣。信用貨幣的發展，有很好的理由。從社會整體觀點來看，商品本位制的根本缺陷，在於需要用到真實的資源來增加貨幣存量。例如，人們必須費力工作，從南非地底把金子挖出來——以便再把金子埋到諾克斯堡（Fort Knox，位於美國肯塔基州，美國聯準會窖藏黃金儲備之處）或某個類似的地方。商品本位制的運轉需要用到真實資源，這個事實給人們帶來一個強大的誘因，激勵他們想方設法，希望毋須用到真實資源，也可以達成相同的效果。如果人們願意接受一張張上面印有「我承諾支付商品貨幣ＸＸ單位」的紙頭當作貨幣，則這一張張紙頭便能完成和實質金幣或銀幣相同的工作，而生產這些紙頭所需的資源又比生產金銀少很多。這一點，我曾在其他場合稍微比較詳盡地討論過，[1]在我看來，似乎是商品本位制最根本的難題。

如果某種自動的商品本位制是實際可行的，那麼，它將為自由主義者的困境提供一個絕佳的解決方案：一個穩定的貨幣架構，其中不存在濫用貨幣控制權的危險。例如，假使在某個國家，一般民眾深受金本位制神話的薰陶，普遍支持真正的金本位制，亦即，支持國家貨幣百分之百由黃金組成，相信政府干預這個制度的運轉是不道德與不適當的，則這個制度當可有效保證政府不會插手搞亂流通中的貨幣，保證不會有不恰當的貨幣作為。在這樣的金本位制下，政府的任何貨幣權，即使有，行使範圍也將是有限而且次要的。但是，正如剛才提到的，這樣一個自動的制度從未在歷史上被證明可行。這樣的制度總是傾向發展成一個混合的制度，其中除了商品貨幣外，還含有諸如銀行紙鈔和存款，或政府發行的紙幣，等等信用元素。而一旦引進了這些信

1 *A Program for Monetary Stability* (New York: Fordham University Press, 1959), pp. 4-8.

用元素，實際上便很難避免由政府來控制它們，即使它們最初是由私人發行的。之所以如此，基本上是因為私人很難防止偽造或等同偽造的經濟行為。信用貨幣是一紙承諾支付本位貨幣的契約。很不幸的是，通常會有一段很長的時間隔開做出這樣的承諾和實現該承諾。這使執行契約的難度提高，因此也使發行假契約詐財的誘惑增強。除此之外，一旦引進了信用元素，政府自己發行信用貨幣的誘惑幾乎是無法抗拒的。所以，實際上，商品本位制往往變成伴有廣泛政府干預的混合制。

該指出的是，儘管有許多人費了大量口水主張金本位制，現在幾乎沒有什麼人真的想要一個真正的、百分之百的金本位制。那些說他們想要金本位制的人，幾乎毫無例外是指目前的這種本位制，或一九三〇年代實施的那種本位制——一個由某一中央銀行或其他政府機關管理的金本位制；這個政府機關握有少量黃金作為信用貨幣的「保證」——所謂「保證」云云，其實是一個很會讓人產生錯覺的詞兒。沒錯，有些人甚至主張一九二〇年代實施的那種金本位制，這是一種真的有黃金流通，或使用黃金憑證做為貨幣在人們手頭間流通的制度——一種金幣本位制——但是，甚至他們也贊成政府的信用通貨和黃金並存，再加上持有黃金或信用通貨作為比例準備的銀行所發行的貨幣性存款。甚至在十九世紀所謂金本位制的輝煌時期，當英格蘭銀行據傳巧妙地經營金本位制的時候，那時的貨幣制度也決不是一個完全自動的金本位制。甚至當時的貨幣制度便已是一個高度管理的制度了。而現在的情況則無疑更為極端，因為一個接著一個國家採納了政府有責任維持「充分就業」的見解。

我的結論是，就自由社會的貨幣安排如何建立的問題來說，一個自動的商品本位制，既不是一個可行的，也不是一個理想的解決辦法。它並不理想，因為它需要花費大筆成本，需要使用大量資源生產商品貨幣。它並不可行，因為落實它所需的神話與信仰條件並不存在。

此一結論不僅獲得前面提到的一般歷史經驗的支持，也得到美國特有的經驗支持。從一八七九年美國在南北戰爭後恢復黃金支付，到一九一三年美國施行某種金本位制，這種金本位制，雖然比我們在第一次世界大戰後曾有過的任何貨幣制度更接近完全自動的金本位制，仍遠遠不是百分之百的金本位制。當時有政府發行的紙幣，還有眾多私人銀行發行的存款，占國內實際流通媒介的大部分；這些銀行的營運接受政府機關的嚴密管制——國家銀行由聯邦通貨管理署管制，州銀行則由各州銀行業主管當局管制。黃金，不管是美國財政部持有的，或各銀行持有的，或人民直接持有的金幣與黃金憑證，約占全部貨幣存量的百分之十到百分之二十，確切的百分率每年不同。其餘的百分之八十到百分之九十是白銀、信用貨幣，和沒有黃金準備對應的銀行存款。

事後回顧，這個制度在我們看來似乎運行得相當不錯。但是，在當時的美國人看來，它顯然是遭透了。一八八〇年代關於銀本位制的民意騷動，是人們對當時的金本位制不滿的一個跡象。這個騷動在一八九六年民主黨總統候選人布萊恩（Bryan）於推舉大會上為大選定調的黃金十字架演說中達到高潮。而這個騷動也是一八九〇年代初期美國經濟嚴重蕭條的主要原因。它讓許多人擔心美國將放棄金本位制，憂慮美元相對於外國貨幣的價值將因此貶低。這導致一股出脫美元與資本外流的浪潮，迫使美國國內通貨緊縮。

一八七三年、一八八四年、一八九〇年和一八九三年，連綿不斷的幾次金融危機，引發企業與銀行界普遍要求銀行改革的呼聲。一九〇七年的經濟恐慌，伴隨銀行界協調一致拒絕客戶立即兌現存款的要求，終於把人們對金融體系感到不滿的情緒凝聚起來，迫切要求政府行動介入。於是，一個所謂國家貨幣委員會被國會設立了，而該委員會於一九一〇年報告給國會的建議，則被具體寫入一九一三年通過的聯邦準備法。遵循該法的方針進行的改革，獲得從勞工階級到銀行家的社會各階層支持，也獲得兩黨支持。國家貨幣委員會主席，阿德李奇（Nelson W. Aldrich），是一位共和黨員；而主要負責審查聯邦準備法的參議員，格拉斯（Carter W. Glass），則是一位民主黨員。

聯邦準備法在貨幣安排上所引進的變革，最後證明實際上遠比該法的起草者或支持者想要的來得更為激烈。在該法通過的時候，有一個金本位制稱霸全球；這個金本位制，雖然不是一個完全自動的金本位制，卻是遠比任何我們後來經驗過的任何貨幣制度更接近那個理想。當時人們理所當然地認為，那個金本位制將繼續稱霸全球，從而緊緊地約制住聯邦準備制的權力。但是，該法剛通過不久，第一次世界大戰便爆發了。世界各國普遍放棄金本位制。到了戰爭結束時，聯邦準備制已不再是金本位制的一個次要附屬物——只是設計來保證不同形式的貨幣之間可自由兌換，以及管制和監督銀行。它已經變成一個擁有極大權力的自由裁量機構，有能力決定美國的貨幣數量，並且在全球範圍內影響國際金融情況。

自由裁量的貨幣當局

聯邦準備制的成立，至少是從南北戰爭期間通過國家銀行法以來，美國在貨幣制度上最值得注意的變革。這是在一八三六年第二美國銀行的特許執照期滿後，首次成立一個單獨的政府機關，明確為貨幣情況負責，而且想來也已被賦予充分權力，足以達成貨幣穩定，或至少防止顯著的不穩定。所以，比較聯邦準備制成立之前和之後的整體經驗，譬如，就拿從南北戰爭結束那年到一九一四年，和從一九一四年到現在，這兩段大約等長的期間來比較，是很有啟發意義的。

第二段期間顯然在經濟上比較不穩定，不管衡量這不穩定的，是貨幣存量的波動，或物價的波動，或產量的波動。這較大的不穩定，一部分是反映第二段期間兩次世界大戰的影響；這兩次世界大戰顯然是經濟不穩定的因素，不管我們的貨幣制度穩不穩定。但是，即使我們略去戰爭和緊鄰戰後的幾年，只考慮和平時期，譬如，從一九二〇年直到一九三九年，以及從一九四七年到現在，結果還是一樣。貨幣存量、物價，和產量，在聯邦準備制成立後，無疑比成立前更不穩定。產量最劇烈不穩定的時期，當然是兩次世界大戰中間的那一段，包含一九二〇至一九二一年、一九二九至一九三三年，和一九三七至一九三八年等三次嚴重的緊縮。美國歷史未曾有過其他二十年含有多達三次這樣嚴重的經濟緊縮。

這個粗糙的比較當然不能證明聯邦準備制無助於貨幣穩定。也許該制度必須處理的那些問題，比以前的貨幣結構碰上的問題更為嚴重。也許那些問題，在以前的制度安排下，會產生程度甚至更大的貨幣不穩定。但是，這個粗糙的比較至少會促使讀者停下來三思，不致像往常那樣理所當然地認為，一個像聯邦準備制這樣成立悠久的，這樣有權力的，這樣到處可見的政府機關，正在從事一項既是必要也是可喜的任務，有助於達成之所以成立它的目標。

在廣泛研究歷史證據的基礎上，我個人相信，這個粗糙的比較所透露的經濟穩定度差異，事實上可歸因於貨幣制度的差異。歷史證據說服我相信，(1)第一次世界大戰期間和之後那幾年的物價上漲，至少有三分之一可歸因於聯邦準備制的成立，亦即，如果以前的銀行制度保留下來，當時的物價是不會多漲這麼多的；(2)一九二〇至一九二一年、一九二九至一九三三年，和一九三七至一九三八年等三次重大的經濟緊縮，每一次的嚴重程度，可直接歸因於聯邦準備當局的作為和不作為，亦即，在以前的貨幣與銀行體制下，那樣嚴重的經濟緊縮是不會發生的。在這些和其他場合裡，在原來的體制下，也許很可能發生衰退，但即使有衰退，也不太可能演變成重大的緊縮。

我顯然不可能在此詳述這個歷史證據。[2]然而，鑒於一九二九至一九三三年的大蕭條，對於形成——或者，我要說，扭曲——一般民眾怎樣看待政府在經濟方面的角色，有重大的影響，也許值得在此比較完整地說明歷史證據對於解釋這段插曲有哪些重要的提示。

[2] 見Milton Friedman, *A Program for Monetary Stability*和Milton Friedman and Anna J. Schwartz, *A Monetary History of the United States, 1867-1960* (Princeton University Press for the National Bureau of Economic Research).

終結一九二八和一九二九年牛市的一九二九年十月股市大崩盤，因為頗富戲劇性，時常被視為既是大蕭條的開始，也是大蕭條的主要近因。這兩種看法都不正確。經濟景氣於一九二九年中期達到顛峰，比股市崩盤早幾個月。這景氣顛峰之所以這麼早到，一部分可能是因聯邦準備當局，為了遏阻「股市投機」，相對緊縮貨幣所導致的——就這間接的方式來說，股市對導致經濟緊縮，可能有一定的作用。而股市崩盤無疑間接對企業信心有些影響，也間接影響人們的消費意願，這些間接效應對景氣趨勢有壓抑作用。但是，單憑這些間接影響是不可能造成經濟活動崩跌的。它們頂多會使經濟緊縮，比司空見慣的那些偶爾會中斷整部美國經濟成長史的溫和衰退，稍微長一些，也稍微嚴重一些；它們不會使經濟緊縮實際演變成美國歷史性的大災難。

在大約整個第一年，經濟緊縮並未出現任何即將在後來的過程中變得非常顯著的那些特徵。經濟衰退的幅度比大部分緊縮期的第一年來得嚴重，可能是因為股市崩跌，加上自從一九二八年中期以來貨幣市場持續非常緊俏。但是，這緊縮並未出現任何本質上不同於以往的特徵，沒有任何跡象顯示它會惡化成為一次重大的災難。除了天真地根據在這個之後所以因為這個的推理模式，否則沒有任何道理可以說，當時，譬如說，一九三〇年九月或十月，實際的經濟情況裡有什麼因素，會使後來幾年持續而且激烈的衰退，成為不可避免的或甚至是很可能的結果。事後回顧，聯邦準備當局顯然早就應該採取和它的實際作為不同的作法，亦即，它不該容許貨幣存量在一九二九年八月至一九三〇年十月間下降約百分之三——這個降幅比以前除了最嚴重的緊縮期之外的所有緊縮期全部加起來的降幅還要大。雖然這是個錯誤，但也許是可以原諒的，而且確實也不是什麼關鍵性的錯誤。

緊縮的性質在一九三〇年十一月發生激烈的改變，當時一連串銀行倒閉事件導致銀行普遍擠兌，也就是說，存款者爭先恐後企圖把存款兌換成通貨。這股類似傳染病的擠兌風潮從一個地方散布到另一個地方，並且在一九三〇年十二月十一日美國銀行（Bank of the United States）倒閉當天達到一個高峰。這個倒閉事件有決定性影響，不僅因為該銀行是美國國內一家最大的銀行，總存款超過二億美元，而且也因為，雖然它是一家尋常的民營商業銀行，它的名字讓許多美國人，甚至更多外國人，以為不管怎樣，它就是一家政府的銀行。

在一九三〇年十月以前，沒有流動性危機的跡象，或者說，沒有任何對銀行喪失信心的跡象。從那以後，美國經濟則反覆遭到流動性危機的折磨。當一波銀行倒閉潮消退一會兒後，就會因為幾件戲劇性的倒閉或其他事件，再次重創對銀行體系的信心，產生一連串銀行擠兌事件，重新掀起一波銀行倒閉潮。這些擠兌事件很重要，不僅是因為，甚至主要不是因為，銀行倒閉，而是因為它們影響到貨幣存量。

在一個像美國這樣維持比例準備的銀行體系裡，銀行當然不會有一美元的通貨（或其等同物）匹配一美元的存款。這是為什麼「存款」一詞是這麼讓人產生錯覺。當你把一美元現金存入某銀行時，該銀行可能增加十五至二十美分到它的庫存現金；其餘的現金，它會透過另一個窗口放貸出去。借款者接著可能再把它存入同一或另一銀行，於是同一過程又會被重複一次。結果是，相對於銀行體系所持有的每一美元現金，銀行體系會欠人們數美元的存款。所以，民眾願意當作貨幣持有的存款所占的比例越高，相對於某一既定數量的現金，總貨幣存量——現金加上存款——就越大。所以，每當存款者普遍企圖從銀行體系「拿回他們的錢」時，總貨幣數量必定會下降，除非有辦法能創造出新的現金，並且有辦法讓銀行取得這現金，否則，某一銀行，在嘗試滿足存款客戶的過程中，會以召回貸款或出售投資或撤回它在其他銀行的存款等方式，讓其他銀行蒙受壓力，而這些其他銀行接著也會採取同樣作法，讓更多其他銀行蒙受壓力。這個惡性循環，如果任其持續進行，會自我滋生，一次大過一次地自動循環，因為眾多銀行企圖取得現金，會急遽壓低各種證券的價格，使原本完全可靠的銀行變成資不抵債，動搖存款客戶的信心，然後啟動另一次的循環。

正是這一類情況，在聯邦準備制成立前的銀行體制下，曾經導致銀行界驚慌，導致銀行界像一九〇七年那樣協調一致暫停存款兌現。暫停存款兌現是一個激烈手段，並且在短期內使情況更為惡化。但是，它也是一個治療手段。它切斷惡性循環，因為它有效阻止擠兌風潮的蔓延，阻止少數幾家銀行的倒閉對其他銀行造成壓力，阻止這壓力導致原本健全可靠的銀行倒閉。在幾個禮拜或幾個月之後，當情況穩定下來，暫停存款兌現便可撤銷，於是經濟在貨幣存量沒有緊縮的情況下開始復甦。

如我們所見，成立聯邦準備制的一個主要理由，就是要處理這一類情況。它被賦予權力，在一旦出現民眾普遍有把存款換成現金的需求時，創造更多的現金，而且也被授以手段，可使這現金供銀行，以銀行資產作保，取得使用。依此方式運作，按理任何出現預警的恐慌都可防止，按理將不需要暫停存款兌現，按理貨幣危機的不景氣效應可以完全避免。

首次需要用到這些權力，因此也是首次對這些權力的考驗，在一九三〇年十一月和十二月發生前面敘述的那一連串銀行倒閉時來到。聯邦準備制極其失敗地沒通過這次考驗。它幾乎沒提供什麼流動資金給銀行體系，似乎認為發生這麼多起銀行倒閉事件並不要求它有什麼特別行動。然而，值得強調的是，聯邦準備制的失靈，是一種意志的失靈，而非權力的失靈。在這場合，和在後來的幾個場合一樣，這個制度有充裕的權力，對銀行提供存款客戶所要求的現金。如果當時它這麼做了，像骨牌那樣倒掉的銀行連鎖倒閉將會被切斷，而貨幣存量大崩潰也將會被防止。

首波銀行倒閉潮逐漸平息下來，到了一九三一年初期，已有跡象顯示信心正逐漸恢復。聯邦準備當局抓住這個機會降低它自己的信貸餘額——也就是說，它以溫和的通貨緊縮行動，抵銷這時自然出現的膨脹力量。即便如此，不僅貨幣部門，連其他經濟活動也明顯有改善的跡象。一九三一年起初四或五個月的數據，如果沒對照後來實際的數據來看的話，有景氣循環谷底和開始復甦的所有特徵。

然而，這個初步的復甦卻是短命的。新的一波銀行倒閉激起另一波銀行擠兌浪潮，並且再一次使貨幣存量恢復下降的走勢。聯邦準備當局再一次袖手旁觀。眼睜睜看著一波史無前例的商業銀行體系清算浪潮，這個「最後的貸款者」的帳簿顯示它提供給旗下會員銀行的信貸金額是下降的。

一九三一年九月，英國放棄金本位制。在此之前和之後，都有黃金撤離美國。雖然前兩年黃金一直流進美國，而且當時美國的黃金存量和聯邦準備當局的黃金準備比率處於前所未見的高點，但是，準備當局對本身黃金外流的反應卻是非常有力而且迅速，完全不像它之前對國內銀行體系的黃金流入民間的反應。它所採取的反應方式，無疑使國內的金融困境雪上加霜。在持續超過兩年的嚴重經濟緊縮之際，準備當局急遽提高貼現率——它隨時準備貸款給會員銀行的貸款利率——提高的幅度之大與之急，在整個聯邦準備制的歷史上是空前絕後的。這個手段阻止了黃金外流，但是，銀行倒閉以及銀行擠兌件數也隨之戲劇性地增加。從一九三一年八月初到一九三二年一月底的六個月內，幾乎每十家銀行就有一家暫停營業，而商業銀行體系的總存款則下降了百分之十五。

一九三二年準備當局的政策有一暫時的反轉，因為它買了十億美元的政府債券，減緩了貨幣存量下降的速度。如果這個手段在一九三一年便被採行，它幾乎必定足以防止剛才提到的那個貨幣大崩潰。到了一九三二年才做，由於為時已晚，它頂多只有緩和的作用。而當準備當局故態復萌，回到消極無為的老路時，暫時的改善也就煙消雲散，代之而起的則是貨幣存量崩塌再現，直到一九三三年銀行假期時才停止——當時在美國的每一家銀行都被政府關閉超過一個禮拜。一個主要為了防止銀行暫時停止存款兌現而成立的制度——暫停存款兌現的手段過去曾防止過銀行倒閉——首先讓接近三分之一的國內銀行倒閉，接著又興高采烈地迎接一次全面徹底又嚴重到讓任何從前的暫停兌現都望塵莫及的暫停兌現。然而，自我辯解的能力是這麼的頑強，以致聯邦準備理事會能夠在它一九三三年的年報裡說，「聯邦準備銀行滿足危機期間龐大通貨需求的能力，證明我國通貨制度在聯邦準備法的規範下可以有效運作。……如果聯邦準備體系過去沒有積極採取寬鬆的公開市場買入政策，很難說蕭條的情況會惡化到什麼地步。」

總而言之，從一九二九年七月到一九三三年三月，美國的貨幣存量下跌三分之一，超過三分之二的下跌發生在英國放棄金本位制之後。如果貨幣存量保持不下跌，而當時它顯然可以、也應該保持不下跌，則經濟緊縮將會比較短暫，也會溫和許多。仍然可能會有相對於歷史標準而言算是嚴重的緊縮，但是，任何人都無法想像，如果貨幣存量沒有下跌，貨幣所得會在四年間下降超過二分之一，物價會下跌超過三分之一。我從未聽說過，有哪一個國家或哪一個時候的哪一次嚴重的經濟緊縮，沒伴隨著貨幣存量的急遽下跌，我也同樣未聽說過，有哪一次貨幣存量的急遽下跌，沒伴隨著嚴重的經濟緊縮。

一九三〇年代的美國大蕭條，絕不是私人企業體系本質不穩定的一個標誌，而是一項證據，證明當少數人掌握龐大的權力可以影響一國之貨幣體系時，他們的錯誤會造成多大的傷害。

鑒於當時人們掌握的知識也許有限，這些錯誤或許是可以原諒的——雖然我個人正好不這麼認為。但是，那真的無關宏旨。任何制度，如果賦予少數幾個人這麼大的權力和這麼大的自由裁量範圍，以致他們的錯誤——不管是不是可以原諒——能有這樣深遠的影響，便是一個壞制度。對相信自由的人來說，它是一個壞制度，正因為它把這樣完全不受全體人民有效節制的權力給了少數幾個人——這是從政治面反對一個「獨立的」中央銀行的基本理由。但是，即便對那些重視安全保障甚於個人自由的人來說，它也是一個壞制度。一個制度，如果一方面把責任分散，一方面卻賦予少數幾個人巨大的權力，從而使重要的政策行為，高度取決於什麼樣的人品恰巧在位，那麼，錯誤，不管是不是可以原諒的，就不可能避免。這是從技術面反對一個「獨立的」中央銀行的基本理由。套一句克里蒙梭（Clemenceau）的話說，貨幣實在是太過嚴重的一件事情，不該任由那些中央銀行家自己搞。

以規則代替當局裁量

如果我們既不可能倚賴一個全自動的金本位制運作，也不可能藉由賦予某個獨立機關廣泛的自由裁量權，來達成我們的目標，那我們又有什麼其他辦法，可以建立一個穩定的，同時又是一個免於政府胡亂撥弄的貨幣制度，為自由企業經濟提供必要的貨幣架構，而同時又不可能作為威脅經濟與政治自由的權力來源呢？

迄今曾被提出來的唯一有些可行性的辦法，是嘗試針對貨幣政策的作為，立法制定一些規則，讓全體人民實際上得以透過政權機關，對貨幣政策行使控制權，而同時又可防止貨幣政策聽命於政權機關隨時反覆無常的念頭，以達成在貨幣方面由法律來統治，而不是由人來統治的目標。

為貨幣政策立法制定規則的議題，和一個乍看之下完全不同的話題，即憲法第一修正案的主張，其實有許多共同點。每當有人建議貨幣控制最好有一法定規則時，所得到的老套回答總是，以法定規則束縛貨幣當局的手腳沒什麼道理，因為貨幣當局如果有心想做，它總是能自動自發地做法定規則要求它做的，而且除此之外，它還會想出其他作法，因此他們說，「毫無疑問地」，它能夠比規則做得更好。同一論點，換個說法，也可套用在立法機關身上。他們會說，如果立法機關願意採納這個規則，那麼毫無疑問地，它也會願意在每一具體場合通過「正確的」政策。然後他們會反問說，採納這個規則又怎麼會提供什麼保障，避免不負責任的政治作為呢？

同一論點，更動一些次要的言詞，可以套用在憲法第一修正案上，而且也同樣可套用在整個人權法案上。有人也許會問，關於妨礙言論自由，有一個標準的禁止規定，那不是很荒謬嗎？為什麼不各別考慮每一個言論場合，根據它本身的是非曲直或利弊得失來處理呢？同一論調照搬到貨幣政策的場合，不就是常見的主張：最好不要事先綁住貨幣當局的手腳，應該放手讓它自由地，在每一個狀況臨到時，根據狀況本身的利弊得失，做出處理嗎？為什麼這個論調對言論自由不是同樣正確呢？某甲想站在街角鼓吹節育；某乙，想鼓吹共產主義；某丙，想鼓吹素食主義，等等，不一而足。為什麼不制定一條法律視情況肯定或否定各人有權利散播他的特殊見解呢？要不然，為什麼不把決定問題的權力交給某個行政機關呢？不用多想也可明白，如果我們真的各別考慮臨到的每一個場合，我們當中的多數幾乎確定會針對大部分場合投票反對言論自由，也許甚至針對每一個我們各別考慮的場合投票反對言論自由。如果針對某甲是否該散播節育文宣進行投票表決，幾乎確定會有多數人投票反對；針對散播共產主義進行票決，結果也將一樣。素食主義者的言論自由也許會通過表決，然而，甚至那也絕不是一開始就知道的結論。

但是，現在假定所有這些場合包裹在一起，要求全體民眾針對它們整體做出表決；表決言論自由應該在所有場合一律被拒絕，或應該在所有場合一律被允許，那就完全可以想像，而我還想說，很有可能，絕大多數會投票贊成言論自由；針對整個包裹時，民眾的表決行為，剛好和他們針對各個場合各別表決時相反。為什麼會這樣？一個理由是，每個人對於他的言論自由在他屬於某個少數派時被剝奪的感覺，遠比在他屬於某個多數派時他對於剝奪他人言論自由的感覺，來得強烈許多。因此，當他針對整個包裹表決時，他給予偶爾他是少數派時他自己的言論自由將會被拒絕的考量，比重遠大於他給予常常可以拒絕他人言論自由的考量。

另一個和貨幣政策比較有直接關聯的理由是，當所有場合當成一個整體包裹來考量時，便可清楚地看出，所採取的政策將會有累加性質的影響，這種性質的影響，在針對各個場合各別表決時，往往不會被承認、也不會被納入考量。在表決某甲是否可以在街頭宣揚理念時，人們不可能考慮到公開的概括性言論自由政策將會產生的有利影響。人們不可能考慮到，除非特別立法允許，否則人們不得自由在街頭宣揚理念的社會，肯定是新觀念的發展、實驗、改變等等全將遭到一大堆各式各樣阻礙的社會；對我們大家來說，這些阻礙顯而易見。多虧我們很幸運，一直生活在一個已養成自我克制的習慣，不會各別考慮各個言論場合的社會裡。

完全相同的考慮也適用在貨幣方面。如果在各個場合裡得到考量的只是各個場合本身的利弊得失，則在大部分的場合裡便很可能形成錯誤的決策，因為決策者只考察某個有限的範圍，不會考慮到整個政策的累加後果。但是，如果針對整個包裹裡的場合採取某個概括性的處理規則，那麼，這個規則的存在，對於人們的態度、信念、預期等等將會產生有利的影響，而自由裁量是不會產生這些有利影響的，即便在一連串各別場合裡，自由裁量採取了和規則所指示的完全相同的處理政策。

如果要立法制定一個規則，那又該是什麼樣的規則呢？大體傾向自由主義的人們最常建議的規則是物價水準規則；亦即，給貨幣當局一個法定指令，要求它維持一個穩定的物價水準。我認為，規則如果這麼定就不對。這是一個錯誤的規則，因為貨幣當局並沒有直接明確的權力，憑它自己的作為，達成這個規則所訂定的目標。因此，這個規則會引起責任分散，以及留給當局太多騰挪空間的問題。貨幣政策的作為和物價水準之間有一密切的關聯，這是毫無疑問的。但是，這個關聯還是不夠密切，不夠一成不變，或不夠直接，所以維持物價穩定的目標不適合指引貨幣當局的日常作為。

該採取什麼規則，是一個我曾在別的地方[3]花了一番功夫考慮過的問題，因此，我在這裡只把我的結論說出來。根據我們目前所掌握的知識，我覺得，從貨幣存量變化的角度來訂定規則比較理想。我此刻的選擇是一個法定規則，訓令貨幣當局達成某一明訂的貨幣存量成長率。為此目的，我會把貨幣存量定義為包含商業銀行體系外的通貨加上所有商業銀行的存款。我會指定聯邦準備當局負責讓如此定義的總貨幣存量逐月，甚至，如果辦得到的話，逐日按百分之X年率成長，這X是某一介於三和五之間的數字。究竟採取什麼樣的貨幣定義，以及究竟選擇哪一成長率，都不會比明確選定某個定義和某一成長率來得更為重要。

就目前的情況來說，雖然這個規則將極大地削減貨幣當局的自由裁量權，但它仍將在怎樣達成明訂的貨幣存量成長率、公債經理、銀行監督、等等方面，給聯邦準備

3 前引 *A Program for Monetary Stability*, pp. 77-99.

當局和財政部留下大量不宜的自由裁量權。我曾在別的地方詳細說明過，一些更進一步的銀行與財政改革，不僅實際可行，而且也很值得推動。它們將可去除目前政府對民間借貸與投資活動的干預，並且把政府財務操作的性質，從永遠是不穩定與不確定的一個來源，變成相當有規則和可以預測的一項活動。但是，雖然重要，這些更進一步的改革卻是遠遠不會比在貨幣存量方面採取某個規則，限制貨幣當局的自由裁量權來得更為根本。

我要強調，我並不認為我的這個建議是什麼終極至高的貨幣管理規則，應該設法銘刻在石版上被永世珍藏。我只是覺得，根據我們目前所掌握的知識，這個規則最有可能讓我們達成相當程度的貨幣穩定。我希望，在我們邊運用這個規則，邊累積更多貨幣方面的知識時，我們能設計出更好的規則，達成更好的結果。我覺得，要把貨幣政策變成是自由社會的一根棟梁，而不是對其基礎的一個威脅，這樣的一個規則是目前想得到的唯一可行辦法。

第四章　國際金融與貿易安排

只要我們堅持要忍受固定匯率的束縛，我們便不可能明確地步向自由貿易。

國際貨幣安排問題，是指不同國家的貨幣之間的關係：在什麼條件下，人們可以把美元換成英鎊或把加拿大元換成美元，等等。這個問題和前一章討論的貨幣控制密切關聯。它也和政府的國際貿易政策密切關聯，因為國際貿易管制是影響國際收支的一個手段。

國際貨幣安排對經濟自由的重要性

儘管國際貨幣安排深具專門技術性，而且複雜得令人退避三舍，卻是自由主義者輕忽不得的一個課題。這麼說並不為過：今天在美國，短期內對經濟自由最嚴重的威脅——當然，除了第三次世界大戰爆發之外——是我們將被導向採取廣泛的經濟管制以「解決」國際收支平衡的問題。許多干擾國際貿易的手段，表面上看起來無害；許多它們可能獲得一些人的支持，儘管這些人在其他場合對政府干擾經濟感到憂慮；許多企業界人士甚至認為，政府干擾國際貿易是「美國式生活」的一部分；然而，很少有什麼干擾手段能夠擴展得這麼廣泛，並且最後這麼嚴重地破壞自由企業。許多經驗顯示，要把一個市場經濟變成一個威權獨裁的經濟社會，最有效的辦法是從實施直接的外匯管制開始。這一步將無可避免地導致進口品配給，接著導致管制以進口品為原料或生產進口替代品的國內生產活動，等等，像永無止境的惡性循環那樣蔓延。然而，甚至像高華德參議員這樣一貫忠實擁護自由企業的人，有時候也會，在討論所謂「黃金外流」時，被導向認為，限制外匯交易也許是一個必要的「治療」。這個「治療」肯定會比它想治療的疾病更加惡劣百倍。

在太陽底下，經濟政策方面罕有什麼真正新鮮事；一般來說，據傳是新的政策，最後通常證明是從前某個世紀的拋棄物，披上一層薄薄的偽裝。然而，除非我錯了，否則全面的外匯管制和所謂「貨幣的不可兌換性」還真是個例外，而且它們的起源透露它們很有威權獨裁的傾向。就我所知，它們是德國的雅爾瑪．沙赫特（**Hjalmar Schacht**）在納粹統治初期的發明。當然，從前在許多場合，有些國家的通貨曾被形容是不可兌換的。但是，當時所謂的不可兌換是指，那時的政府不願意或沒能力，按法定比率，讓紙幣兌換成黃金或白銀，或兌換成任何當時被訂為貨幣標準的商品。「不可兌換」過去很少是表示，某個國家禁止公民或居民透過交易，把承諾支付某筆以該國貨幣單位表明之金額的紙張，換成以他國貨幣單位表明之相對承諾的紙張——或就兩願交易來說，換成金幣或金塊。例如，在美國南北戰爭期間和之後約十五年，美元是不可兌換的，意思是美鈔的持有者不能把美鈔交回給財政部換得一定數量的黃金。但是，在那整個期間中，美鈔持有者可以按市場價格自由購買黃金，或按買賣雙方合意的任何價格，用美鈔自由買賣英鎊。

在美國，按比較舊的意思來說，美元從一九三三年以來便一直是不可兌換的。對美國公民來說，持有黃金或買賣黃金是非法的。按新的意思來說，美元向來並非不可兌換。但不幸的是，我們似乎即將採取一些很可能早晚會把我們逼往那個方向的政策。

黃金在美國貨幣體制中的角色

只有知識落伍才會讓我們仍舊以為黃金是美國貨幣制度的核心元素。對於黃金在美國政策中的角色，一個比較精確的描述是，黃金主要是一項有政府支撐價格的商品，像小麥或其他農產品那樣。我們對黃金的價格支撐計畫，在三個重要方面，不同於我們對小麥的價格支撐計畫：第一，我們不僅對國內的生產者，也對外國的生產者，支付黃金支撐價格；第二，我們只對外國購買者，而不對國內購買者，按支撐價格無限量出售黃金；第三，而這也是黃金曾經扮演過貨幣角色的一個重要遺跡，財政部被授權創造貨幣——也就是說，印紙鈔——以支付購買黃金的應付款，所以購買黃金的支出不會出現在政府預算上，所需款項毋須國會明確撥款；同樣的，當財政部售出黃金時，帳簿上顯示的，只是黃金憑證減少，而不是國庫增加了一筆收入。

當黃金價格起初在一九三四年被訂在它目前的價位每盎司三十五美元時，這個價格遠高於當時自由市場的黃金價格。結果，黃金大量湧入美國，我們的黃金存量在六年內變成原來的三倍，而我們後來也持有全世界一半以上的黃金。我們怎麼會累積一堆「剩餘」黃金，和我們怎麼會累積一堆「剩餘」小麥同一道理，都是因為政府願意支付某一高於市場價格的價格。但是，最近情況已經改變。雖然法定的黃金固定價格仍維持在每盎司三十五美元，其他東西的價格卻已經是原來的兩倍或三倍。因此，現在每盎司三十五美元是低於潛在的自由市場價格。[1]結果，我們現在面對的，是黃金「短缺」而不是黃金「剩餘」，道理完全和房租上限必然導致住房「短缺」一樣——因為政府企圖保持低於市價的黃金價格。

黃金的法定價格大概在很早以前便會被提高——就像小麥的收購價格時常被提高那樣——要不是黃金的主要生產者，從而黃金價格上升的主要受益者，很不湊巧是蘇俄和南非，兩個政治上美國最不能同情的國家。

政府管制黃金價格，和管制任何其他價格一樣，都不符合自由經濟的精神。這

1　必須提醒讀者注意，這一點很微妙，特別是關係到黃金的貨幣角色時，它取決於在估計自由市場價格時，我們拿什麼當常數。

樣一種假的金本位制，顯然不同於真正使用黃金做為貨幣、完全符合自由經濟、雖然實際上也許不可行的金本位制。羅斯福政府於一九三三年和一九三四年提高黃金價格時，連帶採取的一些措施，甚至比操縱黃金價格本身，更為根本地背離自由主義的原則，並且確立了一些已經反過來傷害自由世界的先例。我指的是，黃金國有化，禁止私人持有黃金當作貨幣使用，以及廢除一切公私合約中的黃金條款。

一九三三年和一九三四年初，民間的黃金持有者被法律要求必須把他們的黃金提交給聯邦政府。他們按先前的法定價格獲得補償，當時這補償價格無疑低於市場價格。為了使這個法律規定具有實效，私人在美國境內擁有黃金被宣布為非法，各種工藝用途的黃金除外。實在很難想像，還有什麼措施會比這個把私有財產權原則傷害得更厲害，而該原則還是自由企業社會的基礎。此一按人為的低價將黃金收歸國有，和古巴的卡斯楚按人為的低價將土地和工廠收歸國有，兩者之間沒有任何原則上的不同。在自己幹下前一件事後，美國根據什麼原則反對後一件事呢？然而，自由企業的一些擁護者，對於任何涉及黃金的事情，就是如此嚴重的眼盲，以致在一九六〇年亨利．亞歷山大（Henry Alexander），摩根公司（J. P. Morgan and Company）的後繼者，摩根擔保信託公司（Morgan Guaranty Trust Company）的首腦，竟然建議將禁止美國公民私人擁有黃金的禁令，延伸至涵蓋私人在國外持有的黃金！而且他的建議，在銀行界幾乎沒有任何抗議的情形下，也被艾森豪總統採納了。

雖然辯解為是為了把黃金「節約」下來供作貨幣使用，但立法禁止私人擁有黃金，並不是為了任何這樣的貨幣目的。立法將黃金國有化是為了使政府得以虜獲所有來自黃金價格上升的「紙上」利潤——或者也許是為了防止私人獲利。

廢除契約中的黃金條款也有類似的目的。而這也是對自由企業的基本原則傷害很大的一項措施。交易雙方在真心誠意並且充分瞭解的情況下所簽訂的合約，竟然為了其中一方的利益而被政府宣布為無效！

經常收支與資本外逃

要比較全面地討論國際貨幣關係，必須區分兩個相當不同的問題：國際收支餘額，與黃金遭到擠兌的風險。要說明這兩個問題之間的差異，拿普通的商業銀行作為類比，最為簡單容易。商業銀行必須如此安排它的業務，以便它能從手續費、放款利息、等等收入項目，取得足夠大的一筆金額，讓它得以支付它的各項費用——工資與薪水、借款利息、辦公用品成本、股東報酬，等等。簡單地說，它必須為達成一份健康的損益計算書而努力。但是，一家從損益計算書來看健康良好的銀行，如果它的存款客戶，不管基於什麼理由，居然對它失去信心，突然一齊要求提取他們的存款，還是可能遭遇到嚴重困難。在前一章所描述的那些流動性危機期間中，有許多健全的銀行，就因為遭到存款客戶這樣擠兌，以致被迫關門倒閉。

這兩個問題當然不是毫無關聯。某家銀行的存款客戶所以會對它失去信心，一個重要的理由是，因為該銀行的損益計算書出現了虧損。然而，這兩個問題還是大不相同的。首先，損益計算書上的那些問題通常是慢慢浮現的，並且有相當多的時間可用來解決，它們很少讓人訝異地突然出現。相反的，銀行擠兌則可能像晴空霹靂那樣突然、那樣不可預測地出現。

美國的處境和銀行這樣的處境完全平行對應。美國的居民和美國政府本身經常尋求利用美元購買外國貨幣，以便在他國購買商品與服務、投資外國企業、支付債務利息、償還貸款、或贈與他人（不管是私人或是政府單位）等等。同時，外國人也相對為了這些目的，尋求以外國貨幣換取美元。事後，花在購買外國貨幣的美元數，必定恰好等於以外國貨幣買到的美元數——只因為有多少雙鞋子被賣出，就有多少雙鞋子被買進。算術就是算術，某個人的購買就是另一個人的銷售。但是，沒有什麼可以保證，在任何既定的以美元為單位的外國貨幣價格下，某人想要花出去的美元數一定等於他人想要買進的美元數——就像沒有什麼可以保證，在任何既定的鞋子價格下，人們想要購買的鞋子數正好等於他人想要賣出的鞋子數。事後的相等，反映存在某個機制消除了任何事前的差異。怎樣為此目的建立一個適當的機制，照搬到商業銀行的場合，便是銀行怎樣適當保持其損益計算書健康的問題。

另外，美國還有一個類似銀行怎樣避免擠兌的問題。美國答應按每盎司三十五美元賣黃金給外國的中央銀行和政府。外國的中央銀行、政府和居民，在美國以存款的形式，或以很容易賣出去換得美元的美國有價證券形式，持有大量資金。任何時候，這些資金的持有者都有可能一齊湧向美國財政部，想要把他們的美元資金兌換成黃金。這正是一九六〇年秋天所發生的事情，而將來在某個不可預知的日子（也許在本書付印之前），同樣的事情也很可能再發生。

這兩個問題以兩種方式發生關聯。第一，就像對商業銀行來說那樣，美國在損益計算書（即國際經常收支）方面發生問題，是外國人對美國是否有能力遵守承諾，按每盎司三十五美元出售黃金，喪失信心的一個主要根源。美國實際上一直在國外借錢，以便讓經常收支得以達成平衡，這個事實是美元持有者想把美元兌換成黃金或其他貨幣的一個主要理由。第二，黃金的固定價格是我們為了釘住另一組價格——即以外國貨幣為單位的美元價格——所採取的辦法，而黃金在國際間流動，則是我們為了解決事前的國際收支差異所採取的辦法。

其他可以達成國際收支平衡的機制

如果我們仔細考慮有哪些其他機制可以用來達成國際收支平衡，我們可以把這兩種關係看得更透澈，亦即，考慮解決這兩個問題中的第一個，而且在許多方面也是比較根本的問題。

假設起初美國在國際收支上大致處於平衡狀態，然後發生了某些事情，改變了這個平衡狀態，譬如說，發生了某些事情使外國人想要買進的美元數，相對於美國居民想要出售的美元數，變少了；或從另一個角度來說，發生了某些事情，使美元持有者想要買進的外國貨幣數，相對於外國貨幣持有者為了取得美元想要出售的外國貨幣數，增加了。也就是說，所發生的那些事情，勢將使美國的國際收支產生「短缺」或「赤字」。這可能是源自於國外的生產效率提高了或國內的生產效率下降了，美國的援外支出增加了或其他國家的援外支出減少了，或其他如恆河沙數般總是不斷發生的變化。

一國可用來因應各種擾亂平衡的機制有四種，而也只有這四種，並且必須混合使用這四種。

一、美國儲備的外國貨幣可以拿出來用掉，或外國儲備的美國貨幣可以增加累積。實務上，這意味著美國政府可以讓它的黃金存量減少，因為黃金可以和外國貨幣交換，或美國政府可以借入外國貨幣，並按官方匯率向市場供應這些外國貨幣；或外國政府可以按官方匯率對美國居民出售外國貨幣，以累積美元儲備。倚賴外幣儲備顯然頂多是一個臨時的權宜措施。事實上，正是美國一再延長使用這個臨時措施，這才使得人們對國際收支問題大感憂心。

二、美國國內的物價相對於國外物價可以被壓低。這是在一個全面的金本位制之下主要的國際收支調整機制。剛開始的「赤字」會導致黃金外流（上面的機制一）；黃金外流會導致貨幣存量下降；貨幣存量下降會導致國內物價與所得下跌。同時，相反的效應會發生在國外：黃金流入會擴大貨幣存量，從而提高物價與所得。下跌的美國物價和上升的外國物價，會使美國產品對外國人變得更具吸引力，從而提高他們想要購買的美元數；同時，前述的相對物價變化，會使外國產品對美國居民變得比較不具吸引力，從而降低他們想要出售的美元數。這兩個效應的運作，會減少美國國際收支赤字，恢復國際收支平衡，直到毋須發生進一步的黃金流動。

在現代的管理本位制之下，這些效應不會自動產生。第一步的黃金流動也許仍會發生，但是，這流動既不會影響黃金流出國的貨幣存量，也不會影響黃金流入國的貨幣存量，除非各別國家的貨幣當局決定貨幣存量應該減少或應該增加。目前在每一個國家，中央銀行或財政部有權力抵銷黃金流動的影響，或主動改變貨幣存量，不管有或沒有黃金流動。因此，只有當「赤字國」當局願意引發通貨緊縮，從而創造失業，以解決其國際收支問題，或「剩餘國」當局願意引發通貨膨脹時，這個機制才會使用。

二、改變匯率可以達成和改變國內物價完全一樣的效果。例如，假設在機制二之下，某部轎車在美國的價格下跌了百分之十，從二千八百美元跌到二千五百二十美元。如果英鎊的價格一直是二點八美元，這意味著該部轎車在英國的價格（略去運費和其他費用不計）將從一千英鎊跌到九百英鎊。在英國的價格也會一樣下跌，即使美國的價格沒變，但一英鎊的價格從二點八〇美元上升至三點一一美元。原先，英國人必須花一千英鎊才能得到二千八百美元。現在他只要花九百英鎊就能得到二千八百美元。他不會知道，他的成本這樣下降，相對於匯率未變但美國價格下跌所導致的成本下降，兩者之間有什麼差別。

實務上，匯率改變，有好幾種方式。就許多國家目前那幾種釘住的匯率來說，匯率改變可以透過貶值或升值來實現，也就是說，透過政府的一紙公告，說它打算在一個不同於以往的價位穩定或釘住它的貨幣。要不然，匯率根本毋須釘住，它可以是一個每天變動的市場匯率，就像一九五〇至一九六二年間的加拿大元那樣。如果是一個市場匯率，它可以是一個真正自由的市場匯率，主要由民間交易決定，像一九五二至一九六一年間加拿大元的匯率表面上看起來的那樣，或者，它可以被政府的投機買賣操縱，像一九三二至一九三九年間的英鎊匯率，以及一九五〇至一九五二年間和一九六一至一九六二年間的加拿大元，就是這樣的情況。

在這些各式各樣的方法當中，只有自由浮動的匯率才是完全自動的，完全不受政府的控制。

四、機制二和機制三所產生的國際收支調整，是由國內價格或匯率改變所誘發的商品與服務的流向變化構成的。如果不想改變國內價格或匯率，還可利用政府直接管制或干擾貿易，來減少意圖支出的美元數，或擴大美國的國際收入。關稅可提高來遏阻進口，補助金可發出去激勵出口，進口配額可施加在各式各樣的產品上，美國公民或企業在國外的資本投資可加以管制，等等乃至外匯管制的全套措施。必須納入這一類的，不僅有各種針對私人活動的管制措施，而且還有政府的海外計畫為了國際收支目的而出現的變化。美援計畫的受援國可能會被要求必須把援助金花在美國；軍方可能會放棄國外的來源而以較高的花費在美國採購軍需品以便節約「美元」——這是他們所使用的自相矛盾的說詞——以及其他一堆讓人越看越糊塗的措施。

這裡必須注意的重點是，這四種機制中的某一種或另一種將會被用到，而且也必定會被用到。複式簿記的帳目必定是平衡的，總支出必定等於總收入，唯一的問題是，平衡是怎樣達成的。

我們國家公開宣示的政策一直是，而且仍將是，我們不會採取任何這些機制。在一九六一年十二月某次對全國製造商聯合會發表的演說裡，甘迺迪總統正式表明，「所以，我這個政府，在任期內——而我重申，這是一個說一不二的聲明——沒有任何實施外匯管制，貶低美元價值，抬高貿易壁壘，或窒息美國經濟復甦的意圖。」從邏輯的角度來看，這個聲明只留下兩種可能性：請其他國家採取適當的措施，而這恐怕不是我們可以放心倚賴的辦法，或者把我們的外匯儲備拿出來用掉，但這位總統和其他官員曾一再表明，絕不允許外匯儲備繼續被消耗掉。然而，《時代雜誌》報導說，這位總統的承諾「立即（在集會的商人群中）引起一陣如雷爆發的掌聲。」就我們這個公開宣示的政策而論，我們好比是一個入不敷出的人在極力主張，他絕不可能賺得更多，或花得更少，或利用他的財產來支應超出收入的支出！

因為我們一直不願意採取任何前後連貫的政策，我們和我們的貿易夥伴——他們也像我們這樣做出同一鴕鳥般的政策宣示——無可避免地被實際情況逼向採取所有這四種機制。在戰後初期，美國的外匯儲備上升；最近，美國的外匯儲備則是一路下降。當外匯儲備上升時，我們比我們在其他情況下更欣然歡迎通貨膨脹，而自從一九五八年以來，因為黃金儲備外流，我們則是比我們在其他情況下更欣然接受通貨緊縮。雖然我們尚未改變我們官方的黃金價格，但我們的貿易夥伴已經改變他們官方的黃金價格，從而也已經改變他們的貨幣和美元之間的匯率，而美國的壓力從來沒有在促成這些調整時缺席過。最後，我們的貿易夥伴廣泛使用直接管制，而且，因為一直是我們而不是他們有赤字問題，我們也對國際支出採取廣泛的直接干預，從減少觀光客可以免稅帶進美國的外國商品價值——這是微不足道，但有高度象徵意義的一步，到要求美援支出必須花在美國，到阻止軍眷赴海外和士兵相會，到更嚴格的石油進口配額。我們也曾被逼自貶國格，請求外國政府採取特殊措施，強化美國的國際收支。

幾乎無論從什麼角度來看，在這四種機制當中，使用各種直接管制顯然是最壞的手段，而且無疑是對自由社會傷害最大的。然而，由於沒有採取任何明確的政策，我們被導向越來越倚賴各式各樣的這種管制措施。我們公開倡導自由貿易的優點；然而，我們迄今一直被毫不容情的國際收支壓力強迫朝相反的方向移動，而且有很危險的跡象顯示，我們將往這相反的方向移動得更遠。我們可以通過所有想像得到的法律降低關稅；政府也可能和外國商定無數的關稅減讓；然而，除非我們採取另一種機制解決國際收支赤字，否則我們勢將被逼向以某一組貿易障礙取代另一組障礙——甚至以一組比較壞的取代一組比較好的。關稅固然不好，進出口配額和其他直接干預手段則是更壞。關稅，就像市場價格，是不問人情關係的，不會伴有政府直接干預企業經營的問題；配額則除了給配額管理者許多有價值的好東西，供他分配給有利害關係的私人，還很可能導致配給和其他行政干預。也許比關稅和配額都更不好的，是一些法律之外的安排，諸如美國和日本商定的所謂「自動」限制紡織品出口協議。

浮動匯率作爲自由市場的解決方案

只有兩種機制符合自由市場和自由貿易的要求。其一是一個完全自動的國際金本位制。如我們在前一章所見，這個機制既不可行也不理想。不管怎樣，我們總不能獨自採取這種機制。另一是一個自由浮動的匯率，由市場上的私人交易決定，沒有政府干預。這個自由的市場機制完全契合前一章所主張的那個貨幣規則。如果我們不採納這個機制，我們必定不可能擴大自由貿易的範圍，並且遲早將被誘導至對貿易實施廣泛的直接管制。在這方面，就像在其他方面那樣，情況可能出乎意料地改變，而且也的確出乎意料地改變過。我們或許能混過此時此刻（一九六二年四月）擺在我們眼前的那些困難，甚至將發現我們是「剩餘國」而不是「赤字國」，發現我們正在累積而不是在流失外匯儲備。如果真是這樣，那也只意味著其他國家將面臨必須實施外匯或貿易管制的窘境。一九五〇年，當我為文主張浮動匯率時，歐洲國家大多面臨國際收支赤字，伴隨著當時所謂「美元短缺」的問題。這樣的情況逆轉總是可能發生。事實上，我們所以主張自由市場，基本的理由正是因為很難預測這樣的轉變什麼時候會發生或怎樣發生。我們的問題並不是要「解決」某個國際收支問題，而是要透過某個機制，讓自由市場的力量得以對影響國際貿易的各種條件變化提供迅速、有效和自動的反應，以解決所有國際收支問題。

雖然自由浮動的匯率這麼顯而易見是適當的自由市場機制，卻只有為數相當少的自由主義者，其中大多是專業經濟學者，強烈支持這個機制，而許多自由主義者，雖然幾乎在所有其他方面一律拒絕政府干預和政府操縱價格，卻反對匯率由市場決定。為什麼會這樣呢？其中一個理由是，單純地屈服於現狀對思想的箝制。另一個理由是，他們混淆了真的金本位制和假的金本位制。在真的金本位制之下，不同國家的貨幣以彼此為單位的價格肯定是非常接近固定不變的，因為不同的貨幣只是不同數量的黃金的不同名稱。人們很容易犯這樣的錯，即，誤以為只要採取一個名義上尊重黃金的形式，亦即，採取一個假的金本位制，讓各個國家的貨幣以彼此為單位的價格固定不變，只因為它們是在暗中受操縱的市場裡被人為釘住的價格，他們便可以享有真的金本位制的實質好處。再一個理由是，每個人總免不了傾向於贊成其他每個人須面對自由市場，同時認為他自己應該享有特殊待遇。在匯率方面，這種心理傾向對銀行家尤其有影響，他們喜歡有一個保證的價格。另外，對於那些將被市場發展出來應付匯率波動的辦法，他們也不熟悉。那些將專門在外匯市場裡投機套利的企業目前並不存在。這是現狀所以對思想有箝制作用的一個原因。例如，在加拿大，某些銀行家，在歷經十年的自由匯率給了他們一個不同的現狀後，帶頭主張保留自由匯率，不僅反對人為釘住匯率，也反對政府操縱匯率。

我認為，比任何這些理由都更重要的一個理由是，對浮動匯率經驗的一個錯誤解釋。這個錯誤解釋，源自一個錯誤的統計推斷。這個錯誤的統計推斷，在下面這個標準例子裡清晰可見。對肺結核病患來說，亞利桑納州顯然是美國境內最不該去的地方，因為在亞利桑納死於肺結核的比率比其他任何一州都更高。[2]推斷錯誤在這個場合顯而易見。推斷錯誤在匯率的場合，卻比較不是這麼顯而易見。當一些國家因為國內的貨幣管理不善，或任何其他原因而陷入嚴重的金融困境時，它們最後都不得不訴諸彈性匯率的手段。因為不管再怎樣擴大外匯管制或直接限制貿易，都不可能讓它們

2 譯者注：從正確的醫學觀點來看，亞利桑納因為乾燥，比較有利於肺結核患者療養，患者大多尊醫囑移往該州，所以該州的肺結核病患高於美國其他各州，於是死於肺結核的比率當然也會比較高。

釘住一個遠離經濟現實的匯率。結果，無可置疑地，浮動匯率向來總是和金融與經濟不穩定連結在一起，例如，和發生在許多南美國家的那種超級通貨膨脹，或嚴重但還不是超級的通貨膨脹連結在一起。所以，如同許多人已經推斷的那樣，人們很容易下結論說，浮動匯率導致這樣超級或嚴重的經濟不穩定。

贊成浮動匯率並非意味著贊成不穩定的匯率。當我們支持我們國內應有一個自由的價格體系時，並不意味著我們贊成一個價格瘋狂地上下起伏的體系。我們想要的是一個這樣的體系：在該體系中，價格是自由浮動的，但是，決定價格的力量卻是足夠穩定，以致事實上價格僅在有限的範圍內移動。對一個浮動的匯率體系來說，也是一樣。我們的終極目標是這樣一個世界：在這個世界裡，匯率雖然是自由變動的，但是，事實上，卻是高度穩定的，因為各種基本的經濟政策和條件是穩定的。匯率不穩定是根本的經濟結構不穩定的一個病徵。以行政手段凍結匯率去除這個病徵，矯正不了任何根本的困難，只是使因應這些困難的調整更加痛苦而已。

一個自由的黃金與外匯市場必需的政策措施

為了具體展現前面論述的一些含意，且讓我仔細說明，我相信美國應該採取的一些措施，以促進一個真正自由的黃金與外匯市場。

一、美國應該宣布它不再承諾按任何固定的價格買賣黃金。

二、目前禁止人們擁有黃金或買賣黃金的法律應予廢除，所以黃金的買賣不再有任何價格上的限制，不管這價格是相對於其他任何商品而言，或相對於任何金融工具（包括任何國家的貨幣）而言。

三、目前規定聯邦準備體系持有的黃金憑證必須等於其百分之二十五負債的法律應予廢除。

四、和廢除小麥價格支撐計畫一樣，在完全廢除黃金價格支撐計畫時，會碰到的一個主要問題，是過去累積起來的政府庫存如何處理這個老問題。不管是小麥或是黃金，我個人的看法是，政府應該立即實施步驟一和步驟二，重建自由的小麥或黃金市場，並且最後應該處分掉所有庫存。然而，對政府來說，或許只有逐步處分掉它的庫存才是最理想的。就小麥而言，我一直認為五年是一段足夠長的時間，所以我曾經贊成政府承諾在五年內每年處分五分之一的庫存。五年的期間對黃金來說似乎也相當理想，因此，我建議政府在五年之內分批在自由市場上拍賣它的黃金庫存。當有了一個自由的黃金市場時，人們很可能覺得黃金的倉儲憑證會比實際的黃金更為好用。如果是這樣，私人企業無疑能夠提供儲存黃金與發行儲存證明的服務。為什麼黃金的儲存和儲存憑證的發行應該是一個國營化的行業呢？

五、美國也應該宣布，針對美元和其他貨幣之間的交換，它將不會公告任何官方的匯率，還有，它將不會從事任何投機買賣，或其他旨在影響匯率的活動。匯率屆時將完全由自由市場決定。

六、這些措施將違反我們作為國際貨幣基金的一個會員國，必須為美元指定一個官方平準價格的正式義務。然而，國際貨幣基金卻有辦法調和加拿大未能指定一個平準價格和該基金組織條款之間的矛盾，並且同意加拿大採取浮動匯率。沒有理由說它不能為美國做同樣的事。

七、其他國家也許會選擇釘住他們的貨幣相對於美元的價格，那是他們的事情，我們沒有任何理由反對，只要我們沒承攬任何義務，必須按某一固定價格買賣他們的貨幣。他們只有藉助於一個以上的前述那些機制——用掉或累積外匯儲備，調整他們的國內政策去適應美國的政策，緊縮或放鬆直接的貿易管制，等等——才可能成功釘住他們的貨幣相對於美元的價格。

撤除美國的貿易限制

一個像剛剛勾勒出來的那種制度，將一勞永逸地解決國際收支問題。赤字將不可能發展到需要政府高官懇求外國政府和中央銀行提供協助，或需要某位美國總統表現得像一位飽受折磨的鄉村銀行家，力圖使存戶對他的銀行恢復信心那樣，或迫使倡導自由貿易的某任美國政府實施進口限制，或為了以什麼名稱的貨幣支付（譬如，軍需品）這等瑣碎的問題，而犧牲國家與個人利益。國際收支將始終平衡，因為有一個價格——外匯匯率——將自由地導致平衡。任何人都不可能賣出美元，除非他能找到某個人買他的美元，反之亦然。

浮動匯率制就這樣使我們得以有效而且直接步向完全自由的商品與服務貿易——某些刻意的干擾除外，諸如可以純粹用政治與軍事的理由辯解為正當的那種干擾，例如，禁止出售戰略性物資給共產國家。但是，只要我們堅持要忍受固定匯率的束縛，我們便不可能明確地步向自由貿易。關稅或直接管制的可能性則必須保留下來，作為必要時的逃生閥。

浮動匯率制還有這個附帶的好處，那就是，它將使最流行的反對自由貿易的說法當中的謬論，變得幾乎是可以一眼看穿地明顯；這個反對自由貿易的說法認為，他國的「低」工資使得關稅不管怎樣，都是保護本國「高」工資的一個必要手段。和美國工人每小時四美元相比，每小時一百日圓對一個日本工人來說，是高了，還是低了呢？那完全要看匯率高低而定。決定匯率的是什麼呢？是平衡國際收支的必要性；亦即，匯率必須使我們能賣給日本人的數量大致等於他們能賣給我們的數量。

為了簡單起見，假定日本和美國是僅有的兩個參與貿易的國家，並且假定在某一匯率下，譬如說，一千日圓兌一美元，日本人能比美國更便宜地生產每一項容許進入國際貿易的商品。按這個匯率，日本人能賣很多東西給我們，而我們不可能賣什麼東西給他們。假定我們拿美鈔支付他們，日本出口商會怎樣使用那些美鈔呢？他們不可能把它們拿來吃、拿來穿，或拿來住。如果他們願意單單持有它們，那麼，我們的印刷業——印製美鈔——將是一個很了不起的出口產業。它的產出，將使我們人人都得以享有日本人幾乎免費提供的各種人世間的好東西。

但是，日本的出口商當然不會只想要持有美元，他們會出售美元換得日圓。根據假設，沒有任何他們能用一美元買到的東西，是他們不能用少於一千日圓買到的，而那一千日圓根據假設則是一美元將能換得的。對其他日本人來說，也同樣是如此。那怎麼會有任何日圓的持有者願意拿出一千日圓去交換將會比一千日圓買到更少東西的一美元呢？絕不會有人願意的。日本的出口商為了把他的美元換成日圓，將不得不索取比較少的日圓——以日圓為單位的美元價格勢必將少於一千，或以美元為單位的日圓價格勢必將高於千分之一。但是，在五百日圓兌一美元的匯率下，日本的東西對美國人而言，將是從前的兩倍貴；而美國的東西對日本人而言則是從前的一半貴。日本人將不再能夠在所有商品市場上，賣得比美國的生產者便宜。

以美元為單位的日圓價格將穩定在什麼水準呢？不管穩定在哪一個水準，就是必須保證，所有想要出售美元的日本出口商，都能把他們出口商品到美國所換到的美元，賣給想要使用美元在美國買東西的進口商。概略地說，就是必須保證美國的出口價值（以美元計算）等於美國的進口價值（以美元計算）。之所以說概略，是因為一個精確的陳述必須考慮資本交易、贈與，等等。但是，這些額外考慮不會改變核心的原則。

必須注意的是，這裡的討論完全不涉及日本工人或美國工人的生活水準問題。這些問題和討論的主旨無關。如果日本工人的生活水準比美國工人低，那是因為在他所獲得的訓練，以及可供他使用的資本與土地數量等等的條件限制下，平均來說，他比美國工人較不具生產力。如果美國工人的生產力，姑且讓我們假設，平均是日本工人的四倍，那麼，利用他來生產任何他所發揮的生產力低於四倍日本工人生產力的產品，便是在浪費他的生產力。比較好的作法是，利用他去生產那些讓他比較可以發揮生產力的產品，再拿那些產品去交換一些他比較沒有生產力的產品。關稅不會有助於日本工人提高他的生活水準，或有助於保護美國工人的高生活水準。相反的，關稅會降低日本工人的生活水準，並且使美國工人的生活水準達不到它原本應該可以達到的最高水準。

倘若我們要走向自由貿易，那我們該怎麼走呢？我們一向嘗試採取的走法，是和其他國家相互商定關稅減讓。在我看來，這似乎是個錯誤的程序。首先，它保證步調緩慢。獨自走的人，走得最快。第二，它助長一個誤解基本問題的觀點。它使基本問題看起來好像關稅有助於課徵關稅的國家，但對其他國家不利似的；好像當我們降低某項關稅時，我們放棄了某個好處似的，從而應該在一些其他國家課徵的關稅項目上獲得相對減讓的回報。實際上，情況完全不是這樣。我們的關稅傷害我們，也傷害其他國家。如果我們免除我們的關稅，即便其他國家沒免除他們的關稅，我們也將會獲益。[3]如果他們降低他們的關稅，我們當然會獲益更多，但我們的獲益並不仰賴他們降低他們的關稅。我們和他們各自的利益相一致，不相衝突。

我相信，一個遠比較好的方式，是我們單方面走向自由貿易，像英國於十九世紀

3 這些陳述有一些想像得到的例外，但據我所知，那些例外只不過是稀奇古怪的理論性猜想，不是實際可能發生的相關事例。

撤銷《穀物法》時那樣。我們料將取得龐大的政治與經濟力量，像他們當時經歷過的那樣。我們是一個偉大的國家，所以我們不太應該要求盧森堡，在我們降低盧森堡產品的進口關稅前，拿出相對的利益回饋我們；我們同樣也不太應該對來自香港的紡織品實施進口配額限制，讓數以千計的中國難民突然喪失工作機會。且讓我們對得起我們的天命，讓我們帶頭示範，不作心不甘情不願的追隨者。

為了簡單起見，我剛剛只談關稅，但正如前面已經指出的那樣，非關稅限制如今也許是比關稅更為嚴重的貿易障礙，兩者我們都該撤除。一個迅速但漸進的作法，也許是立法規定，所有進口配額或其他數量方面的進出口上限，不管是我們施加的或是其他國家「自願」接受的，每年提高百分之二十，直到那些數量上限是如此之高，以致不再有實際的限制意義，從而可以拋棄；同時規定，所有關稅在未來十年內每年降低目前水準的十分之一。

很少有什麼我們可以採取的措施會更有助於促進國內外的自由大業。我們可以採取一個前後一貫並且有原則的態度，而不是像現在這樣，以經濟援助的名義撥款贈與外國政府——從而促進社會主義——同時卻對他們優於生產的產品施加進口限制——從而阻礙自由企業。我們可以對全世界的人說：我們相信自由，也真心想要實踐自由。沒有任何人能強迫你必須自由。要不要自由，是你家的事。但是，我們可以在一視同仁的基礎上充分與你合作。我們的市場對你開放。來我們這裡賣你能賣而且也想賣的東西。用你的收入買你想買的。如此這般，人與人之間的合作便可以是無限寬廣又是自由的。

第五章　財政政策

政府支出相對於稅收一旦增加，對經濟的影響必然是擴張性的，而支出相對於稅收一旦下降，則必然是緊縮性的。……它們是經濟神話的一部分……為政府對經濟生活的深遠干預，取得廣泛的民意支持。

自從羅斯福總統的「新政」實施以來，擴張聯邦政府活動的一個主要藉口是，政府支出據說對消除失業有其必要性。這個藉口經過幾個演變階段。起初，政府支出據說是需要用來「給（經濟這個）抽水幫浦加水。」一次性的政府支出把經濟幫浦啟動，之後政府便可完全袖手旁觀經濟自動運轉。

當開頭的幾次政府支出增加，非但未能消除失業，反而跟著在一九三七至一九三八年迎來了一次急遽的大幅經濟緊縮時，「長期停滯」理論被發展出來為永久性的高政府支出辯解。這理論說，經濟已經成熟，投資機會大多已經用完，而且不太可能出現大量的新投資機會。但是，人們仍然想要儲蓄。因此，政府支出至關重要，並且必須永遠有財政赤字。融通財政赤字所發行的債券，將提供人們一個累積儲蓄的工具，同時政府支出則提供人們就業機會。這個見解已遭到理論分析徹底質疑，甚至遭到實際經驗更為徹底的反駁，包括長期停滯論者作夢也沒想到的許多嶄新的私人投資機會如雨後春筍般地冒出。但是，這個見解已留下遺蔭。它也許不再被人相信，但以它的名義展開的政府計畫，就像某些所謂啟動經濟幫浦運轉的政府計畫那樣，仍然與我們同在，甚至還是政府支出不斷增高的來源。

最近，對政府支出的強調，重點不在於啟動經濟幫浦運轉，也不在於牽制長期停滯的幽靈，而在於當作一個平衡輪使用。當私人支出下降時，不管這下降是出於什麼原因，政府支出據說都應該上升，以維持總支出穩定；反之，當私人支出上升時，政府支出則應該下降。不幸的是，這個平衡輪本身卻是不平衡的。每一次景氣衰退都會讓政治敏感的國會議員和行政官員不寒而慄，唯恐那也許是另一次像一九二九至一九三三年那樣的大蕭條的前兆。他們趕緊制定各式各樣的聯邦支出計畫，許多這樣的支出計畫，實際上直到過了景氣衰退期都還沒實施。因此，就它們對總支出的實際影響而言（關於這一點，稍後我將進一步討論），它們往往是加劇隨後而來的景氣擴張，而不是緩和景氣衰退。那些支出計畫被核准時固然是急急忙忙地，但是，當景氣過了衰退期並且開始擴張時，它們或其他支出計畫卻沒被同樣急急忙忙地廢除或撤銷。相反的，這時就會有人辯稱，「健康的」景氣擴張不容許因削減政府支出而「陷入險境」。因此，平衡輪理論所造成的主要傷害，不在於該理論未能抵銷景氣衰退（對於景氣衰退，它確實無能為力），也不在於它使政府政策偏向膨脹（它也確實做到了這一點），而是在於它不斷地助長聯邦政府擴張其活動範圍，以及阻礙各種聯邦稅負降低。

由於不少人強調使用聯邦政府預算作為平衡輪，所以益顯諷刺的是，第二次世界大戰後，國民所得中最不穩定的成分居然是聯邦政府支出，而且這不穩定的支出變化也完全不是朝向抵銷其他支出成分的變動。聯邦預算非但不是一個抵銷其他波動力量的平衡輪，它本身甚至是騷亂與不穩定的一個主要根源。

由於聯邦政府支出，如今是整體經濟總支出中很大的一部分，所以它的動靜免不了會對經濟產生顯著影響。因此，第一要務是政府必須消除它自己惱人的不穩定，它必須採取適當的程序，保證它自己的支出流量合理穩定。如果它做到這一點，它將明顯有助於減輕其餘經濟體所需承擔的調整困擾。在做到這一點之前，如果政府官員還裝出一副像中小學老師訓斥不聽話的學生守規矩那樣自以為是的嘴臉，那就很滑稽。當然，如果他們真是那樣做了，也不會令人訝異。推諉卸責，把自己的缺點怪罪到別人頭上，這樣的惡行並不是政府官員的專利。

即便接受聯邦預算應該而且能夠當作平衡輪使用（稍後我將更詳細地討論這個見解），也沒必要因此使用支出面的預算，稅收面的預算也同樣好用。國民所得一旦下降，聯邦政府的稅收便會自動以更大的比例減少，因此使預算朝赤字方向移動；在景氣擴張時，則反之。如果想要做得更多，可以在景氣衰退時調降賦稅，而在景氣擴張時則調升。當然，政治考量也很可能在這裡導致不對稱，使得賦稅調降比調升更容易過關。

如果平衡輪理論實際曾應用在支出面上，那也是因為有其他力量支持增加政府支出；特別是知識份了普遍相信，政府應該在經濟與私人事務方面扮演更重要的角色；

也就是說，福利國思想如日中天。這派思想發現，平衡輪理論是一位有用的盟友；這位盟友加快政府干預前進的速度。

如果平衡輪理論過去應用在賦稅面而不是應用在支出面，目前的情況會怎樣不同呢？倘若景氣每衰退一次，賦稅便調降一次；倘若在隨後的景氣擴張期，調高賦稅在政治上不受歡迎，以致新提出的政府支出計畫遭到抵制，而既有的支出計畫則遭到削減，那我們現在的處境也許是，聯邦支出耗掉的國民所得比例會少很多，而由於少了賦稅的許多抑制效應，國民所得會多很多。

我必須說，前述夢想的意思，不是要對平衡輪理論表示支持。實際上，即便一切效應都朝平衡輪理論所預期的方向發揮作用，那些效應發揮作用的時間與範圍也將落在預期的目標之後。要使它們有效抵銷其他一些波動力量，我們必須能夠提前很長一段時間預測出那些波動。和貨幣政策一樣，在財政政策方面，即便完全不考慮政治因素，我們也絕對沒有足夠的知識，能夠利用有計畫的賦稅或支出變動，作為一種敏銳的經濟穩定機制。如果我們嘗試那麼做，我們將幾乎確定會把情況弄得更糟。我們把情況弄得更糟，不是因為我們老是倒行逆施，應該朝西偏向東，應該減少偏增加——要治好這種乖張倒錯的毛病很容易，只需想一想當初似乎要做什麼，反其道而行就是了。我們會把情況弄得更糟，是因為我們引進一種大部分是隨機的擾動，簡單地加在其他擾動上。那正是我們過去實際做的——當然，我們還因為嚴重地倒行逆施而犯下一些重大的錯誤。我在別處針對貨幣政策所寫的，對財政政策也同樣適用：「我們需要的，不是一位靈巧的貨幣司機，不斷地轉動經濟車輛的方向盤，以適應道路上出乎意料的崎嶇與曲折，而是某個方法，防止位於後座作為車輛穩重用的貨幣乘客，動輒探向前座猛然拉扯方向盤，導致車子有被拋出路外的危險。」[1]

在財政政策方面，和貨幣規則適當對應的原則是，完全從社會想要透過政府去做如何的角度來規劃各種政府支出方案，完全不考慮逐年的經濟穩定問題；在規劃稅率時，只要求所提供的稅收，就數年平均而言，足以抵付規劃的支出，完全不考慮逐年的經濟景氣變化；避免不規則的政府支出或稅收變化。當然，有些變化也許是免不了的。國際情勢的突然改變，也許要求軍事支出大幅增加，或允許一些受歡迎的下降。這種變化說明戰後聯邦支出的一些不規則變動。但是，它們絕對說明不了所有的支出變動。

在結束討論財政政策這個課題之前，我想討論一則如今普遍接受的見解。該見解認為，政府支出相對於稅收一旦增加，對經濟的影響必然是擴張性的，而支出相對於

---

1 *A Program for Monetary Stability*, (New York: Fordham University Press, 1959), p.23.

稅收一旦下降，則必然是緊縮性的。該見解是財政政策可以作為平衡輪使用的思想核心，現在幾乎被商人、職業經濟學家、乃至一般人視為理所當然。然而，它卻不能被純粹的邏輯考量證明為正確，也從未獲得經驗證據的支持，甚至實際上和我所知的相關經驗證據不一致。

該見解源自一則粗糙的凱因斯學派分析。假設政府支出提高一百美元而稅收維持不變。於是，這則簡單的分析說，在第一輪，收到這額外一百美元的人們，將多出那麼多的收入。他們將這收入的一部分存下來，譬如，存下三分之一，而花掉其餘的三分之二。但這意味著，在第二輪，他人將多收到一筆六十六又三分之二美元的收入。這人接下來會將這多出的收入存下一部分，也花掉一部分。於是，又會有某個他人多收到某筆收入等等，如此這般連續不斷輪下去。如果在每一輪，收入的三分之一被存下來，三分之二被花掉，則根據這則分析，那額外的一百美元政府支出最後將使收入增加三百美元。這是一則簡單的凱因斯學派所得乘數分析，所涉及的乘數是三。當然，如果只注入一次，乘數效應將逐漸消失，收入起初猛增一百美元後，接著便逐漸回落到原來的水準。但是，如果每單位時間的政府支出維持高出一百美元，譬如，每年都高出一百美元，則根據這個分析，每年的收入將維持高出三百美元。

這則簡單的分析看來極其迷人，但那迷人的魅力卻不是真實的，它來自忽略政府支出變動，除了乘數效應外，還有其他一些值得考量的效應。當這些效應也納入考量時，最後的結果就很不好確定：所得最後也許不會有任何變化，這種情況意味著私人支出將下降一百美元，剛好抵銷政府支出增加的那一百美元；也許最後將如前述那則簡單的分析所示增加三百美元；或者是介於前述兩種情況之間的任何一種情況。而且即便最後貨幣所得增加了，物價也許會上升，以致真實所得將增加得比較少或完全沒增加。且讓我們仔細琢磨某些可能帶來不確定的變數。

首先，該則簡單的分析完全沒提到政府把那一百美元花到哪裡去。例如，假設政府把那一百美元花在某項人們原本為他們自己取得的東西上。例如，人們原本花一百美元支付某處公園的入場費，而公園的業主則利用入場費的收入僱請一些園丁保持園地整潔。假設政府現在支付維持公園的成本，同時允許人們「免費」進入公園。園丁們仍然收到相同的收入，但原本付費進場的人們現在手上有一百美元可用。這種政府支出，在起始階段，甚至沒給任何人的收入增加一百美元。這種政府支出的作用，只是讓某些人手上有一百美元可以用在一些不是進入公園遊憩的項目上，而且他們對這些項目的評價還很可能低於進入公園遊憩。他們的總收入當中用於消費的比例想必會比從前少，因為他們現在免費獲得公園遊憩服務。但是，究竟少多少，那就不好說。即使我們，像上面那則簡單的分析那樣，假定人們存下額外收入的三分之一，那也不能認定，當他們「免費」獲得某組消費品時，被釋放出來的購買力的三分之二會花在其他消費品上。當然，某個極端的可能性是，他們將像從前那樣繼續購買同一組合的其他消費品，把釋放出來的一百美元全部加到他們的儲蓄裡。在這種情況下，即便根據簡單的凱因斯學派分析，政府支出的效應將完全遭到抵銷：政府支出上升一百美元，私人支出下降一百美元。或者，另外舉一個例子，政府那一百美元也許是用於修築一條某家私人企業原本會修築的道路，因為有了道路後，該私人企業便無需花錢修理自家的運貨卡車。該企業於是便有資金被釋放出來，但那些資金大概不會全部花在一些比較不像修路那樣有利的投資上。在這種情況下，政府支出直接轉移了一部分私人支出，並且只有扣掉那部分轉移後的政府支出淨額，才可在起始階段作為基數供乘數效應在其上發揮作用。從這個觀點來看，似非而是的是，確保不會有支出轉移的辦法，是讓政府把錢花在一些毫無用處的活動上——這是「在地上挖洞，再把洞填平」那種就業提供計畫當中僅有的知性內涵。但是，這個似非而是的悖論本身當然證明，凱因斯學派的分析一定在某個地方出了差錯。

第二，該則簡單分析完全沒提到政府從哪裡取得那一百美元來花。按該則分析所言，不管政府是多印一百美元鈔票，還是向民眾借來一百美元，結果都一樣。但是，那一百美元究竟是怎麼來的，對於結果當然會有影響。為了區隔財政政策與貨幣政策的效應，且讓我們假定政府借來那一百美元，所以貨幣存量和政府沒多支出那一百美元時相同。這是個適當的假定，因為即使政府支出沒增加，如果想要的話，貨幣存量也可以提高，只消印鈔票去買尚未償付的政府債券便可。但是，我們現在必須問，政府借錢來花有什麼效果？要分析這個問題，且讓我們假定私人支出未發生轉移，也就是說，起初私人支出並未因政府多支出一百美元而有所減少，所以那一百美元的支出效應完全沒遭到直接抵銷。注意，政府借錢來花，不會改變私人手上的貨幣存量。政府用它的右手向某些人借來一百美元，同時用它的左手把那錢交給它的支出對象。不同的人持有那一百美元，但人們持有的貨幣總量並沒改變。

簡單的凱因斯學派分析暗地裡假定，政府借錢對其他支出沒有任何影響。在兩種極端的情況下，這個假定可以成立。第一，假使人們完全不在乎持有的是債券還是貨幣，所以為了取得那一百元而出售的債券，答應買方的利息可以不用高於以前的這種債券的孳息（當然，像一百元這麼小的數目，實際上對必要的報酬率不會有顯著的影響，但這裡討論的是原則性問題，如果這一百元代表的是一百個百萬元或一百個千萬元，那麼政府借錢的實際影響便清晰可見）。以凱因斯學派的術語來說，這種極端的情況叫做「流動性陷阱」，人們在這種情況下拿「閒置的貨幣」購買債券。如果實際不是這種情況，而實際顯然也不可能老是這種情況，則政府為了出售債券便只得答應支付較高的利息。於是其他的借款者跟著也得支付比較高的利息。一般來說，這較高的利息將會打消潛在借款者的支出計畫。但是，如果這裡出現第二種極端的情況，則簡單的凱因斯學派分析仍將成立：如果潛在借款者如此固執自己的支出計畫，以致不管借款利息怎樣陡峭上升，都不會削減支出，或以凱因斯學派的術語來說，如果邊際投資效率曲線完全沒有利率彈性。

就我所知，沒有哪一位成名的經濟學家，不管自認為是多麼信仰凱因斯理論，會認為任何這兩種極端的假設在目前成立，或在任何相當大的借款與利息上升範圍內成立，或除了情況相當特殊外曾經成立過。然而，有不少經濟學家，更不用說非經濟學家，不管是否自認是凱因斯的信徒，卻毫不猶豫地相信，政府支出相對於稅收一旦增加，即便是借錢來融通，也必然是擴張性的，雖然如我們所見，這樣的見解暗地裡需要前述某一種極端情況的配合才能成立。

如果那兩種極端的假設都不成立，則政府支出一旦增加，將因為借錢給政府的那些人或原本要借用那些錢的人降低他們的私人支出，而遭到抵銷。政府支出增加究竟會被抵銷多少呢？這取決於貨幣持有者的行為。隱含在嚴格的貨幣數量學說裡的極端假設是，人們想要持有的貨幣數量，平均而言，完全取決於他們的收入或所得，和他們能從債券或類似有價證券獲得的利息毫無關聯。在這種情況下，因為總貨幣存量前後相同，總貨幣收入或所得也將必須相同，以便讓人們剛好滿足於持有那相同的貨幣存量。這意味著利率必須上升，直到所打消的私人支出金額恰好等於政府支出增加的金額。在這種極端的情況下，政府支出根本沒有任何擴張性意義。貨幣所得甚至不會增加，更別說真實所得，一切只是政府支出上升而私人支出下降。

我得提醒讀者注意，這是一則非常簡化的分析，完整分析，得寫一本很厚的教科書。但即便是這麼簡化的分析也足以證明，任何介於所得增加三百元和所得零增加之間的結果，都有可能發生。消費者越是固執要消費一定比例的所得，資本財的購買者越是不計利息成本固執要購買資本財，則結果將越接近凱因斯學派所言的增加三百元這一極端。相反的，貨幣持有者越是固執要在他們的現金餘額和他們的所得之間保持一定的比例，則結果將越接近嚴格的貨幣數量學說所言的所得零增加這一極端。人們究竟在哪一方面比較固執，是一個必須由事實來斷定的經驗問題，不是單憑分析推理就能夠決定的。

一九三〇年代的大蕭條之前，大部分經濟學家無疑會斷言，結果將比較接近所得零增加，而不是比較接近增加三百元。大蕭條之後，大部分經濟學家無疑會斷言結果正好相反。最近，多數的意見有回頭移動的跡象。遺憾的是，所有這些來回移動都算不上有令人滿意的證據基礎；它們依據的，不過是未經琢磨的經驗所觸發的直覺判斷。

為了得到一些比較令人滿意的證據，我曾經和我的幾個學生合作，廣泛地研究美國和其他一些國家的實際經驗，[2]成果令人動容。它們強烈顯示，實際的結果將比較接近貨幣數量學說的極端，而不是接近凱因斯學派的極端。根據我們的研究所得到的證據，似乎可以證明為正確的判斷是，政府支出假設增加一百元，預料將使所得平均僅增加約一百元，有時候少一點，有時候多一點。這意味著，政府支出相對於稅收的增加，沒有任何有價值的擴張性意義。它或許可使貨幣所得增加，但增加的所得全部會被政府支出吸收掉，私人支出則不會改變。由於物價在這過程中可能上漲，或下跌的幅度小於政府支出沒增加時，因此實質的私人支出可能變得比較小。和前述相反的命題，在政府支出下降時也成立。

這些論點當然不可以視為最後的結論。它們雖然有我所知最廣泛且最全面的一組證據作為基礎，但那組證據仍然有許多可以改進的空間。

然而，有一點卻是明確的。普遍接受的那些關於財政政策效應的見解，不管是對或是錯，至少遭到相當廣泛的一組證據否定。就我所知，沒有其他任何有系統或有

2 部分的研究成果被收入Milton Friedman and David Meiselman, *The Relative Stability of the Investment Multiplier and Monetary Velocity in the United States*, 1896-1958 (Commission on Money and Credit).

組織的證據，證明它們是正確的。它們是經濟神話的一部分，而不是經濟分析或定量研究論證過的結論。然而，它們卻已發揮巨大的影響力，為政府對經濟生活的深遠干預，取得廣泛的民意支持。

第六章　政府在教育方面的角色

資助高等院校而不是資助學生，一向導致不分好壞地資助所有適合高等院校的活動，而不是資助適合政府給予資助的活動。

正式的學校教育（schooling）如今由政府或非營利機構支付費用，而且也幾乎完全由政府或非營利機構經營。這種情況雖是逐步發展而來的，如今卻這麼被視為理所當然，以致幾乎不再有人公開關注學校教育被如此特殊對待的理由，即便是在組織與思想上自由企業色彩濃厚的國家亦然。結果是政府職權不分青紅皂白地獲得擴張。

根據第二章所闡述的原則，有兩個理由可以辯護政府為什麼介入教育事業。第一是存在顯著的「鄰里效應」；在這種情況下，個人的作為給他人帶來顯著的費用，可是實際上又不可能迫使他補償他人，或者個人的作為給他人帶來顯著的利益，可是實際上又不可能迫使他人補償他——這種情況使自願的交易不可能發生。第二是家父長思想對小孩和其他無負責能力者的關懷。鄰里效應和家父長思想，對(1)普通公民教育和(2)專門職業教育，有非常不同的含意。在這兩方面，政府介入的理由大不相同，可以辯解為正當的介入方式也很不一樣。

再一則開場感言：區分「學校教育」（schooling）與「教育」（education），有很重要的意義。並非所有「學校教育」都是「教育」，也並非所有「教育」都是「學校教育」。真正重要的課題是教育，而政府的作為大多僅限於「學校教育」。

普通公民教育

穩定的民主社會不可能存在，除非大部分公民有某一程度以上的讀寫能力和見識，並且除非他們普遍採納某一組共同的道德價值。教育有助於維繫這兩項必要條件。因此，教育一個孩子，不僅會使那個孩子或他的父母獲益，也會使社會其他成員獲益。教育我的孩子，增進社會民主與穩定，從而增進你的福祉。但是，實際上不可能明確認出哪些人或哪些家庭獲益，所以也不可能向獲益者收取費用，因此，這裡有顯著的「鄰里效應」。

哪種政府作為可以被這種鄰里效應辯解為正當？最明顯的答案是，政府要求每一個孩子都必須進入指定的學校接受一定年數以上的某種學習課程。政府可以只要求孩子的父母承擔這種責任，不必有任何進一步的作為，就好像要求屋主遵守政府頒訂的建築規範，或經常要求車主滿足頒訂的汽車檢測標準，以保障他人的安全那樣。然而，這兩種情況還是有所不同。那些沒有能力承擔費用以符合必要的建築規範或汽車檢測標準的人，通常可以把他們的房子或車子賣掉以擺脫相關責任，因此，這種要求通常可以強制實施，毋須政府給予補助。但是，迫使孩子和父母分離，只因父母無力承擔孩子必要的基本學校教育費用，顯然牴觸我們對家庭作為社會基本單位的倚賴，以及我們對個人自由的信仰。而且分離孩子和父母很可能傷害孩子的教育品質，不利孩子長成自由社會裡的公民。

如果在某個社區裡，大部分家庭可以輕鬆應付必要的學校教育所帶來的財務負擔，則要求父母直接支付孩子的學校教育費用，也許是實際可行，並且比較理想的作法。一些極端的個案，可以透過對貧困家庭的特別補助予以處理。目前美國有許多地方滿足這些條件，在這些地方，要求父母直接承擔孩子的學校教育費用，是極為理想的作法。目前為了向所有居民畢生收取稅金，然後在他們的小孩上學時把大部分收來的稅金還給他們，而必須設置的那一部分政府機器，將因為採取了這個理想的作法而撤除。政府進一步直接經營學校的可能性，也將因該作法而降低（下面會進一步討論這個問題）。當一般所得水準上升，補助學校教育費用的必要性降低時，學校教育費用中的政府補助成分跟著降低的可能性，也將因為採取該作法而增加。如果，像現在這樣，政府支付全部或大部分學校教育費用，則所得增加只會導致更大的一股資金往返流經稅收機器，以及導致政府角色擴張（譯者注：人民所得增加，所納稅款增加，流入政府手中，再由政府增撥教育經費流出。這樣的資金往返，往好的說，徒增政府無用的角色，而往壞的說，則讓政客與官僚有上下其手或不當干預教育方向的機會。）。最後但絕非最不重要的是，讓父母直接承擔小孩的學校教育費用，將使生養小孩的社會成本與私人成本趨於一致，因此家庭大小的分布情況可能會得到改善。[1]

家庭之間在資源和孩子數方面的差異，以及滿足頒訂的學校教育標準，需要家庭承擔相當大的費用支出，使得前述那樣理想的政策在美國的許多地方幾乎不可行。不僅在這些地方，連在那樣的政策大致可行的地方，政府都承擔學校教育的費用。它不僅承擔費用供所有小孩接受必要的基礎學校教育，也承擔費用供某些年輕人額外接受一些比較高級但非必要的學校教育。為這兩項措施辯解的一個理由是「鄰里效應」。政府之所以支付前一項學校教育費用，據說是因為，要強制落實每一個小孩都達到必要的基本學校教育程度，那是唯一可行的辦法。政府之所以資助額外的高級學校教育費用，據說是因為，那些比較有能力也比較有興趣的年輕人，額外上了比較高級的學校，成了較佳的社會與政治領導人才後，其他人也可以獲益。這些措施帶來的利益必須和它們的花費相稱，而對於學校教育費用應補助到什麼程度，人人真誠的判斷可能有相當大的差異。不過，我想，大部分人很可能會斷定，那些利益充分重大，足以正

1 這個政策將顯著影響家庭大小的事實，絕不像表面上那樣難以置信。例如，社經地位比較高的家庭群體的小孩出生率低於社經地位比較低的家庭群體，這個事實可能的解釋之一是，對前者來說，小孩相對比較貴，而這又大多是因為他們堅持比較高的學習標準（譬如說，要讀碩博士），以及他們承擔較高的學習費用。

當化某些政府補助。

這些理由只能辯解政府補助某些種類的學校教育。這裡要預先提一下，這些理由不能辯解補助純粹的職業訓練；這種訓練旨在提升學生的經濟生產力，不是要訓練他成為更好的公民或更好的領導者。但是要清楚區分這兩種學校教育非常困難。普通學校裡的大部分學習會增添學生的經濟價值——事實上，直到現代，而且也只在少數國家裡，讀寫能力才不再有什麼市場價值；而許多職業訓練也會擴展學生的眼界。但是，區分普通學校教育和職業訓練仍然是有意義的。像美國這樣普遍在政府資助的教育機構裡實施的，對獸醫師、美容師、牙醫師和其他許多專門職業訓練給予補助，是不可能同樣根據補助普通中小學，或補助較高級的文理學院的那些理由，予以辯解的。至於專門職業訓練補助是否可以根據某些相當不同的理由予以辯解，本章稍後會有所討論。

「鄰里效應」的定性論證，當然決定不了哪些種類的學校教育應該補助以及補助多少。對於學校教育內容，大家的意見最接近全體一致的那種基本程度的學校教育，給社會帶來的利益或許是最大的；程度越高的學校教育，給社會帶來的利益或許越低。但是，這個說法可不能視為完全理所當然。許多政府先長期補助大學，然後才開始補助較低級的學校。哪種教育會帶來最大的社會利益，以及應該在哪種教育花費多少社會的有限資源，必須取決於該社會透過它所接受的政治管道做出的判斷。此處分析的目的，不是要替社會決定這些問題，而是要澄清這樣的決定所涉及的一些議題，特別是由社會共同決定，而不是由個人分別決定是否恰當。

前面提到，規定某一必要的基本學校教育程度，以及此一學校教育程度由國家資助，可根據學校教育的「鄰里效應」予以辯解。但是，政府介入教育的第三步，亦即，教育機構由政府直接經營，或者說，將大部分「教育產業」「國營化」，就很難根據「鄰里效應」的理由，或就我所知，根據其他任何理由，予以辯解。教育產業國營化是否恰當的問題，很少被擺在檯面上討論。一般而論，政府向來是以直接支付教育機構的活動成本來資助學習，因此，國營化似乎是補助學校教育的政策決定所隱含的必要措施。然而，這兩項措施其實很容易切割開來。政府可以規定某一必要的基本學校教育程度，同時為了資助小孩達到此一學校教育程度，每年發給每一個小孩的家長某一數額的教育券，規定這些教育券如果花在購買一些「核准的」教育服務上，則服務的提供者可以拿那些教育券向政府兌換現金。於是，家長便可以自由利用那些教育券，連同任何他們自己額外付出的錢，向某個他們自己選擇的「合格」機構購買教育服務。那些教育服務可以由營利的私人企業或由非營利的事業機構提供。政府的角色將僅限於確保學校滿足一些基本標準，諸如學校提供的教育課程必須包含某一基本必要的共同內容，就好像政府現在檢查餐廳以確保所有餐廳都維持某一基本必要的衛生標準那樣。這種方案的一個極佳例子，是第二次世界大戰後，美國為退伍軍人提供的教育方案。每一位合格的退伍軍人每年都被給予一筆有上限的教育經費，可以花在他自己選擇就學的教育機構裡，只要該機構符合一些必要的基本標準。另一個施行範圍比較有限的例子是，英國某些地方政府按照某種規定，支付某些在非公立學校就學的學生學費。另外一個例子是，法國政府根據某種安排，支付在非公立學校就學的學生部分學費。

有一套依據某種「鄰里效應」為學校國營化辯解的說法認為，除非國營化，否則學校便不可能培養社會穩定所必備的那一套共同的核心價值。如果照前面所建議的那樣，要求私立學校必須符合某些基本的教學標準，也許還不足以達成該目的。這個議題可以利用不同的宗教團體所舉辦的學校，給予具體的說明。有些人也許會說，這些教區附設學校會灌輸學生一些價值觀，那些價值觀不僅彼此互不相容，而且也和非教區附設學校所灌輸的價值觀不一致；各行其是的學校，就這樣把教育變成一股社會衝突分化，而非和諧統一的力量。

上面那套說法，如果推演到極端，不僅將要求政府經營學校，也將要求所有學生都必須到政府經營的學校就讀。美國和大部分西方國家，現行的安排是一種折衷辦法

——有政府經營的學校可以上，但不強制學生必須去上。然而，政府資助就學和政府經營的學校掛勾，使其他學校居於競爭劣勢；其他學校幾乎得不到任何政府補助就學費用的好處——這種情況向來是許多政治爭議的源頭，尤其是在法國和現在的美國。有人擔心，消除此一劣勢，恐將大大強化教區附設學校的地位，從而使共同的核心價值更難養成。

該套說法固然很有說服力，然而它是否正確，卻絕非沒有任何疑義，或者說，將學校去國營化，不見得會產生該套說法所擔心的後果。就原則而論，該套說法牴觸自由本身的保全。要劃一條線，分隔一邊是培養社會穩定所需的社會共同價值，而另一邊則是灌輸抑制思想與信仰自由的教條，真是談何容易；這兩邊的中間是一條那種說來簡單，卻很難清楚標明的模糊界線。

就實際效果來說，將學校教育去國營化會擴大家長的選擇空間。如果，像現在這樣，家長毋須特別花錢，便可以把孩子送進公立學校接受教育，那就很少有家長能夠或願意把小孩送進其他學校，除非其他學校也獲得補助。教區附設學校得不到任何公共教育經費的補助，就此而言，它們居於劣勢；但是，它們由願意補助它們，而且也能夠籌措資金補助它們的機構經營，因此它們的劣勢多少獲得彌補。私立學校很少有其他補助資金來源，如果目前的公共教育經費可供家長自由使用，不管他們把小孩送進什麼學校，那就會有許多不同的學校湧現出來滿足他們的需求。於是家長便可以比現在更可能，以幫他們的小孩轉換學校就讀的方式，直接表達他們對學校的看法。一般來說，他們現在若要採取這種方式表達他們的意見，必須承擔相當大的費用，把他們的小孩送進私立學校或改變他們的住所。要不然，他們只能透過麻煩的政治管道表達他們的意見。在政府經營的學校體系裡，也許可以稍微讓家長有多一點選擇學校的自由，但政府有責任為每一個小孩提供就學機會，因此實際上很難讓家長有多大的這種自由。在教育方面，就像在其他方面那樣，競爭性企業很可能遠比國營企業或為其他目的而辦理的企業，更有效率滿足消費者的需求。所以，最後的結果也許是教區附設學校會越來越式微，而不是越來越重要。

有一個相關因素同樣導向去國營化的主張，那就是，把小孩送進教區附設學校就讀的家長，可以理所當然地不願意加稅以資助更多的公立學校經費。結果是，在教區附設學校相當重要的地方，很難為公立學校籌措經費。由於品質無疑和經費多少有些關係，因此就經費影響品質的程度而言，這些地方的公立學校往往品質較差，因此教區附設學校也就相對比較具有吸引力。

有另一個特別的見解，同樣主張必須有政府辦理的學校，否則教育不可能成為一股統一的力量；這個特別的見解認為，私立學校會加劇社會階級分化。如果有較大的自由選擇子女就讀的學校，同一類的家長便會聚集在一起，以致阻礙背景明顯不同的孩子有益地混合在一起學習。姑且不論這個見解原則上是否正確，但是否真的會有它所擔心的結果並非毫無疑問。在目前的安排下，住宅區分級化實際上限制了背景明顯不同的孩子混合在一起。另外，目前的安排並未禁止家長把子女送進私立學校。如果不算教區附設學校，目前只有極少數非常有錢的階級才能夠或確實把他們的子女送進私立學校，這就造成更進一步的階級分化。

事實上，我覺得，這個見解似乎導向幾乎完全相反的結論，亦即，導向學校教育應該去國營化。問問你自己：一個普通低所得社區裡的居民，更別說是大城市裡的黑人社區居民，在哪一方面處境最為不利。如果他很看重，譬如說，一輛新車，他可以靠儲蓄累積足夠的錢去買一輛和高所得的郊區居民同款的車子。他若要儲蓄買車，用不著搬到郊區去住。相反的，在居住條件上儉約一點，反倒可以讓他累積一部分買車的錢。而這道理也同樣適用於衣服、家具、書籍和其他他足夠看重的東西。但是，假設某個貧民區裡某個貧窮家庭有一個天資聰穎的孩子，而且也假設這個家庭很看重孩子的學校教育，願意為該目的而節衣縮食，除非該家庭能在為數非常少的某私立學校得到特殊待遇或獎學金幫助，否則它的處境就很困難。「好的」公立學校位於高所得社區，該家庭也許願意在它所支付的教育稅之外，再多花一些錢讓它的小孩得到更好的學校教育，但是，它不太可能負擔得起同時搬到房價較貴的社區裡住。

我認為，我們在這些方面的想法，仍然受到從前只有一所學校可供所有小孩無論貧富一起上學的小市鎮情況的拘束。在這種情況下，公立學校很可能具有使機會平等的作用。但是，隨著都市與市郊的擴張，實際情況已經徹底改變。我們目前的學校體制，別說使機會平等，實際作用很可能正相反。它使優秀的少數要掙脫他們出生時的貧困比什麼都難，而這少數又正是我們社會未來的希望。

另一個主張將學校教育國營化的理由是「技術性獨占」。在小社區和鄉村地區，小孩的人數也許太少，不容許有多所規模合理的學校存在，因此不可能倚賴競爭來保護家長與孩子的利益。像其他技術性獨占的場合，可供選擇的對策是不受限制的私人獨占、政府管制的私人獨占、和政府獨占——我們只能在這三害當中做出選擇。這個技術性獨占的理由，儘管顯然正確有效，但近幾十年來，由於運輸技術進步和人口越來越往都市集中，已經被大大弱化。

前述那些考量最接近證明為妥當的安排，至少就初級與中級學校教育而言，也許是公立與私立學校並存的體系。選擇把他們的小孩送進私立學校的家長，政府將給付一筆錢，估計等於在公立學校裡教育一個小孩的成本，這筆錢或更多必須花在某所通過核准的學校裡教育小孩。這個安排將照顧到「技術性獨占」的說法中還算正當的那部分。它也將照顧到某些家長正當的不平之鳴，亦即，如果他們把小孩送進沒獲得補助的私立學校就讀，他們就得為小孩的教育支付兩次費用——一次以一般賦稅的形式支付，另一次直接付給小孩就讀的私立學校。它將允許競爭在學校體系中發展，於是，所有學校的發展與進步將受到激勵。引進競爭將大大促進健康多樣的學校體系，它也將為學校體系大幅引進彈性。它的一個絕非最小的好處是，使學校老師的薪資反映市場供需力量。藉此，它將給政府當局一個公正的標準，可用來判斷老師的薪資等級是否恰當，從而促進更快的調整，以反映實際供需情況的變化。

普遍有人主張，在學校教育方面，最需要的是撥付更多經費，以建設更多更好的學校，並且支付更高的薪水給老師，以吸引更好的老師。這似乎是一個錯誤的診斷。花在學校教育的支出一直以非常高的速率增加，遠高於我們總收入增加的速度。老師薪水增加的速度，一直比類似職業的報酬來得快很多。問題主要不在於我們花的錢太少——雖然這可能是實情——而在於我們花出去的每一塊錢回報太少。花在許多學校，去興建宏偉的校舍與豪華的校園的那些錢，被歸類為學校教育支出，也許還算適當。但是，若要把它們一樣當作是教育費用，那就很牽強。顯然同樣牽強的是，編籃子、社交舞和其他許多彰顯教育家創意無限的特殊才藝課程所花的費用。我必須說，不會有人想到要反對家長，如果他們願意的話，把他們自己的錢花在這些不必要的課程上。那是他們的自由。我反對的是，使用對家長和非家長一體課稅所籌措到的錢去開辦那些學習課程。可以合理辯解如此使用稅收的「鄰里效應」在哪裡？

公帑之所以這樣使用，主要原因在於，目前的制度把學校的經營和學校的經費財源捆綁在一起。偏好看到教育支出用在更好的老師和教科書，而不是用在球隊教練和教室走廊的家長，除了說服多數家長為全體家長改變學校教育的支出內容外，沒有其他方式可以表達他們的特殊偏好。這是我們在前面第一章討論過的那個一般原則的一個案例；亦即，市場允許每一個人滿足他自己的偏好——市場是有效的比例代表制——而政治過程則強迫大家接受統一的結果。另外，想要多花一些錢教育小孩的家長也大受限制，他們不能在目前那筆用來供他們的小孩上學的費用上增添一些錢，把他們的小孩轉到另一所費用相對比較高的學校就讀。如果他們真把小孩轉到那一所學校就讀，他們就必須支付全部的費用，而不單是額外的費用。他們只能把額外的錢輕率地花在一些課外活動上，譬如，舞蹈班、音樂班等等。因為可供那些想要多花一些錢來教育小孩的家長宣洩其需求的私人出口，是這麼受到堵塞，以致這種需求的壓力，便體現在越來越多的公共支出，花用在一些與政府之所以介入學校教育的基本理由，越來越不相干的項目上。

這裡的分析隱含，如果採用前面建議的安排，政府的學校教育支出很可能變少，但總教育支出可能增加。這個安排將可以讓家長更有效率地買到他們想要的，從而導致他們為教育子女所花的錢，會比他們現在直接花的，和透過納稅間接花的加起來還要來得多。這個安排將使那些想要多花點錢教育子女的家長，不再因為目前的學校教育體制在教育經費應該怎麼花的問題上，要求全體接受同一意見，以及因為某些目前沒有小孩上學的人，尤其是那些將來也不會有小孩上學的人，可以理所當然地不願意投票迫使自己繳納更多稅捐，去資助一些往往和他們所瞭解的教育八竿子打不著的項目，而無法如願。[2]

至於老師的薪水，主要的問題不在於他們的薪水平均太低——他們的薪水很可能平均太高——而在於他們的薪水太過均一與僵化。不好的老師薪水太高，而好的老師薪水則是太低；薪級傾向均一，而且多半取決於年資、學歷和所擁有的教學證書，而不是取決於教學績效。這種情況也大多是目前的公營學校體系所造成的，而且隨著接受單一政府控制的學校體系變得越大，這種情況就越嚴重。事實上，會產生這種情

---

[2] 一個涉及另一個行業，但說明相同效應，令人印象深刻的例子是英國國營醫療體系。在一篇審慎精闢的研究中，D. S. Lee確切地證實，（英國）「國營醫療體系的支出絕非過度，其實它一直遠少於消費者在自由市場的情況下很可能會選擇花用的金額。醫院建築的品質特別令人感到遺憾。」見“Health Through Choice,” *Hobart Paper 14* (London: Institute of Economic Affairs, 1961), p. 58.

況，正是一些教職員工會之所以如此強烈贊成擴大學區單位的主要原因；所謂擴大學區單位，是指由各地方政府控制的學區，擴大為由某一州政府控制的學區，或由各州政府控制的學區，擴大為統一由聯邦政府控制的學區。在任何官僚組織或任何本質上屬於公務機關的組織，標準薪級幾乎是免不了的；幾乎不可能模擬市場競爭，按照服務績效給付差別很大的薪資。於是學校教育變成主要是由教育家，也就是說，由學校老師他們自己來控制，家長或地方社區變成幾乎沒有什麼影響力。在任何行業，不管是木工或水電工或教書，大多數從業人員之所以贊成標準薪級而反對按照工作績效給付差別薪資，顯然是因為特別有才幹的人永遠只是少數。這無非是人們通常傾向想方設法，不管是藉由工會或產業獨占，勾結起來，操縱價格的一個常見的案例。但是，串通共謀的協議通常會被競爭摧毀，除非政府執行那些協議，或至少給予它們相當大的支持。

如果有人執意要設計一套招聘與給付制度，打算用來趕走那些活潑、新穎與自信的教師，並且引來那些呆板、平庸與無趣的教師，那麼除了模仿已在某些大城市和州教育體系發展出來的那一套，要求老師須取得教學證書，並且按照標準薪級架構給付酬勞的制度外，他幾乎不可能設計得更好。令人驚訝的也許是，在這種招聘與給付制度下，初級和中級學校的教學能力還能維持在目前這樣高的水準。前文建議的那個替代制度將解決這些問題，讓競爭實際決定老師教學績效的報酬，並吸引有能力的人任教。

在美國，政府介入學校教育，為什麼是沿著過去那樣的路線介入呢？我不具備確切回答這個問題所需的那種詳細的教育史知識。儘管如此，下面的臆測也許有助於提示可能使適當的社會政策產生變化的一些因素。我絕不敢說，我在這裡提倡的那些安排，在一世紀前就已經是該採取的了。在交通便利普遍成為事實之前，「技術性獨占」的理由比現在要更有份量得多。同等重要的是，在美國，十九世紀和二十世紀早期，主要的問題不在於增進文化多樣性，而在於培養一個穩定的社會所不可或缺的共同核心價值。那時候來自世界各地的移民如潮水般湧入美國，他們講不同的語言，遵守不同的習俗，美國這個「熔爐」必須在一定程度上，引進對某組共同價值的服從與忠誠。公立學校在這方面有重要的作用，其中一個不可小看的步驟是推行英語作為通用的語言。如果當時換成是實施前面所建議的那個教育券制度，那些想通過資格審核的學校必須符合的基本標準條件可以包含使用英語教學，但是，要保證此一規定在私立學校體系裡被推行與滿足，那也許就比較困難。我的意思不是說，公立學校體制在當時肯定優於教育券制，而只是說，當時支持公立學校的理由遠比現在要堅強得多。我們美國現在的問題不在於怎樣促使民眾一致服從於某一套共同價值；價值過度劃一反倒是我們現在的隱憂。我們現在的問題是怎樣培養文化多樣性，而這種工作由教育券制來做，會遠比公營學校體系有效得多。

另一個在一世紀前也許算是重要的考量因素是，當時一般民眾認為接受現金贈與（「施捨」）敗壞個人名聲，加上當時也欠缺一個有效率的機制，可以辦理教育券分發和稽查其使用事宜。能承擔這種工作的機制是一個現代的產物，是隨著對個人課稅和各種社會安全計畫的巨大擴張才粲然大備的。在欠缺這種機制的情況下，政府直接經營學校，或許會被視為唯一能夠資助教育的辦法。

正如上述某些例子（英國與法國）所示，美國目前的教育體系包含我所建議的教育券制的一些特徵。在大多數西方國家，一直有很強大的壓力朝這種教育券制發展，而且我認為這種壓力正在加強。這也許有一部分是緣於現代行政機構的發展，有助於教育券制的順利施行。

從現行的教育體制轉換成教育券制，以及該制實際施行時，雖然會出現許多問題，但這些問題似乎不是無法解決的，也不是該制特有的。就像其他去國營化的措施那樣，現存的校舍與設備可以賣給希望加入教育行業的私人企業，因此，在教育體制轉換的過程中，將不會有資本浪費的問題。因為某些政府單位，至少在某些教育領域，將繼續經營學校，所以體制的轉換將是逐步和緩的。在美國和其他某些國家，現行由地方政府管理學校教育的事實，因為有利於小規模的新制試行實驗，將同樣方便教育體制的轉換。在決定哪個人有資格從哪一政府單位獲得教育券時，無疑會碰到一些難題，但是，這種難題和現行體制怎樣決定哪一政府單位有義務提供學校教育機會給哪一個孩子的難題是完全一樣的。教育券贈與金額大小不一，將使某些地方比其他地方更誘人，正如目前各地方學校教育品質不一也產生同樣的效應。唯一額外的麻煩是，由於家長有較大的自由可以決定在什麼地方教育他們的孩子，可能會有較大的機會濫用其自由。所謂行政管理困難，無非是維持現狀、抗拒任何改革的一個標準藉口；在這場合，這種藉口甚至比老生常談還要薄弱，因為現行的教育體制不僅同樣必須克服教育券制所引起的一些重大問題，還必須克服因為把經營學校當成政府的一項職能，而引起的諸多額外問題。

學院和大學層級的學校教育

前面的討論大多關係到初級和中級學校教育，至於更高級的學校教育方面，根據鄰里效應或技術性獨占的理由而提出的國營化主張，道理更為脆弱。就最低層級的學校教育而言，對於民主社會裡的公民教育方案該有什麼內容，大家的意見相當一致，甚至接近一致——培養讀、寫、算的能力，涵蓋這種教育方案的大部分內容。但是，越高層級的學校教育該有什麼內容，大家的意見便越不一致。毫無疑問地，在遠低於美國式學院的學校教育層級，便沒有足夠一致的意見可以正當地強迫全體接受某一絕對多數的意見，更不用說接受某一相對多數的意見。這方面的意見不一致，確實可能擴大到引起人們質疑政府補助這個層級的學校教育是否適當；無論如何，意見的歧異肯定大到足以削弱任何基於培養共同的核心價值，而提出的將此層級的學校國營化的主張。鑒於人們能夠，並且事實上遠赴異地的高等學府就學，所以這個層級的學校教育幾乎不會有任何「技術性獨占」的問題。

在美國的高等教育方面，公立學校的角色小於它在初級和中級學校教育方面的角色。然而，公立高等學府的比重曾大幅成長直到一九二〇年代，目前它們占所有在學院與大學就學的學生數的一半以上。[3] 公立高等學府所占比重之所以提高，一個主要原因是它們相對便宜；大部分州立和市立學院與大學收取的學費，遠低於私立大學盡其所能地節省成本也必須收取的水準。因此，眾多私立大學一直有嚴重的財務問題，一直很有理由抱怨「不公平」競爭。它們一直想要保持獨立於政府影響之外的地位，

[3] 見George J. Stigler, *Employment and Compensation in Education* ("Occasional Paper" No. 33, [New York: National Bureau of Economic Research, 1950]), p. 33.

但是，同時一直覺得迫於財務壓力，而不得不尋求政府援助。

前面的分析，指出一條可以找到圓滿解決前述問題的途徑。資助高等學校教育的公共支出，可以合理辯解為一種訓練青年人成為較好的公民和社會領袖的手段——雖然我必須說，目前用來資助純職業訓練的那一大部分公共支出，正當性不可能用這個理由給予辯護，甚至，如下所述，也不會有任何理由能夠辯護為正當。將資助對象侷限在某個州立高等學府取得的教育服務，完全沒有任何正當的道理可言。任何資助金都該交給人們用在他們自己挑選的高等學府接受教育，只要這教育是某種值得公共支出資助的項目。任何保留下來的公立高等學府都該收取足以抵付教育成本的學費，並在這樣收費的基礎上，和非政府支持的高等學府公平競爭。[4]最後形成的制度，大體上將仿照美國在第二次世界大戰後，為了資助退伍軍人的教育而採取的那種安排，除了經費或許來自各州政府而不是來自聯邦政府。

採取這種安排，將促進各種不同的學校之間的有效競爭，促進它們的資源利用更有效率。這種安排將消除私立學院與大學不得不爭取直接政府財務援助的壓力，從而保持它們充分的獨立性與多樣性，同時讓它們取得相當於公立院校的成長機會。它

4　我在這裡刻意避開公共支出對基礎研究的資助。我一直狹義地定義學校教育，為的是將那些會把討論範圍變得大而無當的考慮排除在外。

或許還會有一附帶的好處，亦即，它可能促使人們仔細審查政府資助想要達成哪些目的。資助高等院校而不是資助學生，一向導致不分好壞地資助所有適合高等院校的活動，而不是資助適合州政府給予資助的活動。甚至粗略檢視便可顯示，雖然這兩類活動有重疊之處，但它們畢竟絕不相同。

在學院和大學的層級，由於有為數眾多且性質不同的私立院校，為了公平起見，顯然更應當實施直接資助學生的教育券制度。例如，俄亥俄州政府對它的公民說，「如果你有一個小孩想要上大學，我們將自動地給他（或她）一筆可觀的為期四年的獎學金，只要他（或她）能夠滿足相當低的學歷條件，並且只要他或她足夠聰明選擇到俄亥俄州立大學唸書。如果你的小孩想要，或者你想要他（或她）去上奧柏林學院，或去上西部儲備大學，更別說去上耶魯大學、哈佛大學、西北大學、伯洛伊特學院、或芝加哥大學，那就不會有分毫的獎學金。」這樣的一個方案怎可能會有什麼正當性？把俄亥俄州希望花在高等教育的那些錢，拿來資助可在任何一所學院或大學使用的獎學金，並且要求俄亥俄州立大學和其他學院或大學公平競爭，會不會比前述方案更公平許多，也更能提升學術水準呢？[5]

5 我在這裡不以伊利諾州而以俄亥俄州為例，是因為在我於一九五三年發表那篇後來改寫成本章的論文後，伊利諾州便沿著我所建議的途徑往前走了部分里程，採取了一個方案，提供可在州內任何一所私立學院或

職業或專業學校教育

職業或專業學校教育，沒有上述那種歸屬於普通教育的鄰里效應。這種學校教育，是人力資本的一種投資形式，和機器、廠房或其他非人力資本的投資形式完全類似。它的功用是提高個人的經濟生產力，如果它真的產生了功用，那麼，在一個自由企業的社會裡，個人獲得的回報就是，他所提供的勞務有較高的收益，高於他沒接受這種學校教育時能夠得到的收益。[6]收益的差異是資本投資的經濟誘因，不管是機器資本投資或人力資本投資。在這兩種場合，額外的收益必定都會和取得收益的成本相互平衡。就職業學校教育來說，主要的成本是訓練期間損失的收入，收益期的起點延後所損失的利息，以及接受訓練時的一些特別費用，諸如學費和書籍與工具費用。就實物資本來說，主要的成本是建造資本設備的費用，建造期間損失的利息。在這兩

大學使用的獎學金。加利福尼亞州也有相同的作法。維吉尼亞州基於一個非常不同的理由（為了規避族群融合計畫），採取了一個類似的方案，適用較低層級的學校教育。維吉尼亞州的方案將在第七章討論。

6 增加的收益可能只有一部分以金錢形式呈現；增加的收益也可能包含職業訓練，使個人適合承擔的那種職業所附帶的一些非金錢形式的好處。同樣的，該職業也可能有一些非金錢的壞處，這時，這些壞處必須算入投資於該職業訓練的成本。

種場合，個人想必會認為值得投資，如果在他看來，額外的收益大於額外的成本。[7]在這兩種場合，如果某個人決定進行投資，並且如果國家既不資助投資也不對收益課稅，則一般來說，該人（或其父母、贊助人、恩人）將承擔所有增加的成本，並且收取所有增加的利益：既沒有顯然未被承擔的成本，也沒有不能占為私有的利益，使私人投資的誘因，有規則地偏離就社會整體觀點而言適當的誘因。

如果人力資本投資所需的資金，不管是透過市場、透過當事人、父母或恩人直接供應，和實物資本投資所需的資金同樣容易取得，則這兩方面的資本收益率應當會傾向大致相等。如果非人力資本的收益率比較高，父母會傾向為他們的孩子購買這種資本，而不會把相應的資金投資在孩子的職業訓練上，反之亦然。然而，實際上，有相當多證據顯示，人力資本的投資收益率遠高於實物資本的投資收益率。此一差異暗示人力資本投資不足。[8]

人力資本投資不足或許是反映資本市場的某一缺憾——人力資本投資不可能像實

7 關於人們選擇職業時的種種考慮，比較詳細和精確的論述，請見Milton Friedman and Simon Kuznets, *Income from Independent Professional Practice* (New York: National Bureau of Economic Research, 1945), pp. 81-95, 118-37.

8 見G. S. Becker, "Underinvestment in College Education?" *American Economic Review, Proceedings* L (1960), 356-64; T. W. Schultz, "Investment in Human Capital," *American Economic Review*, LXI (1961), 1-17.

物資本投資那樣容易獲得融資。箇中原因，顯而易見。如果某筆定額貸款被用來融通某項實物資本投資，貸款人能夠以取得對該實物資產本身的抵押權或剩餘價值索取權來保障貸款的安全性，這樣他便可以指望在借款人違約時，透過拍賣該實物資產，至少取回他的一部分投資。如果他把相稱的一筆資金借出去提高某個人的賺錢能力，他顯然不可能為其貸款投資的安全性取得任何相稱的保障。在一個非奴隸國家裡，體現他的貸款投資價值的那個人不可能被買或被賣。即便那個人可以買賣，該筆貸款的安全保障也沒有什麼可比性。實物資本的生產力，一般來說，和原始借款人的態度是否配合，沒有什麼關係；而人力資本的生產力，顯然和原始借款人是否配合，有很大的關係。因此，貸款給某個人訓練他的技能，如果他除了未來的個人收入外，提不出其他任何保證還款的擔保品，那貸款給他就遠比貸款給別人蓋房子更不是一樁誘人的生意；前一種貸款的安全性比較低，而事後收取貸款本息的成本卻又高得多。

硬要以本就不合適的定額貸款方式融通人力訓練，會引來另一個麻煩的問題——人力資本投資必然帶有相當風險。平均預期報酬也許很高，但是，個別投資的報酬也許差異很大，有的遠高於平均值，有的則是遠低。身亡或肢體傷殘是報酬差異的一個明顯的原因，但是，這個原因的重要性可能遠遠比不上個人在能力、幹勁和運氣好壞上的差異。因此，如果以定額貸款方式融通人力訓練，而且只以預期的未來收入作為還款擔保，那就會有相當大的一部分貸款永遠得不到償還。若要使貸款人願意提供貸款，所有這種貸款所收取的名目利率，就必須高到足以彌補部分貸款被拖欠所造成的本金損失。於是，超高的名目利率不僅將違反禁止高利貸的法律，也將使借款人退避三舍。[9]面對其他風險投資也有的同類問題時，人們採取的辦法是股權投資，加上股東只承擔有限責任。教育投資方面的對應辦法是「購買」某個人的一部分收入前景；預付給他學習技能所需的資金，條件是他同意支付給出資人事先約定的一部分他未來的收入。這樣，出資人將從相對成功的個人那裡拿到比他初始的投資還多的回報，以彌補他不能從比較不成功的個人那裡，收回其初始投資的損失。

似乎沒有任何法律阻礙人們簽訂這種私人契約，即使就經濟意義而言，它們等於購買某個人的一部分賺錢能力，因此等於是局部的奴隸契約。這種契約，儘管對貸款

9 儘管有這些阻礙貸款的問題，有人卻告訴我說，在瑞典，貸款向來是一種很普遍的融通教育的方式，而且貸款的利率也顯然不算頂高。一個近似的解釋或許是：在瑞典，大學畢業生的收入差異程度比在美國小很多。但是，這不是最後的解釋，甚至也許不是教育貸款之所以在瑞典很常見而在美國卻很少見的唯一或主要的理由。瑞典和類似國家的經驗很值得進一步研究，以便檢驗前面提出的那些理由，是否足夠解釋為什麼美國和其他國家欠缺一個高度發展的融通職業教育的貸款市場，或是否還有其他一些可能比較容易排除的障礙在作祟。
近幾年，美國私人企業給大學生的貸款有一令人振奮的進展。主要的進展得歸功於聯合學生援助基金的激勵，該基金是一個非營利機構，它為個別銀行給學生的貸款提供擔保。

人和借款人雙方都有潛在的好處，迄今卻不普遍。之所以如此的一個理由，大概是這種契約的管理成本相當高，因為借款人有到處移居的自由，需要取得精確的借款人個人收入記錄，以及這種契約的有效期限很長。當借款人平均的借貸金額不大，而其住所散布的範圍又很廣的時候，管理成本或許會特別高。這種型態的投資之所以從未在私人主辦下發展起來，這種成本很可能是主要的原因。

然而，其他若干因素的累積效應似乎也扮演了一個重要的角色。這些因素包括：這個想法太過新奇；人們厭惡把人力資本投資想成恰恰相等於實物資產投資，因此很可能非理性地譴責這種契約，即使簽約的雙方是自願的；以及最適合從事這種教育投資的金融仲介機構，亦即，人壽保險公司，受到某些法令和傳統思想的拘束。但是，潛在的利益，尤其是對市場開創者而言，是如此巨大，以致即便需要花費極高的管理成本，或許也值得嘗試。[10]

---

10 臆測怎樣才能做成這種生意，以及臆測一些可能從這種生意附帶獲利的方法，是很好玩的事兒。最先從事這種生意的企業，只要規定它們願意給予融資的個人必須符合很高的品質標準，便能夠挑選最好的投資標的。如果它們確實做到這一點，它們將可提高它們的投資的獲利能力，只要得到公眾承認，它們的融資培養出來的那些人品質優越：「訓練成本由XYZ保險公司融資」，這樣的招牌，也許可以變成是一個可以吸引顧客上門的品質保證（就像「被《時尚好管家》雜誌認可」那樣）。各式各樣的其他普通服務也可以由XYZ公司提供給「它的」醫生、律師、牙醫師、其他專業人士等等。

無論原因是什麼，資本市場的某一缺憾畢竟已經導致人力資本投資不足，因此，政府介入或許可以被合理辯解，不管是基於阻礙人力資本投資的是高管理成本這個算是「技術性獨占」的理由，或是基於人力資本投資之所以不足，純然是因為金融市場有許多導致摩擦和阻礙變通的因素，需要政府介入，以改善市場的運作效率。

如果政府真要介入，那它應該怎樣介入呢？一個顯而易見的介入方式，並且是迄今唯一被採取的方式，是政府完全資助職業或專業學校教育，所需經費來自一般稅收。這個方式顯然不適當，投資水準應該提高或壓低到邊際報酬恰好償還投資成本，並且帶來等於市場利率的投資收益率。在人力資本投資的場合，邊際報酬呈現的形式是，個人的勞務報酬高於他原本值得的報酬。在市場經濟裡，個人是以他個人收入的形式取得這種投資報酬。如果投資由政府資助，他將沒承擔任何成本。因此，如果政府將資助開放給所有想要接受技能訓練，並且能夠達到最低資質標準的人，那便很可能導致人力資本過度投資，因為人們會有取得技能訓練的誘因，只要訓練能為他們帶來任何超過私人成本的收益，即便這收益不足以償付訓練所投入的資本，更別說產生任何投入資本的利息。為了避免過度投資，政府必定會限制資助的金額。即使撇開怎樣計算「正確的」投資金額這個難題不談，這種限制也將免不了會把有限的投資金額，在比它能夠資助的還要多的申請人當中，以某種基本上任意武斷的方式實施配給。有幸得到資助訓練的那些人將獲得全部的投資報酬，而投資成本則將由一般納稅人負擔——這是完全任意武斷，而且幾乎肯定是乖謬悖理的所得重分配。

這裡想要的，不是所得重分配，而是要讓資本按相對平等的條件，供應人力資本與實物資本投資。人們應該自己承擔投資的成本，得到投資的報酬。當他們願意承擔人力資本投資的成本時，他們不該遭到資本市場的缺憾阻撓而不能進行這種投資。一個解決的辦法是，讓政府從事人力資本的股權投資。某個政府機構可以提供融資或融資協助，給任何符合最低資質標準的人接受技能訓練。它將每年提供某一數目的資金，持續某一約定的年數，條件是那些資金必須花在某一被認可的教育機構，以取得技能訓練。接受資助的人，作為回報，將同意為他得自政府的每一塊錢，在未來每年，就其年收入超過某一約定下限的部分，支付給政府某一約定的百分比。此一款項的支付可以很容易和所得稅的繳納合併，因此所涉及的額外管理費用想必相當有限。上面提到的年收入下限，應該設定在等於未經專業訓練之人的估計平均年收入；支付給政府的那個收入百分比應該經過精算，然後設定在能使整個計畫的財務自動平衡的水準。按照這個辦法，獲得技能訓練者實質上將全體承擔全部的訓練成本。於是，究竟投資多少便可以交給個人自由選擇。只要這是政府融通職業或專業訓練的唯一方式，而且只要估算的收入反映一切有關的報酬與成本，則人們的自由選擇將傾向產生最適當的投資。

不幸的是，上述第二項附帶條件不太可能完全滿足，因為不可能把前文提到的那些非金錢報酬也納入估算的收入中。所以，實際上，在這個計畫下，人力資本的投資仍將略微偏少，而且投資的分布情況也將不是最適當的。[11]

鑒於幾個理由，最好是由私人金融機構和非營利機構，譬如基金會和大學，來發展這個計畫，因為在估計收入下限，和超過下限的收入部分中，應支付給政府的百分比時，必定會遇上的一些難題，會讓整個計畫有巨大的危險變成一個政治皮球，永遠懸而未決。對於估算使整個計畫的財務自動平衡的那些數據，現有關於各種職業的收入資訊頂多只是提供粗略的參考。另外，收入下限和支付給政府的超限收入百分比也應該因人而異，以反映任何能夠事先預測的個人賺錢能力差異，就像人壽保險費率按照不同群體的預期壽命差異而有所不同那樣。

就管理費用是私人機構發展這樣一個計畫的主要障礙而言，適合提供資金的政府單位是聯邦政府，而不是比較小的政府單位。譬如，就掌握它給予融資的那些人的行

11 我要感謝Harry G. Johnson和Paul W. Cook, Jr.，由於他們的建議，我才加入這段限制性說明。前引Friedman and Kuznets的那篇論文，對非金錢的好處與壞處怎樣影響各種不同職業的金錢收入，有更充分的討論。

蹤而言，任何一個州政府所花的費用和一家保險公司沒有兩樣。對聯邦政府來說，這些費用能夠降至最低，雖然不可能徹底消除。例如，移民外國的人雖然在法律上或道德上仍有義務支付約定的那部分個人收入，但要強制執行這個義務也許很困難，需要花掉一大筆費用，因此，高度成功的人士也許會有移民國外的動機。當然，在目前的所得稅制下，類似的問題也會發生，甚至更為嚴重。由聯邦政府經營這樣的計畫時，所遇上的這個和其他一些管理問題，雖然在細節上無疑相當麻煩，但是，似乎不是很嚴重。真正嚴重的是上面提到的那個政治問題：怎樣防止這樣的計畫變成一個政治皮球，甚至在踢來踢去的過程中，從一個財務自動平衡的計畫變成一個補貼職業教育的手段。

雖然這危險是真實存在的，可是機會也同樣存在其中。資本市場現有的那些缺憾，傾向將比較昂貴的職業與專業訓練侷限給某些人，這些人的父母或恩人出得起錢供他們接受必要的訓練。那些市場缺憾讓這些人變成一個免於競爭的「非競爭」集團，因為許多有能力的人得不到融資，以致欠缺必要的訓練，結果是使財富與地位的不平等繼續存在。發展像上述那樣的融資安排，將使資本供應更為普及一般民眾，從而大大促使機會平等成為事實，大大降低所得與財富的不平等，大大增進社會人力資源的充分運用。而且這樣的融資安排，在促進這些社會理想的過程中，並不是透過阻礙競爭，摧毀經濟誘因，治標不治本等等，像赤裸裸的所得重分配政策必定隱含的那樣，而是透過強化競爭，使經濟誘因更有效，消除社會不平等的根本原因。

第七章　資本主義與歧視

在任何社會裡，那些最具壟斷性的領域永遠是歧視的淵藪，而那些最自由競爭的領域，對特定膚色或宗教信仰群體的歧視總是最輕微的。

一個明顯的歷史事實是，資本主義的發展，一向伴隨著某些特定宗教、種族、或社會群體，在經濟活動方面處處遭到掣肘，或遭到所謂歧視的程度，大幅下降。契約安排取代身分安排，是中古世紀農奴邁向解放的第一步。猶太人之所以能安然度過中古世紀，是因為當時存在著一個他們仍可在其中活動與營生的市場部門，儘管官方騷擾迫害不斷。清教徒與桂格會教徒之所以能移民到新世界，是因為他們能在市場中累積移民所需資金，儘管他們在生活其他方面受到許多限制。美國南方諸州在內戰後採取了許多措施，給黑人施加各種法律限制，一項從未大規模推行的限制性措施，是築起障礙，阻止黑人擁有不動產或動產。沒築起這種障礙，顯然不是反映南方諸州特別在意避免限制黑人，而是反映私有財產權的基本信仰是這樣的強烈，以致鎮壓住歧視黑人的慾望。普遍性的私有財產權法則和資本主義屹立不搖，對黑人來說，是一個重大的機會來源，讓他們取得比他們在其他安排下能夠取得的更大的進步。舉一個更一般化的例子來說，在任何社會裡，那些最具壟斷性的領域永遠是歧視的淵藪，而那些最自由競爭的領域，對特定膚色或宗教信仰群體的歧視，總是最輕微的。

正如第一章指出的，一個矛盾的現象是，儘管有上述那些歷史證據，在資本主義社會裡，往往恰是那些少數群體，供給了為數最多和嗓門最大的根本改革主張者。他們傾向把他們切身遭遇到的一些殘餘的限制歸咎於資本主義，反而沒看出那些限制之所以能變得像實際那樣微小，自由市場其實厥功甚偉。

我們已經知道自由市場怎樣把經濟效率和那些無關效率的特徵分開，正如第一章所述，買麵包的人不知道做成麵包的小麥是由哪一個白人或黑人種出的，或由哪一個基督徒或猶太人種出的。因此，小麥生產者得以盡量有效利用各種資源，用不著理會一般民眾對他所僱工人的膚色、宗教信仰、或其他特徵有什麼感覺。另外，也許更為重要的是，在自由市場裡，人們有經濟上的動機分隔經濟效率和個人的其他特徵。一個生意人或企業家，如果把某些與生產效率無關的個人偏好表現在生意經營上，那麼，和其他沒這麼做的生意人或企業家相比，他是處於競爭劣勢的。這樣的生意人實際上把比較高的成本強加在自己身上，高於那些沒有這種偏好的生意人。因此，在自由競爭的市場裡，那些人往往會把他淘汰掉。

同樣的現象並非僅見於生意經營方面。時常有人理所當然地認為，因為種族、宗教、膚色、等等理由而歧視他人的人，除了只是增加被歧視者的不便或成本負擔外，他自己不會因歧視他人而招致任何不便，或負擔任何成本。這個見解可以媲美如下這個非常類似的謬見：一個國家對其他國家的產品課徵關稅不會傷害到它自己。這兩個見解同樣不正確。[1]例如，一個討厭向黑人買東西或討厭和黑人共事的人，將因此限

1 在一篇關於歧視所涉及的一些經濟問題的分析中，Gary S. Becker卓越敏銳地證明，在邏輯結構上，歧視

縮自己的選擇範圍。他通常必須為他所買的任何東西支付比較高的價格，或得到比較低的工作報酬。或者，從另一個角度來說，我們當中那些認為膚色或宗教信仰無關緊要的人，將因有這樣的態度，而能夠更便宜地買到某些東西。

正如上面那些評述暗示的，在定義與解釋歧視時，會遇上一些真正的問題。一個歧視他人的人，為自己的歧視行為付出一些代價，可以說，他是在「購買」某種他視為「產品」的東西。除了表示他人的「品味」不是某人所認同的，很難看出「歧視」會有其他任何意義。我們不會認為那是「歧視」——或者至少不會認為那是一種令人反感的「歧視」——如果某個人願意支付比較高的價格去聽某個而不是另一個歌手唱歌；雖然我們會認為那是「歧視」，如果他願意支付比較高的價格讓某個某種膚色的人提供服務給他，而不讓另一個另一種膚色的人提供服務給他。這兩個例子之間的差別在於，我們認同前者的品味，而不認同後者的品味。導致某一家庭偏好漂亮的僕人甚於醜陋者的品味，和導致另一家庭偏好黑皮膚僕人甚於白皮膚僕人或者反是的品味，這兩種品味間，除了我們同情並且贊同前一種，而我們或許不同情也不贊同後一種之外，有什麼原則上的差別？我的意思不是說所有品味都同樣好，恰恰相反，我強

的問題幾乎等同於國外貿易與關稅的問題。參見Gary S. Becker, *The Economics of Discrimination* (Chicago: University of Chicago Press, 1957)。

烈相信，個人的皮膚顏色或他父母的宗教信仰本身，決不是差別對待他的理由；應該根據他是什麼樣的人和他做了什麼事，而不是根據那些外在的特徵，來品評個人。在我看來，這方面的品味和我不同的那些人，似乎懷有偏見而且眼界狹窄，我對此偏見與眼界感到遺憾，也會因此而鄙視他們。但是，在一個以自由討論為基礎的社會裡，對我來說，合適的糾正之道，是想辦法說服他們，承認他們的品味是不好的，讓他們覺得應該改變他們的見解和行為，而不是使用強制力，迫使他們服從我的品味和我的見解。

《公平僱用法》

美國許多州政府已成立公平僱用委員會，其任務是防止基於種族、膚色或宗教信仰的僱用「歧視」。這種立法行動明顯涉及干預人們訂立兩願契約的自由，它使任何僱用契約的成立與否，視政府的批准與否而定，因此，它完全是對自由的干涉，而且是一種我們在其他大多數場合，肯定會反對的干涉。另外，正如其他大多數干涉自由的場合那樣，那些受到這種法律干涉的人，很可能甚至不是這種法律的支持者想要立法控制其行為的對象。

例如，且讓我們考慮這樣一個情況：有數家雜貨店服務於某一社區，其居民強烈討厭黑人店員的侍候。假設其中某家雜貨店空缺一個店員職位，而第一個在其他方面都合格的求職者湊巧是個黑人。再假設，由於存在《公平僱用法》，該雜貨店必須僱用他。此一僱用行為的後果，將是該雜貨店的生意大減，老闆損失慘重。如果社區居民的偏好足夠強烈，該僱用行為甚至可能導致該雜貨店關門大吉。在《公平僱用法》不存在的情況下，當雜貨店老闆選擇僱用白人店員而不僱用黑人店員時，他可能不是在表現他自己的任何偏好、偏見或品味，他可能只是在傳遞鄰里居民的品味。可以說，他是在為消費者生產他們願意付錢購買的服務。儘管如此，他卻要遭到法律傷害，甚至他可能是唯一遭到這法律顯著傷害的人，只因這法律禁止他從事這種活動，亦即，禁止他迎合社區居民偏好白人店員而不喜黑人店員的品味。至於這旨在糾正偏好的法律所針對的那些消費者，實質受影響的程度，將僅限於雜貨店的家數減少了，從而使他們必須支付比較高的價格，譬如，因為已有一家雜貨店倒閉。這則分析可以推廣應用。在大部分場合，當僱主採取的僱用政策，把一些無關生產技術和實質生產力的因素納入是否僱用某人的考量時，他們只是在傳遞他們的顧客或他們的其他員工的偏好。事實上，正如先前指出的，僱主一般會有經濟上的動機，嘗試設法規避他們的顧客或他們的員工的某些偏好，如果這些偏好迫使他們承擔更高的成本。

那些支持設立公平僱用委員會的人士辯稱，對人們訂立兩願僱用契約的自由進行干預是合理的，因為如果某個人拒絕某位黑人求職而僱用了某位白人，儘管這兩人就實質生產力而言同樣合格，那他是在傷害他人，亦即，傷害某個特定膚色或宗教信仰群體，因為他們的就業機會在求職過程中受到阻撓。這個論證嚴重搞混了兩種非常不同的傷害。一種是積極的傷害，這是指某個人以身體力量傷害他人，或在他人不同意的情況下，強迫他簽訂某一契約。一個明顯的例子是某人用短棍擊打另一人的頭顱，另一個比較不明顯的例子是第二章討論過的河川汙染。第二種是消極的傷害，這發生在兩個人不能達成雙方都能接受的契約時，譬如，當我不願意購買某人向我推銷的某樣東西時，我將因此使他的處境，比我如果同意購買該樣東西時更不好。如果一般民眾偏好藍調歌手而不喜歌劇演員，他們無疑是在增進前者相對於後者的經濟福祉。如果某個潛在的藍調歌手找得到工作，而某個歌劇演員卻找不到，這只不過意味著，那個藍調歌手所提供的服務是民眾認為值得花錢購買的，而那個潛在的歌劇演員卻沒有民眾認為值得花錢購買的那種服務可提供。這位潛在的歌劇演員被一般民眾的品味「傷害」了。如果民眾的品味反過來，他將會過得比較好，而換成那個藍調歌手被「傷害」。顯然的，這種傷害沒涉及任何非自願交易，也沒涉及對第三者施加任何成本負擔，或授予任何利益。有很好的理由利用政府去防止任何人對他人施加積極的傷害，亦即，防止任何人強制脅迫他人。但是，沒有任何理由利用政府去取締消極性的「傷害」。相反的，這種政府干預會減少自由，並且限制人們相互自願的合作。

《公平僱用法》的成立，意味著接受某一原則，在幾乎其他每一應用這原則的場合，該法的支持者肯定會憎恨這原則。如果合適讓政府規定人們不可以在僱用時「歧視」或差別對待求職者的膚色、種族或宗教信仰，那也就同樣合適讓政府規定人們必須在僱用時差別對待求職者的膚色、種族或宗教信仰，只要多數民眾投票贊成政府這麼做。希特勒（剝奪猶太人權利）的紐倫堡法令，和美國南方諸州限制黑人權利的法律，都是在原則上和《公平僱用法》相似的兩個法例。反對這兩種法律，但贊成《公平僱用法》的那些人，不能說原則上這兩種法律有什麼錯，不能說這兩種法律涉及某種不該允許的政府行為，他們只能說它們採用的那些特定的區分條件不恰當。他們只能設法說服其他人相信，應該採用別的區分條件，不應該採用種族或膚色作為區分條件。

任何人如果有廣闊的歷史視野，又仔細考慮過，如果每一個別事項，都是根據它本身的利弊得失，而不是根據它是某個概括性原則的一部分來決定，多數民眾將會被說服接受的那些事項的性質，那麼，他就不大可能懷疑，政府干預私人僱用契約的正當性如果被普遍接受，將會產生非常不妙的後果，即便是從此刻贊成《公平僱用法》

的那些人的觀點來看。如果《公平僱用法》的支持者此刻得以使他們的主張變成法律，那也只因為目前的憲政與聯邦局面，讓國家某一部分地區的多數，可以強迫國家另一部分地區的多數，順從他們的想法。

一般來說，任何少數群體若指望特定多數群體採取行動保護他們的利益，那他們就是極端的短視。接受某條普遍適用於某一類場合，要求自我克制的法令，也許能夠抑制特定多數群體剝削特定少數群體。然而，在其他沒有這一類法令要求的場合，多數群體肯定會利用他們的力量，在行動上展現他們的偏好，或者如果你要這麼說，展現他們的歧視，而不會去保護少數群體，免於遭到多數群體的歧視傷害。

這問題可以用另外一個也許更突出的方式來說明。想像有某個這樣的人，他認為目前社會的一般品味殊不可取，認為黑人群體現有的機會，少於他希望看到他們享有的。假設他把他的想法化為實際行動，每當有許多求職者在其他方面大致同樣合格時，他總是挑選其中的黑人求職者來僱用，在目前的情況下，他該被阻止這麼幹嗎？根據《公平僱用法》的邏輯，答案顯然是他該被阻止。

這裡所涉及的原則，在某個與此平行的領域，亦即，言論領域，已被琢磨得也許比在其他任何領域都更透澈。在言論領域，相對於公平僱用的概念是「言論公平」而不是言論自由。在這方面，美國公民自由聯盟（American Civil Liberties Union）的立場似乎是完全矛盾的——它既贊成言論自由也贊成《公平僱用法》。一個主張言論應當自由的方式是，宣布我們不認為應當由一時的多數來決定什麼言論將是永遠適當的言論；宣布我們希望有一個自由的理念市場，以便某些理念有機會贏得多數或接近全體一致的贊同，即使它們起初只有少數幾個人相信。與此完全相同的考量也適用於勞務僱用場合，甚至更廣泛適用於商品與服務市場。難道由一時的多數決定什麼特徵和僱用資格相關，會比由一時的多數決定什麼是恰當的言論更合乎理想嗎？說真的，如果自由的商品與服務市場被摧毀了，自由的理念市場能長存嗎？美國公民自由聯盟會奮鬥到底，護衛任何一位種族主義者享有在街頭宣揚種族分離主義的權利。但是，它也會贊成把他關進牢裡，如果他按照他的原則行動，拒絕僱用黑人擔任某份工作。

正如上面強調的，我們當中那些認為某項諸如膚色的僱用條件不恰當的人，適合採取的糾正之道是，說服我們的同胞和我們的想法一致，而不是使用政府強制力量迫使他們按照我們的原則行動。在所有民權團體當中，美國公民自由聯盟應該第一個站出來承認並宣布我這個說法沒錯。

《工作權利法》

美國某些州已通過所謂《工作權利法》，這些法律禁止將加入工會列為僱用條件。

《工作權利法》所涉及的那些原則，和《公平僱用法》所涉及的完全相同，它們都干預訂立僱用契約的自由，後者規定某一特定膚色或宗教信仰不可以列入僱用條件；前者規定加入工會不可以列為僱用條件。儘管它們在原則上完全一致，人們對它們的看法卻幾乎是百分之百的不同。幾乎所有贊成《公平僱用法》的人，全都反對《工作權利法》；而幾乎所有贊成《工作權利法》的人，全都反對《公平僱用法》。身為自由主義者，它們兩者我都反對，正如我也同樣反對禁止所謂「黃狗」契約的法律（這種契約以不加入工會作為僱用條件之一）。

如果眾多僱主和眾多僱員之間存在著競爭，似乎沒有理由不讓僱主自由提供任何他們想提供的條件給他們的僱員。在某些場合，僱主發現，僱員寧願以諸如棒球場、遊樂設施、或更好的休憩設施等等員工福利設備，而不是以現金方式，獲得他們的部分酬勞。僱主於是發現，在他們的僱用契約中，提供這些員工福利設施，比提供較高的現金工資，對他們自己更有利。同理，僱主也許會提供員工養老金計畫，或要求員工加入某種養老金計畫，等等。這全都不涉及干預人們任何求職的自由，而只不過展現僱主在設法使工作的特徵適合員工、吸引員工。只要有許多僱主，有特定某些要求的僱員，全都可以經由找到合適的僱主來滿足他們的那些要求。在競爭的情況下，上述道理對所謂封閉職場（closed shop）也同樣適用。如果實際上有某些僱員偏好在封閉職場的企業裡工作，而另一些僱員則偏好在開放職場（open shop）的企業裡工作，市場也將發展出不同形式的僱用契約，有的含有前一種規定，有的含有後一種規定。

當然，就實務而言，《公平僱用法》和《工作權利法》之間還是有一些重要差別的。差別在於勞方的工會組織擁有獨占力量，以及聯邦對工會有一些法律規範。在一個競爭的勞動市場，很難相信僱主把封閉職場列為僱用條件，真的對他們自己有利。雖然許多工會往往沒讓勞方享有任何強大的獨占力量，封閉職場的約定卻幾乎從未欠缺這樣的效果，它幾乎總是獨占力量的一個標誌。

封閉職場和勞方獨占並存，不是《工作權利法》成立的一個正當理由。它是採取行動，根除獨占力量的一個理由，不管這獨占力量的形式是什麼，或以什麼方式展現。它是要求對勞動市場採取更有效，更廣泛的反托拉斯行動的一個理由。

另一個在實務上也很重要的特殊差別是，聯邦法與州法的衝突，以及此刻有一條聯邦法，雖然適用於各州，卻留下一個漏洞，讓想鑽漏洞的州只要一通過《工作權利法》就可鑽過去。最佳的解決辦法是修改那條聯邦法。問題是沒有個別哪一州有能力實現這個目標，而某個州的居民也許想改變他們州內關於工會組織的法律規定。因此，要實現這種願望，《工作權利法》也許是唯一有效的辦法，是兩害相權取其輕的選擇。或許有一部分是因為，我傾向相信《工作權利法》本身對工會的獨占力量不會有很大的抑制作用，我礙難苟同這個為該法辯護的理由。在我看來，這些實務上不得不為的理由太薄弱了，不足以駁倒原則上對該法的反對。

種族隔離的學校教育

種族隔離的學校教育，只因一個理由，才產生一個前面的評論沒涵蓋到的問題。這理由是學校教育，在目前的情況下，主要是由政府經營管理的。這意味著政府必須做出明確的決定——它或者必須強制實施種族隔離，或者必須強制實施種族融合。在我看來，兩者都是糟糕的解決辦法。我們當中那些相信膚色是一項無聊的特徵的，相信我們大家最好承認這一點的，但又相信個人自由的，因此面對一個兩難的困境。如果必須在強制隔離和強制融合這兩害之間作選擇，我個人將會覺得不可能不選擇融合。

前一章雖然完全沒考慮到種族隔離或融合的問題，倒給了一個適當的解決辦法，可以避免上述兩難的困境——這個例子很漂亮地說明，那些設計來強化一般自由的制度安排，怎樣處理具體特定的自由問題。這個適當的解決辦法是：廢止政府經營學校教育，允許父母選擇他們想要他們的孩子去上的學校。另外，我們當然全都應該，盡我們所能，努力以實際行動和言論，促進正確的社會態度與輿論，使種族混合的學校成為常例，而讓種族隔離的學校變成罕見的例外。

如果一個像前一章所提那樣的建議被採納，它將允許多種各色各樣的學校自由發展，有些是全白人的學校，有些是全黑人的學校，還有些是黑白混合的學校。它將允許所有學校的學生膚色，隨著社會態度改變，從某一膚色組合逐漸過渡到另一膚色組合——但願過渡到全是黑白混合的學校。它將避免一直以來，如此大幅升高社會關係緊張與破壞社群和諧的那種尖銳粗魯的政治衝突。它將在這一方面允許人們合作而不統一，就像市場在一般情況下做到的那樣。[2]

維吉尼亞州已採取一個有許多特徵和前一章勾勒的那個相同的計畫，雖然是為了規避強制融合而採取的，我預測該計畫的最後結果將大異其趣——畢竟，結果和意

2 為了避免誤會，應該明確指出的是，在談到前一章的那個提議時，我理所當然地假定，獲准接受學生使用教育券的那些學校，必須具備的最低資格條件，不包括學校是否為種族隔離學校。

圖不同，是自由社會之所以可貴的一個主要理由；最好讓人們按照他們自己的志趣自行其是，因為沒辦法預測他們結果將會怎麼樣。實際上，甚至在該計畫實施的初期階段，便已出現一些意外的情形。有人告訴我，在最早的一批申請教育券以資助轉校的家長當中，有一位家長是申請把他的小孩從隔離的學校，轉到混合的學校。那位家長之所以申請如此轉校，並非為了種族融合，而只是因為那一所黑白混合的學校湊巧是教育績效比較好的學校。展望未來，如果教育券制度沒廢止，維吉尼亞州的經驗將成為檢驗前一章的那些結論是否正確的一樁實驗。如果那些結論是正確的，我們應當看到各色各樣的學校在維吉尼亞州宛如百花盛開，並且種類增多，領先的學校品質即使沒有戲劇性的提升，也會有重大的進步，而其餘學校的品質，在領先的學校刺激下，稍後也會提高。

另一方面，我們也不應天真地以為，根深柢固的價值觀和信念，能在短期內透過法律而連根拔除。我住在芝加哥，芝加哥沒有強迫種族隔離的法律，它的法律要求融合。然而，事實上，芝加哥公立學校的種族隔離情況，很可能和大部分美國南方城市學校的黑白隔離情形一樣的徹底。我們幾乎可以百分百相信，如果維吉尼亞州的那個制度引進芝加哥，結果將是隔離的程度大幅降低，而最能幹且最富雄心的年輕黑人，可以掌握到的機會將大幅增加。

第八章　獨占與企業和勞方的社會責任

如果除了為股東賺取最大利潤外，公司經營者還有其他社會責任，那他們是怎麼知道這社會責任是什麼？私人團體自己推舉的一些人能決定社會利益是什麼嗎？

競爭有兩個非常不一樣的意義。在尋常對話中，競爭意味著個人之間的對抗，意味著某個人力求勝過他認識的對手。在經濟學裡，競爭的意義幾乎相反。在一個競爭的市場裡，沒有個人之間的對抗，沒有個人之間的討價還價。在自由市場裡，種植小麥的農夫不覺得，他自己是在和他的鄰居，他事實上的競爭者，進行個人之間的對抗，也不覺得他自己的利益受到該鄰居威脅。競爭市場的本質，就是它那無關乎任何特定個人（impersonal）性質。沒有任何參與者能決定其他參與者將以什麼條件買到貨物或找到工作。所有參與者都接受市場給定的價格，沒有任何人能獨自對價格產生不可忽視的影響，雖然所有參與者透過他們各別行動的綜合效應，一起決定市場的價格。

當某個人或企業，對某項產品或服務，有充分的控制力，足以顯著影響他人取得該產品或服務的條件時，經濟學上稱這種情形為獨占。在某些方面，獨占比較接近尋常意義的競爭，因為它確實意味著個人之間的對抗。

對一個自由社會來說，獨占引起兩類問題。第一，獨占的情況意味自願交易受限，因為可供人們選擇的空間變小了。第二，獨占的情況引起獨占者的所謂「社會責任」問題。競爭市場的參與者沒有顯著的力量可以改變交易條件；作為一個獨立的個體，他沒沒無聞，幾乎是一個看不見的存在；因此，除了必須和所有公民一樣遵守國家法律，並根據他的法定權利謀生，很難勸說他該負什麼「社會責任」。獨占者有權力，因此是動見觀瞻的一個存在，很容易勸說他在運用權力時，不該只為了增進他自己的利益，也該用來增進有利於社會的目的。然而，廣泛推行這樣的教條，恐將摧毀一個自由的社會。

當然，競爭是一個理想類型（ideal type），就好像歐氏幾何線或點那樣。沒有任何人曾見過歐氏幾何線，這線的寬度與厚度為零，然而，我們全都認為，把許多歐氏幾何體，諸如土地測量員所劃的線，視為歐氏幾何線，方便我們思考、做事。同理，也沒有「純粹的」競爭這回事。每一個生產者對他的產品多少有些影響力，儘管非常小。對於瞭解問題和討論政策而言，重點是這影響力是否顯著，或者是否能被適當地忽略，就好像土地測量員能忽略被他稱作「線」的那種東西的厚度。正確的答案，當然必須看問題是什麼而定，但是，當我對美國的各種經濟活動研究得越多、時間越長，越讓我印象深刻的是，適合把經濟當成宛如是一個充分競爭的場域那樣來研究的那些問題與產業，範圍竟然是這麼的廣泛。

獨占所引起的一些問題需要專門的分析技巧，而且那些問題所涵蓋的領域也不是我的專長所在，因此，本章只是相當粗淺地概述某些廣泛的問題：獨占的程度，獨占的來源，適當的政府對策，以及企業與勞方的社會責任。

獨占的程度

有三種重要的獨占類別需要個別討論：產業或企業獨占、勞方獨占，以及政府造成的獨占。

一、產業獨占　關於企業獨占最重要事實是，從整體經濟觀點來看，它相對不重要。美國目前約有四百多萬家獨立經營的企業；每年新成立的企業約四十餘萬家；每年倒閉關門的企業略低於此數。約有五分之一的勞動人口是自僱者。幾乎在每一個人們叫得出來的產業裡，都同時存在著巨無霸企業與侏儒企業。

除了這些一般印象，很難舉出令人滿意的客觀指標，衡量獨占或競爭程度。主要的原因是剛剛提到的那個：經濟理論裡使用的這些概念，是理想的建構，是設計來分析某些特定問題的，不是用來描述實際情況的。結果是，某一特定企業或產業究竟該視為獨占的或該視為競爭的，便不可能得到明確的判定。這些用語的意義很難確定，導致許多誤解。同一字被用來指陳不同事態，而究竟指陳哪一事態，則要看用來判斷競爭狀態的背景經驗為何而定。最明顯的例子也許是，歐洲學者視為高度競爭的一些安排，美國學者多半會形容為獨占。結果是，歐洲人按照競爭與獨占在歐洲被賦予的意義解讀美國人的文獻與討論，往往傾向相信，美國獨占的程度比實際存在的情況更為嚴重。

曾有幾篇研究，特別是 G. Warren Nutter 和 George J. Stigler 的研究，嘗試將產業分成獨占性、有競爭效果與政府經營或監管等三類，並且嘗試追蹤這三類產業的歷史變化。[1]他們總結道，在一九三九年，約四分之一的美國企業可視為政府經營或監管的企業。其餘四分之三當中，至多四分之一也許少至百分之十五可視為獨占性企業，而至少四分之三也許多至百分之八十五則可視為競爭性企業。政府經營或監管的企業部門，在過去約半個世紀，當然已大大擴張。另一方面，在私營企業部門，獨占的範圍似乎沒有任何增大的趨勢，甚至很可能已經縮小。

我猜，普遍有一印象認為，獨占遠比這些估計所顯示來得重要許多，並且隨著時間推移而穩步擴張。之所以有這樣錯誤的印象，其中一個原因是，人們傾向於混淆絕對的與相對的大小。當經濟成長時，許多企業的絕對規模也跟著變大。這被想成也意味著它們占據了較大比例的市場，雖然實際上市場規模也許成長得更快。第二個原因是，獨占比較有新聞價值，以致比競爭獲得更多注意。如果要求人們舉出哪些是美國

1 G. Warren Nutter, *The Extent of Enterprise Monopoly in the United States, 1899-1939* (Chicago: University of Chicago Press, 1951) and George J. Stigler, *Five Lectures on Economic Problems* (London: Longmans, Green and Co., 1949), pp.46-65.

的主要產業，他們幾乎全都會舉出汽車製造業，很少有人會舉出商品批發貿易業。然而，批發貿易業的產值或重要性卻是汽車製造業的兩倍大。批發貿易業是高度競爭的行業，因此很少引起人們注意。很少有人能叫出批發貿易業中任何龍頭企業的名字，雖然這些龍頭企業有的絕對規模非常龐大。汽車製造業，雖然在某些方面非常競爭，但是，企業家數要少得多，無疑比較接近獨占，每個人都能叫出汽車製造業中一些龍頭企業的名字。再舉另一個明顯的例子：家庭服務是一個遠比電報與電話業重要很多的產業。第三個原因是，人們普遍有一偏見，傾向過分強調大企業相對於小企業的重要性，而前一點只不過是這種偏見與傾向的一個具體的表現。最後一個原因是，我們社會的主要特徵，被認為在於它的高度工業化。這導致過分強調美國經濟中的製造業部門，其實這部門僅占全體產出或就業的四分之一，而獨占在製造業部門則遠比在其他經濟部門來得常見許多。

除了過分高估獨占的重要性，由於大致相同的一些原因，人們也常過分高估那些促進獨占的技術改變，相對於那些助長競爭的技術改變的重要性。例如，大規模生產技術的擴散被大大強調。而運輸與通訊技術的發展，透過降低地方性市場的重要性，以及擴大競爭的範圍，促進了競爭，卻比較少被注意。汽車產業的集中度越來越高是老生常談；公路運輸業的成長，降低對大型鐵路運輸企業的倚賴，則少有人注意；鋼鐵工業集中度下降，也一樣沒有多少人注意。

二、勞方獨占　人們也同樣傾向過分高估勞方獨占的重要性。工會包羅約四分之一的勞動人口，而這數字還大大高估了工會對工資結構的影響力。許多工會實際上完全沒有作用，甚至那些強而有力的工會對工資結構的影響也相當有限。人們之所以有高估獨占之重要性的強烈傾向，其原因在勞方獨占的場合甚至比在企業獨占的場合更為明顯。只要有工會，工資的任何調升都將假手於工會協商，即便工資上升不是工會組織運作的結果。最近幾年，家庭幫傭的工資大幅上漲，如果有一家庭幫傭工會，它們的工資上漲將會假借工會轉手而來，因此會被認為是工會的功勞。

這不是說工會不重要。就像企業獨占那樣，工會也扮演一個重要且有意義的角色，它們使許多工資和任由市場自行確立的有所不同。低估工會的重要性，和高估它們的重要性，一樣都是錯誤。我曾做過這麼一次粗略的估計：拜工會之賜，約百分之十至百分之十五的美國勞動人口，曾使他們的工資上升約百分之十至百分之十五。這意味著，其餘約百分之八十五至百分之九十勞動人口的工資曾因此而降低約百分之四。[2]在我做了這些估計之後，別人又做了一些更詳細得多的研究。我的印象是，他

[2] "Some Comments on the Significance of Labor Unions for Economic Policy," in David McCord Wright (ed.), *The Impact of the Union* (New York: Harcourt, Brace, 1951), pp. 204-34.

們得到的結果和我的那些估計，大致是同一量級的。

工會如果在某一職業或產業提高了工資率，必定會使該職業或產業的就業量少於原本可以達到的數量，正如任何比較高的價格會減低購買量。結果是會有比較多的人尋找其他工作，壓低其他職業的工資。由於工資原本就比較高的勞工群體所組成的工會，力量通常也比較強大，因此工會的作用向來是使高工資勞工的工資更高，使低工資勞工的工資更低。所以，工會不僅因扭曲勞動資源的利用而傷害一般民眾和全體勞工的利益；也因減少比較弱勢的低工資勞工的就業機會，而使勞工階級的收入更不平等。

在某方面，勞方獨占和企業獨占有一重要不同。在過去半世紀，企業獨占的重要性似乎沒有任何上升趨勢，但是，勞方獨占的重要性顯然增加了。工會的重要性，在第一次世界大戰期間顯著增加，在一九二〇年代和一九三〇年代早期下降，然後在新政時期有一驚人的大躍進。在第二次大戰期間和之後，它們鞏固之前的成長。最近幾年，它們僅僅保持住它們的地位，甚至還出現頹勢。這頹勢並非反映它們在某些特定產業或職業裡的地位下降，而是反映，相對於工會勢力比較弱的那些產業或職業，有強勢工會的那些產業或職業的重要性下降了。

我在上面劃分勞方獨占與企業獨占的那一條線，就某一意義而言，太過清晰。

在一定程度內，某些工會可是執行產品供應獨占的手段。最明顯的例子發生在美國煤炭業——《古菲煤炭法》（Guffey Coal Act）企圖為煤礦業者成立價格操縱卡特爾，提供法律支持。一九三〇年代中期，當這法律被宣告為違憲時，約翰．路易斯（John L. Lewis）和他領導的聯合礦工工會（United Mine Workers）伸出援手。每當挖到地上的煤炭數量增加得太多，以致價格有下降之虞時，路易斯便會宣布罷工或停工，藉此，在煤炭業者悶不吭聲的合作下，控制煤炭的產量與價格。這個卡特爾操縱價格所產生的利益，分給煤礦業者和礦工。礦工分得的利益是以較高的工資率呈現，這當然意味著實際就業的礦工變少了。因此，只有那些保住工作的礦工分得到卡特爾的利益，甚至他們所分得的利益，有一大部分是較多的閒暇而不是較多的現金。這些工會之所以有機會扮演這個角色的原因在於它們被豁免《謝爾曼反托拉斯法》（Sherman Antitrust Act）的追訴。其他許多工會也同樣利用此一豁免權，因此，它們比較適合稱為出售產業卡特爾化服務的企業，而不是勞工組織。美國的卡車司機工會（Teamster's Union）也許是其中最著名的例子。

三、政府直接與政府支持的獨占　在美國，供市場銷售的商品生產被政府直接獨占的情形不是很普遍。郵局、電力生產，諸如田納西河谷管理局和其他公有發電站生產的電力、透過汽油稅間接出售或以收取過路費直接出售的公路服務，以及都市政府自來水廠和類似工場等等，是政府直接獨占商品或服務生產的主要例子。另外，由於我們目前有這麼一大筆國防、太空和科技研究預算，聯邦政府已經實質上變成是許多企業、甚至是整個產業產品的唯一購買者。這為如何保全自由的社會帶來非常嚴重的問題，不過，這一類問題不太適合在「獨占」這個標題下討論。

利用政府而在私人企業當中建立、支持、與執行卡特爾和獨占安排的情形，過去比政府直接獨占成長得更快，目前也遠遠比較重要。洲際商務委員會（Interstate Commerce Commission）是較早的一個例子，該會的管轄範圍已從鐵路延伸到卡車和其他運輸工具。農業計畫無疑是最臭名昭彰的，它本質上是一個由政府執行的農業聯合獨占，或農業卡特爾。其他的例子包括，控制無線電和電視的聯邦通訊委員會（Federal Communications Commission），控制石油與天然氣在州際移動的聯邦電力委員會（Federal Power Commission），控制航空公司的民用航空委員會（Civil Aeronautics Board），和聯邦準備理事會（Federal Reserve Board）強制規定銀行可以給付的定期存款最高利率，以及法律禁止支付利息給活期存款。

這些例子全都發生在聯邦層次。另外，在州和地方層次，也大量出現類似的發展。就我所知，和鐵路毫無關係的德州鐵路委員會，藉由限制油井可以開工生產的日數，對油井產量實施限制。它假借保存資源的名義限制產量，實則旨在控制石油價格。最近，它還得到聯邦實施石油進口配額制的奧援，讓油井在大部分時間閒置以便抬高石油價格，在我看來，似乎和支付工資給煤炭鍋爐工，讓他待在柴油電機車上閒晃完全一樣，都是一種刻意增加冗員或工作灌水的浪費。某些企業界代表，尤其是石油業的代表，在以違反自由企業的理由，譴責勞方要求增加冗員或工作灌水時，嗓門比什麼人都大，然而對於油井的閒置，他們卻視而不見地裝沈默。

下一章要討論的執業特許管制，是政府在州的層次造就與支持獨占的另一個例子。限制營業計程車數量，是政府在地方層次另一個類似的例子。在紐約，一張表示有權利經營一部獨立計程車的牌照，目前市價約二萬到二萬五美元；在費城，市價約一萬五美元。另一個在地方層次的例子是制定建築規範，表面上說是為了公共安全，其實這些規範的設計都受到地方建築工會或私人承包商公會的控制。這樣的限制多得數不完，而且在城市與州的層次應用在各種各樣的活動。它們全都任意限制人們進行兩願交易的能力，同時限制自由與促進資源浪費。

對發明者授與專利權，以及對作者授與版權，是政府製造的一種獨占，這種獨占在原則上和上面談到的那些大不相同。它們的性質不同，因為它們一樣可視為在定義財產權。按照毫不誇張的意思來說，如果我擁有某塊土地的財產權，那麼對於那塊土地，我可以說擁有一項由政府定義與執行的獨占。對於技術發明與出版品來說，問題在於該不該、或好不好確立某種類似的財產權。這問題屬於「需不需要利用政府來確立什麼將、或什麼將不視為私人財產」這個一般性問題的一部分。

在專利權和版權的場合，確立財產權的表面理由顯然很堅強。如果沒有專利財產權，發明者將很難，甚至不可能，就他的發明對產出的貢獻，收取到任何支付。也就是說，他將讓他人獲益，而他卻得不到任何回報，因此，他將不會有動機奉獻創造發明所需的時間與精力。類似考量也適用於出版品作者。

但是，另一方面，有一些相對害處也需要考慮。首先，有許多「發明」是不可能授與專利權的。例如，超級市場的「發明者」給予他的同胞巨大的利益，可是他卻不可能為此向他們收費。只要同一種能力不僅是某種發明、也是另一種發明所需要的，那麼，專利權制度便傾向移轉發明能力於可以取得專利的發明活動上。第二，一些瑣碎的專利，或那些如果在法庭上遭到挑戰，其合法性便顯得相當可疑的專利，時常被用作手段，來維持一些私人勾結牟利的安排，而這些安排如果沒有專利保護，原本是比較不容易或不可能維持的。

對於這個重要且困難的問題，以上只是非常膚淺的評論。它們的用意，不是想提出任何具體的解決辦法，而只是要說明，為什麼專利權與版權，和其他獲得政府支持的獨占不屬於同一類，以及說明，專利權與版權所引起的社會政策問題。有一點是沒疑義的：附屬於專利權與版權的那些個別條件——例如，授與專利保護期限十七年而不是其他某一期限——是無關乎原則的事項，它們是取決於實務考量的權宜事項。我個人傾向相信一個比較短很多的專利保護期限會比較好。不過，這只是一個隨便的判斷，而關於這個問題，已有許多詳細的研究，也還需要更多的研究。因此，我在這裡的判斷不值得多少信任。

獨占的來源

獨占有三個主要的來源：「技術性」理由、直接與間接的政府協助，以及私人勾結。

一、技術性理由　正如第二章指出的，獨占的情況之所以發生，在一定程度內是因為某些技術性的理由，使得一家企業單獨存在，比許多家企業同時存在，更有效率或更經濟實惠。最明顯的例子是個別都市或鄉鎮裡的電話系統、供水系統，等等。不幸的是，對於技術性獨占，沒有好的辦法予以解決。只有三個不好的辦法可供我們選擇：不受管制的私人獨占，政府管制的私人獨占，以及政府經營的獨占。

似乎不可能一概而論地說，這些不好的辦法中，有哪一個一定比另一個更可取。

正如第二章所述，不管是政府管制的獨占，還是政府經營的獨占，最大的壞處都是，要撤除這些獨占非常困難。因此，我傾向認為，凡是不受管制的私人獨占還可忍受的場合，它未始不是害處最小的辦法。動態的技術變化很可能削弱它的獨占力量，或者至少有機會讓那些技術變化發揮作用。甚至在（技術沒什麼變化的）短期內，通常也會有比乍看之下似乎存在的，更多更廣泛的替代品，所以，私人企業藉由把價格維持在成本之上而可以獲利的空間是相當狹窄的。另外，正如我們已經看到的，許多政府管制機關往往淪為廠商所控制工具，以致有政府管制的價格，不見得會低於沒有政府管制的價格。

所幸的是，由於技術性理由，以致可能發生獨占的場合，為數相當有限。若非根據這種理由而引進的政府管制，往往擴散至不該有這種管制的場合，它們對於自由社會的保全，也不至於構成嚴重的威脅。

二、直接與間接的政府協助　政府協助，不管是直接的，還是間接的，很可能是獨占權力的最重要來源。上面已經舉出許多相當直接的政府協助造成獨占的例子。對獨占的間接協助，包括一些為了其他目的而採取的措施，而這些措施卻多半意外產生了限制潛在競爭者與現有廠商競爭的作用。最明顯的三個例子也許是，進口關稅，稅法，以及關於勞資爭議的法律與執法態度。

課徵進口關稅，當然主要是為了「保護」國內產業，這意味著對潛在競爭者施加一些障礙。關稅總是會干預人們從事自願交易的自由。自由主義者畢竟是以個人，而不是以國家或某一國家的公民，為其關注單位，因此，他認為，阻止美國公民和瑞士公民完成交易，和阻止兩位美國公民完成交易一樣，都在同一程度違反自由。進口關稅不一定產生獨占。如果受保護的產業市場夠大，而技術條件也允許多家廠商存在，受保護的產業在國內還是可能面對有效的競爭，就像美國國內的紡織業那樣。然而，進口關稅顯然助長獨占。少數幾家廠商比許多家廠商更容易勾結起來操縱價格；一般來說，同一國家的企業要勾結起來，也比不同國家的企業要勾結起來容易得多。在十九世紀和二十世紀早期，英國因為實施自由貿易，以致獨占的情形並不普遍，儘管她的國內市場規模相對很小，而許多英國廠商的規模又很大。自從英國放棄了自由貿易，首先是在第一次世界大戰之後，然後在一九三〇年代早期更廣泛地放棄，獨占已成為英國國內一個比較嚴重的問題。

國內稅法的影響甚至更為間接，然而，並非比較不重要。一個主要因素是公司所得稅與個人所得稅的重複課徵，加上個人所得稅中，資本利得的特殊待遇。且讓我們假設某公司的稅後淨利為一百萬美元，如果它全部支付這一百萬美元給股東當作股利，他們就必須把這一百萬列入他們的應稅所得當中。假設他們平均須支付這筆額外所得的百分之五十繳納所得稅，他們於是將只剩五十萬美元可供他們消費或儲蓄與投資。相反的，如果這家公司不支付現金股利給股東，它便有全部的一百萬美元投資在它自己身上，這種再投資將傾向提高公司股票的資本價值。那些原本會把分得的股利儲蓄起來的股東，現在可以乾脆持有股票，並且推遲繳納一切相關的所得稅，直到他們售出股票。他們，以及其他那些選擇早一點出售股票以取得收入用作消費的股東，將按資本利得稅率付稅，而這稅率比正常的所得稅率低。

這樣的稅制鼓勵公司保留盈餘。即使公司內部的投資報酬顯著低於股東自己利用分得的盈餘在公司外面投資可以得到的報酬，但是，由於所得稅比較節省的緣故，公司內部投資可能還是比較划算。這導致資本浪費，亦即，導致資本用在比較不具生產力，而不是用在比較具生產力的事業上。第二次世界大戰後，企業之所以傾向以橫向多角化經營方式為它們的盈餘尋求出路，稅制的鼓勵是一個主要的原因。它也是老牌企業相對於新企業比較有競爭力的一個重大根源。老牌企業即使比新企業較不具生產力，它們的股東還是會為了節稅而投資在它們身上，而不會要求它們派發盈餘，讓他們透過資本市場，把盈餘投資在新企業上。

政府協助，一向是勞方獨占的一個主要來源。上面提到的執業特許管制、建築規範等等，向來是勞方獨占的來源。法律授與工會特殊的豁免權，諸如，排除反托拉斯法的追訴、限制工會該負的責任、有權要求特別法庭聽審，等等，是第二個來源。也許和前兩個來源同等重要，或甚至更重要的是，一般輿論的氛圍，以及執行法律時，對勞資爭議過程中發生的行為所採取的處理標準，不同於對其他情況中的同樣行為所採取的處理標準。如果人們，出於純粹的惡意或在報復私仇的過程中，掀翻了汽車或毀壞了財產，絕不會有人出聲保護他們免於法律的追究。如果他們在勞資爭議過程中犯下同樣的行為，他們很可能逍遙法外。若非執法當局的默許縱容，工會那些涉及實際或潛在的身體暴力與脅迫行為，是不太可能發生的。

三、私人勾結　獨占的最後一個來源是私人勾結。正如亞當·史密斯所言，「從事同一行業的人們在一起聚會，即便是為了娛樂消遣，最後他們的對話也很少不會涉及陰謀對社會大眾不利，或涉及串通抬高價格的詭計。」[3]因此，經常出現這種勾結陰謀或私人卡特爾安排。然而，它們一般是不穩定且為時短暫的，除非他們能要求政府協助他們。卡特爾的成立，由於抬高了價格，使加入該產業，對局外人來說，更有利可圖。另外，要把價格穩固在某一較高的水準，只有在卡特爾的成員限制他們的產量，使之低於他們在那個較高的價格下想要生產的才行。因此他們每一個都有強烈的

[3] *The Wealth of Nation* (1776), Book I, chapter x, Part II (Cannan edition, London, 1930), p. 130.

動機想要個別降低價格，以便擴大自己的產量。當然，他們每一個都希望別人遵守共同約定而限制產量。只需要有一個或頂多少數幾個「內賊」——這種人其實是社會大眾的恩人——便可摧毀卡特爾。在沒有政府協助執行卡特爾約定下，那些「內賊」幾乎肯定會很快成功摧毀卡特爾。

美國的一些反托拉斯法的主要作用，在於抑制這種私人勾結。它們在這方面的主要貢獻，透過實際起訴個案達成的比較少，而藉由它們的間接影響達成的則比較多。它們禁止一些明顯的勾結手段，譬如，禁止為了勾結而舉行的公開聚會，從而使得勾結更費時費事。更重要的是，它們重申習慣法的原則，確定共同限制商業交易的約定不具法律效力。在歐洲各國，當某一群企業共同達成約定，要求大家只透過某一聯合銷售代理公司出售產品，並且約定違反前項要求的企業必須支付一定的罰款時，法律將會執行這種約定。在美國，對於這種約定，法律是不予執行的。此一差別是卡特爾在歐洲比在美國更穩定也更普遍的一個主要原因。

適當的政府政策

在政府政策方面，當務之急是撤除那些直接支持獨占的措施，不管是支持企業獨占的或是支持勞方獨占的，並且不偏不倚、一視同仁地執行有關企業和工會的法律。不管是企業，還是工會，都該接受反托拉斯法的規範；在涉及毀損財產和干擾私人活動的法律禁止事項時，它們兩者應該一視同仁地對待。

除此之外，要削減獨占力量，最重要與最有效的步驟，是廣泛地改革稅制。應該廢除公司所得稅。不管公司所得稅廢除了沒，都應該要求公司必須將保留盈餘分別歸屬於每一位股東。亦即，當公司寄出股利支票時，也應該寄出一紙聲明書，在上面陳述：「除了這筆每一股ＸＸ美分的現金股利外，你的公司還賺了每股ＸＸ美分的盈餘，而這一部分盈餘已再投資於公司。」然後，應該要求每一位股東，在報繳所得稅時，必須申報這部分歸屬於他的未分配盈餘的所得稅，就像他也必須申報現金股利的所得稅那樣。公司仍將可以自由保留它們想要保留的盈餘作為公司內部投資使用，但是它們將不會有動機這麼做，除非它們有這種正當的動機，覺得投資於它們內部能賺到高於股東在公司外投資所能賺到的報酬。很少有什麼措施會比這個更能活潑資本市場，鼓舞企業精神，和促進有效競爭。

當然，只要個人所得稅稅率累進的幅度仍是像現在這樣的高峻陡峭，就會有很強大的壓力尋找各種手段以逃避稅率累進的衝擊。高度累進的所得稅，就這樣間接地以及直接地，對我們的資源使用效率，構成嚴重的障礙。適當的解決辦法是，大幅縮減較高所得部分適用的稅率，加上撤銷目前稅法中那些合法避稅的規定。

企業與勞方的社會責任

近來有越來越多人認為，公司經理人和工會幹部，在照顧公司股東或工會會員的利益外，還須顧及他們自己的「社會責任」。這顯然是根本誤解了自由經濟的特性與本質。在這樣的經濟裡，企業須負的一個而且是唯一的一個社會責任是，利用它的資源，從事那些旨在增加其利潤的活動，只要它遵守遊戲規則，亦即，從事公開與自由的競爭，絕不涉及矇騙或詐欺。同樣的，工會幹部的「社會責任」是照顧他們的工會會員的利益。而我們其他人的社會責任則是建立一個法律架構，讓每個人在追求他自己的利益時，再次引用亞當·史密斯的話來說，「宛如被一隻看不見的手引導，增進了一個在其意圖之外的目的。而且，社會也不會因為這個目的不在他意圖之內而一定更糟。經由追求他自己的利益，他往往會比他真想增進社會利益時更有效地增進社會利益。我從來沒聽說過，有哪些裝模作樣要為公眾利益而經營貿易的人完成多少好事。」[4]

很少有什麼輿論風潮，像公司經理人接受，除了為股東賺進可能多的利潤外，他們還有其他社會責任的想法，這樣徹底破壞我們這個自由社會的真正基礎。這是一個徹底顛覆自由的邪說。如果除了為股東賺取最大利潤外，公司經營者還有其他社會責任，那他們是怎麼知道這社會責任是什麼？私人團體自己推舉的一些人能決定社會利益是什麼嗎？他們能決定他們自己或他們的股東按理應該承受多大的負擔以服務於那個社會利益嗎？這些公共的徵稅、支出與控制的職能，由一些湊巧在此刻管理某些特定企業的人士來行使，而這些人又是純粹私人的團體所選出來擔任那些企業管理職務的，是可以容忍的嗎？如果企業經理人是公共行政人員而不是他們的股東所聘僱的職員，那麼在一個民主社會裡，他們遲早將會是經由公共的選舉和任命辦法選出來的。

而早在這種選任方式來臨之前，他們的決策權將已經被剝奪很久了。一個極具戲劇性的例子是，由於甘迺迪總統公開表示憤怒，以及威脅採取各種層面的報復手段，從提起反托拉斯訴訟，到檢查鋼鐵公司經理人的個人報稅資料等等不一而足，終於迫使美國鋼鐵公司於一九六二年四月，取消一次鋼鐵價格的上漲計畫。這是一個令人印

4 *The Wealth of Nation* (1776), Book IV, chapter ii (Cannan edition, London, 1930), p. 421.

象深刻的插曲，因為它公開展現集中於華府的龐大權力。我們當時全都一下子恍然大悟，一個警察國家所需的種種權力手段，有多少已經備妥在華府了。這插曲也很好地例證我在這裡的論點。如果鋼鐵價格，真如社會責任一說所宣稱的，是一項公共決策，那麼它就不可能允許由私人來決定。

這個例子說明了該邪說近來最突出的那一面，亦即，該邪說認為，維持低價格與低工資以避免物價上漲，是企業與勞方的所謂社會責任。假設在某一時候物價面臨上漲的壓力——這基本上當然是反映貨幣存量增加，再假設這時每一位企業經理人與勞方領袖都接受此一所謂社會責任，並且成功地阻止任何價格與工資上漲，所以這時有自願的價格與工資管制，沒有公開的通貨膨脹。接著會有什麼後果呢？答案顯然是產品短缺，勞動力短缺，灰市，黑市。如果不允許用價格來分配產品與勞工，那就必須用其他某種方法來分配，這替代市場價格來分配產品與勞工的，可能是私人的方法嗎？也許一時間在某個狹小又無足輕重的範圍內可能是的，但是，如果牽涉到的產品種類很多而且很重要，那必定會有壓力，而且很可能是不可抗拒的壓力，要求有政府執行的產品分配辦法，有政府制定的工資政策，以及有政府制定的勞動力配發計畫。

價格管制，不管是法定的或是自願的，如果有效執行，終將導致自由企業體系的滅亡，導致它被某種中央管制體系取代。而這對阻止通貨膨脹，甚至不可能有效。歷史提供充分證據顯示，決定平均物價與工資水準的，是經濟體系裡的貨幣數量，不是生意人或工人的貪婪。一些政府之所以要求企業與勞方自我克制，無非是因為它們沒能管理好自己的事務——這包括控制好貨幣數量，以及因為推諉卸責乃是人類的自然傾向。

有一個社會責任的課題，我覺得有義務談一談，因為它影響到我自己的切身利益，那就是，有人向來主張企業應該捐款支持慈善事業，特別應該支持大學。在自由社會裡，公司的這種捐贈是公司資金的一種不當使用。

公司是股東的一個工具，如果公司捐款給慈善事業或大學，它便阻止了個別股東自己決定該如何應用他自己的資金。當然，假如有公司所得稅和慈善捐款扣抵所得稅的規定，股東也許會希望公司代表他們捐款給慈善團體，因為這樣可以讓他們實質上捐贈得更多。最好的解決辦法是取消公司所得稅。但是，只要公司所得稅還沒取消，也沒有任何正當的理由，允許公司對慈善事業和教育機構的捐贈自公司應稅所得中扣除。這種捐贈應該由人們個別來做，因為在我們社會裡，他們才是財產的最終所有者。

有些人高舉自由企業精神的大旗，主張擴大公司的這種捐贈可以抵稅的範圍；他們基本上是在搬石頭砸自己的腳。時常聽到的一個對現代企業制度的主要抱怨是，它隱含所有權與控制權的分離，亦即，抱怨公司已經變成一個自行其是的社會單位，由不負責任的經理人把持，不為股東的利益服務。這是不實的指控，但是，目前政策移動的方向，亦即，移向允許公司捐款給慈善事業，以及容許這種捐款扣抵公司所得稅，的確是朝向真正分離公司所有權與控制權，以及朝向破壞我們社會的基本性質的一個步驟。它是背離個人主義社會而邁向工團主義國家（corporate state）的一個步驟。

第九章　執業特許

逼迫立法機關規定某一職業須經特許才可加入執業行列的壓力，很少是來自一般民眾中，那些曾被該職業中的某些成員坑騙過，或以其他方式傷害過的人。相反的，這種壓力總是來自該職業本身的成員。

推翻中古世紀的行會制度，是自由在西方世界興起初期不可避免的一步。它實際上是，而且也普遍認為是，自由理念獲勝的一個象徵。到了十九世紀中葉，在英國、在美國，以及較小程度內在歐洲大陸，人們可以致力於他們自己想要從事的任何行業或職業，毋須請求任何政府或準政府機構的特許。然而，近幾十年來，卻有一倒退趨勢，越來越多職業限定須取得國家發給的特許執照才能從事。

這樣限制人們的自由，除非經過特許，不准他們按照自己的意思運用自己的能力，本身就是一個很重要的議題。此外，它還招致另一類不同的問題，適合用本書開頭兩章所闡述的那些原則予以剖析。

我將首先討論一般性問題，然後討論一個特例，亦即，對於執行醫術的種種限制。之所以選擇醫藥業的理由是，那些看起來最有道理施加的限制，似乎比較值得討論——駁倒那些不堪一駁的限制理由，不可能有多少啟發意義。我猜大多數人相信，甚至大多數自由主義者也相信，限定只有那些取得國家特許的人才准行醫是應該的。我承認，在醫藥業實施執業特許管制的理由，比在其他大多數場合更為堅強。然而，我的結論將是，即便是在醫藥業，自由主義原則也不贊同實施執業特許管制，而且在醫藥業實施執業特許管制，後果並不可取。

對人們可以從事的經濟活動，政府施加的限制無所不在

執業須經特許，只不過是一種更一般，也極其普遍現象的一個特例，亦即，到處有政府的法令限制，規定人們不得從事這種或那種經濟活動，除非符合這個或那個政府機構所規定的這種或那種條件。中古世紀的行會制度是一個管制規定明確的例子，規定應該允許哪些人從事哪些行業。印度的種姓制度是另一個例子。執行這些管制的，就種姓制度而言，在相當大的程度內，就行會制度而言，在較小的程度內，是一般的社會習俗，而不是特定的政府法令。

一個關於種姓制度的普遍觀念是，每個人的職業完全由他出生在哪一種姓來決定。對經濟學家來說，這顯然是一種不可能的制度，因為對於各種職業的就業人數，它規定了一個僵固的配置，完全取決於不同種姓的出生率，絲毫不考慮實際需求狀況。這當然不是該制度實際運作的方式。它過去的真實情況是，而且在一定程度內現在仍然是，有限的幾種職業保留給某些種姓的成員，但是，並非每一個那些種姓的成員都會從事那些職業。有一些一般性職業，諸如一般農業工作，各不同種姓的成員都可從事。這樣的運作方式，允許不同職業的就業人數可以配合實際需求情況進行調整。

就目前來說，關稅、公平交易法、進口配額、生產配額、工會對僱用條件的種種限制等等，是類似前述現象的例子。在所有這些例子裡，政府機關決定哪些人在哪些條件下可以從事哪些活動，亦即，在什麼條件下，哪些人允許和他人達成哪些安排。這些例子以及執業特許管制的共同特色是，相關的法律是為了特定生產者團體的利益而制定的。就執業特許管制來說，這種生產者團體一般是具有某種手藝或技術的生產者。至於其他那些例子，這種團體也許是一群生產某種產品的業者，想要獲得關稅保護；一群小零售商，希望受到保護，以免於「撈過界的」連鎖超商競爭；或一群石油生產者、一群農夫，或一群鋼鐵工人。

執業特許管制如今已非常普遍。就我所知，這方面的概觀調查報告，Walter Gellhorn寫得最好，據他所述，「到了一九五二年，不包括諸如餐館和計程車業等『業主自營行業』在內，已有超過八十種個別職業，州法規定須經特許才可執業；除了州法，縣市法令的相關管制規定也很多，更不用說聯邦的許多法律，規定種種不同的職業，諸如無線電報務員和牲畜圍欄服務業，需要取得法律特許。早在一九三八年，就有北卡羅來納州把執業特許法律延伸到六十種職業。公共衛生專家和心理醫師、檢測師和建築師、獸醫師和圖書館員，被納入州法律特許管制範圍，也許和藥劑師、會計師，和牙醫師被納入特許管制，一樣不會太令人訝異。但是，當獲悉打穀機操作員和菸草碎片商需要政府特許時，你是不是很有重大發現的驚喜？那麼，當獲悉雞蛋分級員和導盲犬訓練師、害蟲控制員和遊艇推銷員、樹木修整員和鑿井工、貼磁磚工和馬鈴薯農，等等也需要政府特許時，你會不會瞠目結舌呢？在康乃狄克州，還有政府發給特許執照的所謂電療術除毛師（hypertrichologists），在該州以他們那崇高響亮的頭銜合該應有的嚴肅神情，鄭重地為顧客去除難看的毛髮。你會不會覺得匪夷所思呢？」[1]在企圖說服立法機關通過這些執業特許法令的論證中，所援引的理由總是說，非如此便無從保護一般民眾的利益。然而，逼迫立法機關規定某一職業須經特許才可加入執業行列的壓力，很少是來自一般民眾中，那些曾被該職業中的某些成員坑騙過，或以其他方式傷害過的人。相反的，這種壓力總是來自該職業本身的成員。當然，他們比其他任何人更熟悉他們占了顧客多少便宜，所以他們或許有資格說，他們在這方面的專業知識無人能敵。

同理，為了實施特許管制而設置的一些組織安排，幾乎總是免不了遭到各個需要特許的行業中某些成員的把持控制。再說，就某些方面來看，這也是相當自然的——如果水電工這門職業要限制給那些具有必要的能力與技巧，可以為顧客提供優良服務

---

[1] Walter Gellhorn, *Individual Freedom and Governmental Restraints* (Baton Rouge: Louisiana State University, 1956). Chapter entitled "The Right to Make a Living," p. 106.

的人從事，那顯然只有水電工才能夠判斷哪些人該特許執業。因此，授予特許執照的委員會或其他單位，幾乎總是大部分由水電工、藥劑師、醫師或任何需要特許的該門職業中的成員組成。

Gellhorn指出，「美國目前約百分之七十五現行職業特許管制委員會，完全是由各該職業中某些已特許執業的人士組成。這些男男女女，由於大部分只是兼職的官員，在許多關於特許條件以及特許者應遵守的行事規範方面，他們的決定很可能有他們自己直接的經濟利益。更重要的是，他們通常是他們那個職業中某些有組織的利益團體的直接代言人。按通常程序，他們先被這些團體提名，再由州長或其他職位任命，後面這個步驟時常只不過是一個儀式。往往連這個儀式也全免了，直接由各個職業協會發布任命，例如，北卡羅來納州的遺體防腐師協會、阿拉巴馬州的牙醫師協會、維吉尼亞州的心理醫師協會、馬里蘭州的醫師協會，和華盛頓州的律師協會，就是這樣。」[2]

因此，執業特許往往建立起那種基本上和中古世紀的行會一樣的管制制度，亦即，政府將管制權力委派給相關行業的一些成員把持。實際上，在決定哪些人將獲得特許時，考慮的因素時常包含一些，在外行人所能理解的範圍內，和專業能力毫無關

2 前引文獻，頁140-41。

係的資格條件。這一點也不令人訝異。如果由少數幾個人來決定他人是否有資格從事某種職業，各種不相關的因素全都可能被納入考量。被納入考量的那些無關因素究竟是什麼，將取決於特許管制委員會諸委員的人品以及時代氣氛。Gellhorn注意到，當共產主義顛覆的恐懼席捲全美時，各種職業要求宣誓效忠多到什麼程度。他寫道，「德克薩斯州於一九五二年通過一條法律，要求每一位申請藥劑師特許執照的人，都必須宣誓『他不是共產黨黨員，也和這種政黨沒有關聯，並且他不相信、不支持、更不是任何相信、助長或鼓吹暴力或任何非法或違憲方法推翻美國政府的團體或組織的成員。』這個誓詞和管制藥劑師特許執照據說想要保護的公眾健康利益，兩者之間的關係多少有點晦澀不明。不會比這關係更明顯的是，印第安那州要求職業拳擊手和摔角擂臺的鬥士必須宣誓他們不是顛覆份子時所依據的理由。……有一位初級中學的音樂老師，在被指認為共產黨員後被迫辭職，於是他想在哥倫比亞特區成為鋼琴調音師，卻遇上了困難，沒錯，因為他曾經『遵守共產黨紀律』。在華盛頓州，獸醫師不可以醫治生病的牛或貓，除非先簽署一份他們不是共產黨員的誓詞。」[3]

對任何人來說，無論他對共產主義的態度為何，要承認這些條件和執業特許想要

3 前引文獻，頁129-30。

保證的那些品質之間有什麼關係，顯然是相當勉強的。這種與執業能力無關的特許條件，有時候甚至過分到簡直是滑稽可笑的程度，多引述幾段Gellhorn的著作，也許可以營造些許插科打諢的氣氛。[4]

最逗趣的一套管制法令是為理髮師制定的，這門職業在許多地方需要特許。這裡引述的例子涉及一條被馬里蘭州法院宣告為無效的法律，不過，在被其他州的法院宣告為合法的一些法條中，仍可發現類似的規定。「（馬里蘭州）法院大為鬱悶而不是大為感動於，居然有這麼一條法律，命令新手理髮師必須接受正規的教學，學習『理髮的各種科學基本知識，包括衛生學，細菌學，毛髮、皮膚、指甲、肌肉與神經的細胞組織學，頭、臉和頸部的結構，關於消毒與殺菌、皮膚、毛髮、汗腺與指甲等疾病的基本化學，剪頭髮，刮鬍鬚，以及頭髮擺布、修整、全染、漂白、與挑染等等技巧』。」[5]再引述一段關於理髮師的趣聞：「在一份研究一九二九年理髮業管制規定的報告中，有十八個具代表性的州被納入，當時在這十八州之中，沒有任何一州命令

4 為了對Walter Gellhorn公平起見，我應該指出，他不同意我的見解，亦即，正確解決這些問題的方法是捨棄執業特許管制。相反的，他認為，雖然執業特許管制已被搞得太過分，但它還是有一些實在的功能要落實。他建議某些程序上的改革與改變。在他看來，這樣的改革便可消除執業特許管制的許多弊端。

5 前引文獻，頁121-22。

那些希望成為理髮師的人必須是『理髮學院』的畢業生，雖然一定期限的學徒實習經驗在所有十八州都是必要的。目前，各州通常堅持要求理髮師必須畢業於理髮學校，而這種學校必須提供不少於一千小時（往往還要多很多）的『理論性科目』教學，諸如工具消毒等等，而且畢業後仍必須經過一定的學徒實習期限。」[6]我相信，這些引文充分顯示，執業特許問題可不僅僅是用來說明政府干預問題的一個瑣碎事例；它們充分顯示，在美國，執業特許已嚴重侵犯到人們從事他們自己所選擇的活動項目的自由，而且由於有持續不斷的壓力，促使立法機構擴大特許管制範圍，它勢將更嚴重地侵犯個人自由。

在討論執業特許的利弊之前，為什麼我們會有這種管制，以及立法機構傾向通過這種特別的法律，透露出哪些一般性的政治問題，值得一說。有許多州的立法機構宣稱，理髮師按理必須由某一理髮師組成的委員會批准；這算不上是很有說服力的證據，可以讓人相信，之所以通過這種法律，事實上是為了公眾的利益。真正的理由肯定不是那個，而是就政治影響力而言，生產者團體往往比消費者更為集中。這一點非常明顯，也時常被提起，不過，它的重要性再怎麼強調都不會過分。[7]我們每個人都

6 前引文獻，頁146。

7 例如，請參見Wesley Mitchell所寫的一篇相當著名的論文〈落後的花錢藝術〉（Backward Art of Spending

是生產者也是消費者，然而，我們作為生產者的活動遠比我們作為消費者的活動更為專門，而且我們投注在我們的生產活動上的那一份注意力，也遠大於投注在消費活動上的那一份。我們的消費項目，即使不是數以百萬計，至少也是數以千計。於是，同一行業的人們，如理髮師或醫師，全都對各自行業的具體問題有很強烈的興趣，全都願意投注可觀的精力，採取一些行動，處理那些問題。相反的，即便我們需要理髮師幫我們理髮，我們也不常去理髮，而且理髮只花掉我們很小的一部分收入，因此，作為消費者，我們對理髮業是不會太在乎的。我們當中幾乎不會有人願意奉獻時間去立法機構作證，反對不公不義限制有意願的人從事理髮業。至於關稅的問題也一樣。那些認為他們在某些特定關稅項目上有特殊利益的團體，是利益比較集中的團體，對他們來說，關稅問題影響重大，而關稅所涉及的公眾利益則是分散得非常廣泛。因此，在缺乏一般性的安排來抵銷特殊利益團體施壓的情況下，生產者團體對於立法行動和立法當局總是比廣泛分散，且各不相同的消費者群體，有更強大的影響力。事實上，就這個觀點而言，讓人納悶的，不是為什麼我們有這麼多、這麼荒謬的執業特許法令，而是為什麼我們沒有更多、更荒謬的這種法令。讓人納悶的是，我們怎麼可能成

Money），收錄於他那本和這篇論文同名的論文集（New York: McGraw-Hill, 1937），pp. 3-19.

功取得這種我們在美國一貫享有，而且目前仍然享有的相對自由，相對免於政府控制個人生產活動的自由，而其他國家也大抵和我們一樣。

要抵銷特殊生產者團體的壓力，我能想到的唯一辦法是，確立一個概括性的預設立場，反對政府承攬某些種類的活動。只有存在這樣一個普遍的預設立場，認定政府在某一類場合的活動應該受到嚴格限制，舉證責任才可能足夠有效地擺在想背離這個概括性原則的那一方，如此要抑制各種促進特殊利益的特殊措施擴散，便多少還有點希望——這一點我們在上面曾一再提到。它和主張美國憲法中的人權宣言，以及主張以規則約束貨幣政策與財政政策的道理是一致的。

執業特許所引起的政策議題

首先須區分三個不同階段的管制：第一階段是身分登記；第二階段是身分檢定；第三階段是身分特許。

所謂身分登記，是指在這種安排下，人們必須在某一官方登記處登錄他們的名字，如果他們要從事某些種類的活動。不會有規定拒絕任何願意登錄名字的人從事相關活動。他或許會被收取一筆費用，這也許是登記費，或是一種收稅的手段。

第二階段是身分檢定。這階段的管制，政府機構可以證明某個人具有某些技巧，但是不可以，以任何方式，阻止那些沒有取得這種證明的人使用這些技巧從事任何職業。一個例子是會計業。在美國大多數的州，任何人都可以從事會計工作，不管他是不是一位公認會計師（certified public accountant）。但是，只有那些已經通過某種特別考試的人，才可以在他們的名字後面加上CPA的頭銜，或在他們的辦公室門口掛牌，說他們是公認會計師。身分檢定往往只是一個過渡階段，許多州已傾向規定越來越多活動限由公認會計師執行。如此針對這些活動的，不是檢定管制，而是特許管制。在某些州，「建築師」是那些已經通過某一指定考試的人，才可以使用的頭銜。這是檢定管制，它並不禁止任何沒有這種頭銜的人提供收費服務，建議人們怎樣蓋好房子。

第三階段是身分特許，這是嚴格意義的管制。在這種安排下，任何人若想從事相關職業，都必須取得某一公認權威的特許。這特許不僅是一個形式，它需要能力證明，或通過某些表面上設計來證明能力的考試，任何未獲特許的人都不准執業，否則將處以罰鍰或坐牢。

我想考慮的問題是：在什麼情況下，如果有這種情況的話，可以辯解這些管制階段中哪一個是正當的？在我看來，身分登記似乎可以根據三個不同理由，在不違背自由主義原則下，辯解為正當。

第一，身分登記可能有助於其他目標的達成。讓我舉例說明：警察機關時常心煩暴力事件。事件發生後，最好是找出誰可以接觸到槍枝。事件發生前，最好是防止槍枝流入那些可能用來犯罪的人手中。要求店家登記出售槍枝的對象，也許有助於達成這個目標。當然，如果允許我重提上面幾章已提過好幾次的一個要點，光說根據這些原則也許可以找出一個道理，絕不足以斷言確實有道理，還必須從自由主義的觀點，權衡實際的利弊得失。我在這裡的全部意思是，類似這樣的考量，在某些場合，也許可以合理推翻一般是反對登記人民身分的預定立場。

第二，身分登記有時候只是方便收稅的一個手段而已，沒有別的意思。因此，真正的問題變成是，為了籌得收入來支應必要的政府服務，收某種稅是否適當，以及身分登記是否確實方便收稅。身分登記可能方便收稅，因為某種稅是向登記者課徵的，或者因為登記者要被當作收稅代理人。例如，要收取對各種消費品課徵的營業稅，就必須有一個名冊或名單，登記所有銷售各種應稅消費品的商店。

第三，而這可能是我們最感興趣的一個為身分登記辯護的理由，亦即，身分登記可能是保護消費者免於欺詐的一個手段。一般來說，自由主義將執行契約的權力委派給政府，而欺詐涉及違反契約。當然，為了預先防範欺詐而要求身分登記，難免有手段上太過分的疑慮，因為身分登記可能對自願的契約構成干擾。但是，我認為，原則上不能排除有這種可能性，亦即，也許有某些活動是如此可能引起欺詐，以致事先最好有一份從事這些活動者的名單。在這方面，計程車駕駛的身分登記也許是一個例子。一個在夜間搭載乘客的計程車駕駛，也許有特別好的機會盜取乘客的財物。為了抑制這種行為，也許最好有一份計程車駕駛的名單，給每一位駕駛一個號碼，要求這個號碼必須放置在計程車上，以便任何遭到騷擾的乘客只需記下計程車駕駛的號碼。這樣的身分登記只涉及使用警力保護人們免於他人的暴力行為，而且也許是最方便達成該目的的方法。

身分檢定的正當性就遠比較難以辯解，原因在於，這是私人市場一般能為它自己做到的事。不管是對產品或是對人來說，問題都一樣，在許多方面，都有私人的檢定單位，提供個人能力或特定產品品質的檢定服務。《時尚好管家》的戳章是一個私人的檢定安排。在工業用品方面，有好幾個民間的測試實驗室在檢定特定產品的品質。在消費品方面，也有若干消費者測試機構，其中消費者聯盟和消費者研究在美國是兩個比較著名的單位。各地的優良企業委員會是自動性質的民間組織，檢定某些地方商人的品質。各種技術學校、學院，和大學檢定它們的畢業生的品質。零售商和百貨公司的一個功能，是檢定它們所銷售的許多商品的品質。消費者發展出對商家的信任，而商家反過來也有經濟上的動機，藉由調查它所銷售的商品品質，來贏得消費者的信任。

然而，有人總會說，在某些場合，也許甚至在許多場合，民間的檢定服務不會供應到，只要有人願意支付檢定的費用，便有人提供的程度，因為檢定的訊息很難保密。這問題基本上和專利權與版權所涉及的問題一樣，亦即，人們是否能夠拿到他們給別人提供的那些服務的價值。如果我從事人才檢定的生意，我也許找不到有效的辦法要求你支付我的檢定服務。如果我把我的檢定資訊賣給某個人，我怎樣才能防止他把資訊傳遞給別人呢？因此，也許不可能透過有效的自願交易取得檢定資訊，即便這是人們必要時願意支付的一項服務。解決這個問題的一個辦法是，讓政府提供檢定服務，就像我們解決其他各種鄰里效應的問題那樣。

另一個可能給政府承辦檢定辯護的理由，是根據獨占的考量而來。檢定有一些技術性獨占的影子，因為完成一次檢定的成本，大抵和該次檢定的訊息傳遞給多少人使用沒有什麼關係。然而，這絕不表示獨占是必然的。

在我看來，特許管制又比檢定更加難以辯解為正當，它更深入地侵犯到人們自願成立契約的權利。儘管如此，還是有一些給特許管制辯護的理由，而自由主義者也須承認，某些特許管制確實包含在他自己所謂適當的政府行動範疇內，雖然，一如既往，任何管制總是必須權衡其利弊得失。對自由主義者來說，和特許管制有關的主要論據是鄰里效應的存在。最簡單也最明顯的例子，是「不稱職的」醫生造成某種傳染病流行。如果他只傷害到他的病人，那也只是病人和他之間自願的契約與交易問題，在這一點上，政府沒有干預的理由。然而，有人也許會說，如果醫生對病人處置無方，可能導致某種傳染病大流行，從而傷害到某些和他們的直接交易無關的第三者。在這樣的場合，可以想像每一個人，甚至包括潛在的病人和醫生，都會願意服從限制只有「稱職的」人才准行醫的規定，以便防止傳染病流行。

實際上，特許管制的支持者給這種管制辯護的主要理由，不是上述那個對自由主義者還有些許說服力的理由，而是一個純粹家父長主義的理由，這幾乎完全沒有說服力。根據他們的說法，人們沒有能力適當地挑選為他們自己提供服務的人，譬如：挑選他們自己的醫生、水電師傅或理髮師。任何人若要理智地挑選一位醫生，他自己就必須是一位醫生，因此，據他們說，我們大多沒這種資格，而且我們也必須被保護，以免由於我們自己的無知而受到傷害。這等於說，我們以我們作為民主政治選民的身分，必須保護我們自己作為消費者的身分，免受我們自己的無知傷害，亦即，必須保證人們不會被不稱職的醫生、水電師傅或理髮師服務。

到目前為止，我一直在列舉實施身分登記、檢定與特許管制的理由或好處。在所有這三種場合，也有巨大的社會成本，必須和任何這些好處擺在一起比較。這些社會成本中，有些前面已經提過，而且下面我還將以醫藥業為例，提出更具體詳細的說明，不過，這裡也許值得把這些社會成本的一般形式記錄下來。

最明顯的社會成本是，任何一個這些管制措施，不管是身分登記、檢定，或特許，幾乎必然淪為特殊生產者團體手中，用來取得獨占地位，以魚肉社會其餘大眾的一項工具，沒有辦法避免這樣的結局。我們可以設計出某一套或另一套旨在避免這種結局的程序管控手段，但是，絕不會有任何一套這樣的管控手段，有可能克服生產者利益遠比消費者利益來得更為集中所引起的問題。那些最關心任何這種管制安排的，那些將極力催促實施這種管制安排的，並且最關心管制執行情況的，將是那些在特定相關職業或行業裡謀生的人。他們必然會催促政府把登記管制升級為檢定管制，把檢定管制升級為特許管制。一旦實施特許管制，那些或許會發展出相關利益，而希望削弱管制規定的人，便會受到阻止，而無從發揮他們的影響力。他們得不到特許執業牌照，因此必須從事其他職業，從而對牌照問題失去興趣。結果總是：入行的門口遭到已入行的成員控制，從而建立獨占地位。

在這方面，檢定的害處比較小。如果通過檢定者「濫用」他們的特別證書；如果行業內的成員在檢定新手時強加非必要的嚴格規定，將取得檢定證書的人數減少得太多，那麼，有證書的執業人員和沒有證書的執業人員之間的價差，就會變得大到足以促使民眾利用沒有證書的業者。以經濟術語來說，對有證書的業者所提供的那些服務，民眾的需求彈性相當的大，所以，他們利用他們的特殊地位剝削其餘民眾的能力就相當有限。

因此，沒有特許規定的檢定，是管制的一處中途站，還保持相當強大的屏障對抗獨占。檢定也有它的壞處，不過，值得注意的是，常見的那些主張特許管制的理由，特別是家父長主義的理由，只要實施檢定便幾乎可以全部給予滿足。如果理由是我們太無知不能判斷誰是好的執業人員，那麼，所有需要做的，將只是讓政府把有關的資訊提供給我們。如果，有了充分的資訊，我們仍要光顧某個未經檢定的執業人員，這時即便吃虧，那也是我們自找的；我們不能抱怨我們不知道自己會吃虧。既然非行業內的一般人所提主張特許管制的理由，可以如此充分地被檢定滿足，我個人很難看出有什麼理由可以辯解特許管制是正當的，而不是檢定是正當的。

甚至身分登記也有顯著的社會成本。它是走向某個制度的第一個重要步驟，在那個制度下，每一個人都必須攜帶身分證，每一個人在他作任何事之前都必須告知當局他計畫作什麼。而且，正如已經指出的，身分登記往往是走向檢定與特許管制的第一步。

醫藥業的執業特許

醫藥這門行業已有很長一段時間，只准許領有特殊證照的人才可執業。「我們該讓不稱職的醫生行醫嗎？」這個問題，如果不經思索，似乎只容許否定的回答。但是，我要強調，再想一下也許會讓人猶豫。

首先，執業須經特許是醫藥業得以控制醫師人數的關鍵。要瞭解為什麼是這樣，需要先討論一下醫藥業的結構。美國醫藥協會（American Medical Association）也許是美國最強大的工會。任何工會的權力本質，都在於它力足以限制從事相關職業的人數。執行這種限制的方式可能是間接的，譬如，工會也許能夠強制執行某一高於市場均衡的工資率。如果這樣的工資率能夠強制執行，它將會減少找得到該門職業工作的人數，從而間接減少從事該門職業的人數。此一限制人數的辦法有缺點，在該門職業的邊緣總是會有一群對限制不滿的人想擠進來。如果工會能直接限制進入該門職業的人數，亦即，限制那些確實想在該門職業中謀職的人數，它的處境會好很多。那些不滿的與心懷怨恨的人在起始點便被排除，因此工會用不著煩惱他們。

美國醫藥協會作為一個工會就處在這樣的好位置。它能夠限制想進入醫藥業謀職的人數。它怎麼能做到這一點呢？最要緊的控制關卡位在醫學院入學階段。美國醫藥協會下設的醫學教育與醫院委員會（Council on Medical Education and Hospitals）核准醫學院。任何醫學院想獲得核准，或想留在核准的名單上，都必須滿足該委員會規定的標準。該委員會的權力，在好幾次有壓力要求減少入學人數時，曾經獲得證明。例如，在一九三〇年代的大蕭條時期，醫學教育與醫院委員會給各個醫學院寫了封信，說醫學院招收的學生人數多於能夠給予適當訓練的人數。隔了一年或兩年，各個醫學院果然都減少招收學生。據此，可以強烈推定該委員會的建議有些效果。

為什麼該委員會的核准這麼重要？如果它濫用權力，為什麼未獲核准的醫學院不起來反抗？正確的答案是，幾乎在美國每一州，個人必須取得特許執照才可行醫，而要取得特許執照，他必須畢業於被核准的醫學院。在幾乎每一州，核准的醫學院名單和醫學教育與醫院委員會核准的醫學院名單完全一致。所以說，執業須經特許是有效控制入學人數的關鍵。它具有雙重效應，一方面，特許管制委員會的委員都是醫生，因此他們在核發行醫執照的關卡上多少有些控制權。這個控制權，和在醫學院層次的控制權相比，效力比較有限。幾乎所有需要特許證的行業，人們都可一再嘗試取得特許，某個人如果嘗試的時間夠長，而且在夠多的管轄區裡嘗試，他便很可能遲早會獲得特許證。如果他已經花錢花時間獲得必要的訓練，他就有強烈的動機一再地嘗試爭取特許。因此，那些只在個人獲得訓練之後才有作用的特許管制規定，對入行的影響，主要在於提高個人進入該行業的成本，譬如，那些規定也許讓人需要花更長的時間嘗試爭取才得以入行，而且最後是否成功入行總是有一些不確定性。但是，此一成本的增加，在限制入行的效力上，決不像從開始便阻斷個人踏上他的職業生涯那樣的有效。如果他在申請進入醫學院的階段被淘汰出局，他就永遠成不了特許考核的投考者；他絕不可能在考核階段讓人煩惱。因此，要控制某一專業的執業人數，最有效的辦法是控制進入專業學校的學生人數。

控制醫學院的入學人數和之後的特許執照審核，讓醫藥業能夠以兩種方式限制進入該專業的人數。明顯的方式是乾脆駁回許多申請者。比較不明顯，但很可能更為重要的方式，是建立某些入學與執業特許審核的標準，使進入醫藥業變得非常困難，以打消年輕人的志氣，讓他們自始不敢嘗試申請入學。雖然在大多數的州，法律僅要求進入醫學院前必須讀完兩年大學，但是，幾乎百分百的醫學生都讀完四年大學。同理，本業的醫療訓練也被延長，特別是透過更嚴苛的醫療實習安排。

附帶說一下，律師從來沒像醫生那樣成功地控制過法律學校的入學人數，雖然他們也正朝那個方向努力前進。箇中的原因頗為有趣。幾乎每一個在美國律師協會核准名單上的法律學校都是全日制學校；幾乎沒有核准的夜校。然而，有許多州議員卻是夜校的法律系畢業生，如果他們投票限制只有特許核准的學校畢業生才能執行律師業務，他們便實際上等於投票說他們自己不夠格。他們不願意否定他們自己的能力，是律師業雖然也在努力模仿醫藥業的控制手段，但迄今成功的程度時常受到限制的主要因素。我自己已經有好幾年沒對法律學校的入學規定做過任何廣泛的研究，不過，我的瞭解是，前項限制因素正在逐漸衰弱中。學生變得比較富裕，意味著有一較大比例就讀全日制法律學校，而這正逐漸改變各個州議會的議員成分。

再回到醫藥業。醫藥業對入行的控制權，最重要來源就是那一條必須從核准的學校畢業的規定。該業利用此一控制權限制從業人數。為了避免誤解，且容我強調，我不是在說醫藥業的某些個別成員，某些醫藥業的領袖，或那些執掌醫學教育與醫院委員會的業內人士，為了提高他們自己的收入，而刻意大費周章地限制入行的人數，那不是實際運作的方式。即便當這些人明白表示，限制行醫人數以提高收入有其可取之處時，他們為這政策的正當性辯護的理由也將總是說，如果「太」多人被允許入行執業，將降低那些人的收入，以致那些人將被迫訴諸不道德的行為，以賺取某一「適當的」收入。他們說，唯一能夠讓合乎道德的行為得以維持的辦法，是讓從業人員保有某一標準的收入，這標準必須和醫藥專業人員的專業貢獻與個人需求相配。我必須承認，我總覺得這樣的理由非常要不得，不管就道德而言或就事實而論。醫藥業的領袖居然公開表明，他們和他們的同事必須被收買來遵守道德，這著實極其反常到讓人不敢相信。而如果事實真是如此，我真懷疑這收買的價格會有任何上限。貧富與誠實之間似乎沒什麼統計上的關聯。一般人的看法倒是正好相反；不誠實也許不會總是有益，不過，不誠實有時候的確有益。

只有在像大蕭條那樣，失業非常嚴重，而收入相當低落的時候，人們才會以前述那樣的理由，辯解他們對入行的控制。在平常的時候，為限制入行辯解的，是另一套理由。這套理由說，醫藥業的成員希望提高他們所謂的專業「品質」標準。這套理由含有一個相當常見的盲點，而這盲點也非常不利於正確瞭解一個經濟體系是如何運作的，這盲點就是，它未能分辨技術效率與經濟效率之不同。

一則關於律師的故事也許可以說明這一點。有一次一群律師集會討論入學問題，我的一位同事在會議上，拿汽車業來做比喻，陳詞反對限制性的入學標準。他說，如果汽車業真的主張，任何人都不應該駕駛低品質的車子，所以任何汽車製造商都不應該被允許生產品質達不到凱迪拉克標準的車子，那是不是很荒謬。當時有一位聽眾站起來對這個比喻大表贊同，他說，美國人當然消受不起使用凱迪拉克級的律師。這往往就是專業工作者的態度。執行任何專業的成員只注意他們自己的專業技術標準，並且實際上是在主張，我們必須只有第一流的醫生，即使這意味著某些人將得不到醫療服務——他們當然絕不會這麼說。儘管如此，人們應該只得到「最佳的」醫療服務，這樣的見解總是導致某種限制性政策，某種壓低醫生人數的政策。我當然不是想說，這是唯一在發生作用的力量，而只是想說，如果他們沒有這種讓自我感覺良好的辯解理由，這種考量導致許多有良心的醫生默默接受一些他們將會立即拒絕的政策。

所謂提高專業品質，很容易證明只是一項辯解理由，而不是限制入行的根本動機。美國醫藥協會醫學教育與醫院委員會曾經使用權力，以一些絕不可能和醫藥專業品質有任何關係的要件，限制入行人數。最明顯的例子是他們給各州建議，將公民資格列入特許行醫的要件。我無法想像這個所謂要件和醫療能力有任何關係。另一項他們曾偶爾嘗試強加的要件是，特許證考試必須採用英語。關於該協會的權力與效力，以及該協會要求的限制條件和專業品質無關，有一個我總覺得著實驚人的統計數字，提供了一項頗富戲劇性的證據。一九三三年當希特勒在德國掌權後，有一大群專業人員從德國與奧地利等國外流，當然包括許多想到美國執業的醫生。在一九三三年後的五年間，國外訓練的醫生獲准在美國執業的人數，和一九三三年前的五年間完全相同。這顯然不是事態自然發展的結果。這些額外的醫生所形成的威脅，導致美國醫藥協會對外國醫生採取嚴格緊縮的入行條件，對他們強加極高的入行成本負擔。

執業須經特許，顯然是醫藥業之所以能限制執業醫師人數的關鍵，也是該業之所以能限制實際醫療技術與組織改變的關鍵。美國醫藥協會一貫反對聯合醫療行為，也反對預付醫療計畫。這些執行醫療的方法或許有其缺點，但它們是技術創新，如果人們願意試著用用看，那他們就應該有嘗試的自由。根本沒有道理斷言，就技術面而言，醫療行為的最佳組織方式是由獨立的醫師執行個別醫療服務。最佳的組織方式也許是聯合醫療，或者也許是由許多各科醫師組成的公司。應該有一個各式各樣的組織都可被嘗試的醫療系統。

美國醫藥協會一直抗拒這些創新嘗試，而且一直能有效地抑制它們。它之所以能做到這一點，全因為行醫須經特許的規定，間接給了它控制人們進入醫院行醫的權力。醫學教育與醫院委員會核准醫院以及醫學院。一位醫師若想獲准進入一家「核准的」醫院行醫，他通常必須獲得他所在郡縣的醫藥協會，或該醫院的董事會核准。為什麼不能開辦沒獲得核准的醫院呢？因為在目前的經濟情況下，想要經營醫院，就必須找得到一定人數的實習醫師。在大多數的州，醫師執業須經特許的法令規定，想要行醫的人必須要有一定的實習醫師經驗才會被特許行醫，而這實習經驗還必須是在某家「核准的」醫院取得。「核准的」醫院名單，通常和醫學教育與醫院委員會核准的名單完全一致。因此，執業須經特許的法令，給了醫藥業控制醫院以及醫學院的權力。這是美國醫藥協會，在反對各種形式的聯合醫療方面，之所以大多取得成功的關鍵。只在少數幾個場合，一些組織聯合醫療的團體能夠繼續存在。在哥倫比亞特區，它們之所以成功，原因在於它們能引用聯邦的《謝爾曼反托拉斯法》，控告美國醫藥協會，並且獲得勝訴。在其他少數幾個場合，它們之所以成功，是因為有一些特別的理由。然而，毫無疑問的是，由於美國醫藥協會的反對，朝聯合醫療發展的趨勢迄今被大大地延緩。

有趣的是，而這也算是一段離題的悄悄話，美國醫藥協會只反對一種聯合醫療，亦即，只反對預付的聯合醫療計畫。這項反對背後的經濟理由似乎是，預付的聯合醫療計畫消除了（按病患背景之不同而予以）差別收費的可能性。[8]

很明顯，執業須經特許，一直是限制入行的核心因素，而且這涉及沉重的社會成本，不管是對那些想行醫但被阻止行醫的個人來說，或是對那些想購買但被阻止購買，從而被剝奪了醫療服務的民眾來說。我接著想問的是：執業須經特許，真的有它據說的好效果嗎？

首先要問，它真的提高了醫療能力的水準？基於幾個理由，絕不可能毫不猶豫地說，它確實提高了實際醫療能力的水準。首先，每當你在任何領域的入口處設置了一塊障礙時，你就確立了一個設法繞過那塊障礙的誘因，而醫藥業當然不是例外。整骨

8 參見Reuben Kessel, "Price Discrimination in Medicine," *The Journal of Law and Economics*, Vol. I (October, 1958), 20-53.

醫療業和脊骨神經醫療業的興起，和傳統醫藥行業的准入限制並非毫無關聯。正好相反，這兩種專業的每一種，在一定程度內，都代表一種企圖繞過准入限制的嘗試。而這兩種專業的每一種，也反過來，正開始要使它自己變成特許的職業，並且開始要設立各種准入限制。結果是創造出不同水準與種類的醫療服務，產生所謂醫療和替代醫療，諸如整骨醫療、脊骨神經醫療、信仰醫療，等等的分別。這些替代醫療的品質，很可能低於醫療照顧在沒有行業准入限制的情況下會有的品質水準。

更一般地說，如果醫師人數少於在沒有特許管制時該有的數目，並且假設他們全部充分就業，一如他們通常的處境那樣，那就意味著，實際上由受過訓練的醫師提供的醫療服務總量會比較小，或者說，由他們提供的醫療服務總工時會比較少。替代他們的將是由未經訓練的人所提供的醫療服務；這種服務很可能是，並且有一部分必然是，由一些完全沒有專業資格的人提供的。再說，實際情況還要更為複雜。如果要規定「醫療服務」僅允許由領有特許證的醫師執行，那就必須定義醫療服務是什麼，或包括哪些服務項目，而服務項目灌水，又不是只有鐵路工會才搞得出來的事。根據相關法令的解釋，許多服務項目被限制給有特許執照的醫師來做，儘管技術員或其他沒有凱迪拉克級醫療訓練的熟手可以完全勝任那些項目。我不是一個夠格的技術專家，沒有能力列舉所有這樣的項目，我只知道那些曾研究過這個問題的人說，目前的趨勢是，技術員可以完全勝任的一些工作，越來越廣泛地被納入「醫療服務」範圍，受過訓練的醫師，把相當大的一部分時間，花在別人可以勝任的一些事情上。結果是嚴重地減少醫療照顧的數量。要適當地衡量醫療照顧的平均品質，如果這個概念真能想像的話，決不可以簡單地就所給的醫療照顧品質加以平均；那樣做就好像，在判斷某種治療方式的效力時，只考慮治療後倖存者的比例，卻沒考慮未受治療者的情況；適當的判斷還必須考慮到，各種管制減少醫療照顧數量的事實。結果很可能是，就某一真正意義而言，平均的醫療能力水準已經被各種特許管制降低了。

上面的那些評論甚至還遠遠不夠周全，因為它們只考慮某一時間點的情況，沒顧及動態變化。任何科學或實用領域的進步，時常源自一大群沒有任何專業地位的怪人，和江湖郎中當中某一位的工作成果。在醫藥業，按目前的情況，除非是該專業的成員，很難從事研究或實驗。如果你是該專業的一個成員，並且想保持良好的專業地位與名聲，那麼，你能從事的研究種類便會受到嚴重的限制。某位「信仰醫療師」也許純粹只是一位江湖郎中，專門哄騙某些輕信的病患，但在一千位或數千位江湖郎中當中，也可能有一位將創造出一次重要的醫學突破。有許多不同的途徑達到知識與學問，而只特別允許某一群一般必須服從現行正統作法的人，執行所謂醫療業務，並且像我們這樣動輒想當然耳地界定所謂醫療服務的範圍，勢必會減少實際進行的實驗數量，從而降低醫藥知識的成長率。對醫藥科學的內容來說，是如此，對執行醫療的組織來說，也是如此，就像上面已經提到的那樣。下面我將進一步詳細說明這一點。

執業特許管制，以及連帶的醫療服務獨占，還傾向以另一種方式降低醫療服務的水準。我已經提示過，執業特許管制，一則經由減少醫師人數，再則經由減少受過訓練的醫師用於執行比較重要，而非比較不重要的工作總時數，以及三則經由減少醫學研究與發展的誘因，降低平均的醫療水準。它也使一般人想從醫師手中取得醫療失當的賠償更加困難，從而降低平均的醫療水準。個別公民免於無能醫療的一個保護傘，是避免醫療欺詐，以及在法院提起訴訟，控告醫療失當的能力。有些醫療糾紛的案子被提起訴訟了，而醫師也對他們必須支付鉅額的醫療失當保險費大吐苦水。然而，若是沒有醫療協會睜大眼睛的監視，控告醫療失當的訟案肯定會比現在看到的更多也更成功。要找到一位醫師作證指控他的同僚，很不容易，因為這樣的醫師會面臨他在某家「核准的」醫院執業的權利將被拒絕的制裁。專業的證詞通常必須來自各地方醫療協會本身成立的專門小組中的成員，當然，那些專門小組據稱總是為了所謂病患的利益而成立的。

在考慮了這些效應後，我個人確信執業特許管制已經降低了醫療服務的數量和品質；確信它已經減少了那些希望行醫者成為醫師的機會，迫使他們從事一些他們認為比較不具吸引力的職業；確信它已經迫使民眾花了比較多的錢，卻得到比較差勁的醫療服務；並且確信，不管是在醫藥科學本身，還是在執行醫療的組織方面，它都已經減緩了科技發展的步伐。我的結論是，限制行醫必須經過特許的規定應該廢除。

在讀了這一切之後，我猜許多讀者，就像許多我曾經和他們討論過這些議題的人那樣，將會說，「可是，我們有其他什麼辦法可以取得關於醫師品質的證據嗎？即便對於各種社會成本的問題，你的所有看法都是對的，難道特許執照不是唯一可以向民眾保證，至少有最低品質以上的辦法嗎？」這個問題的答案一部分是，目前人們在選擇他們的醫生時，並非從一份有特許執照的醫師名單中隨機挑幾個名字；另一部分答案是，某人在二十或三十年前通過某項考試的能力，很難保證他目前的品質；因此，特許執照不是眼前擔保至少有最低品質以上的主要證據，甚至也不是重要的證據。但是，主要的答案和這些部分的答案非常不同。主要的答案是，該問題本身顯示現狀對思想的箝制效果，以及，和市場的豐富創意相比，我們在我們外行的領域，甚至在我們還有些判斷能力的領域，我們的想像力實在過於貧乏。且讓我臆測，如果醫藥專業群體未曾行使其獨占力量，醫療市場迄今會怎樣發展，以及會發展出什麼保證品質的機制，來勾勒這主要的答案。

假設人們從來都有行醫的自由，除了必須為欺詐與疏忽，以致給他人造成傷害，承擔法律與財務責任，沒有任何限制。果然如此，我猜，整個醫藥業的發展勢必會大為改觀。對於醫藥業的發展會有什麼不同，目前的醫療護理市場給了一些暗示，儘管這市場的發展素來頗受限制。和醫院結合的聯合醫療會大幅成長，或許會發展出醫療合夥公司或股份公司等等不同形式的醫療團隊，不像現在這樣，除了個別執業醫師外，就是政府或慈善基金經營的大型機構醫院。那些醫療團隊會提供核心的診斷與治療設備，包括住院設施。某些醫療團隊或許會是預付的，把住院保險、健康保險和聯合醫療服務合併成一整套。其他醫療團隊則是就個別的服務項目分別收費。當然，多數醫療團隊或許會同時使用這兩種支付方式。

這些醫療團隊——如果你願意，也可稱之為醫療百貨公司——會是病患和醫師之間的中介。由於壽命很長而且不會移動，它們會有很大的興趣建立品質可靠的商譽。由於相同的理由，消費者也會得知它們是否真的品質可靠。它們會有專門的技巧判斷醫師的品質；實際上，它們會是消費者判斷醫師品質的代理人，就像百貨公司現在是消費者判斷許多商品品質的代理人那樣。另外，它們可以更有效率地組織醫療服務，結合技巧與訓練程度不同的醫務人員，利用訓練有限的技術員執行一些適合他們的工作，保留那些技能高超的專家，執行只有他們才能執行的任務。讀者可以進一步添加自己想到的一些變化與細節，像我這樣，一部分參考目前在領先的醫療診所裡實施的一些安排。

當然，並非所有醫療服務都會透過這些醫療團隊提供，會繼續有個別執業的私人醫師，就好像客群有限的小零售店和大型百貨公司並存，個別執業的律師和擁有許多合夥人的大律師事務所同在。醫師會建立個別的商譽，而有些病患會比較喜歡個別執業醫師的私密性。某些地方會太小了，不適合由醫療團隊服務，等等。

我甚至不會想說，這些醫療團隊將稱霸醫療市場，我的目的只是要舉例證明，有許多不同於現行醫療組織的可能安排。任何個人或一小群人都不可能想到所有可能的安排，更別說評估它們的利弊得失，這正是反對中央政府計畫和反對那些，像專業獨占那樣，限制實驗自由的管制安排的偉大理由。反過來說，為市場辯護的偉大理由，則在於它的兼容並蓄；在於它能夠善用範圍廣泛的專門知識與能力。它讓特殊利益團體沒有能力阻止實驗，並且允許顧客而不是生產者決定什麼是對顧客最好的服務。

第十章　所得分配

現實的（所得）不平等有許多是源自於市場的各種不完美。而許多這些不完美，卻是政府採取的措施造成的，或是可以被政府採取的措施消除的。有充分的理由調整遊戲規則，消除所有這些不平等的源頭。

某種集體主義的情感在本世紀的發展，至少就西方國家而言，向來有一核心元素，亦即，相信所得平等是社會應該追求的目標，以及願意使用政府的力量促進這個目標。在評估這種平等主義的情感和它所產生的所得平均措施時，有兩個非常不同的問題必須考慮。一是規範性道德的問題：以政府干預手段促進所得平均的正當理由何在？二是實證性科學的問題：實際採取的那些措施效果如何？

所得分配的道德面

直接辯解自由市場社會裡的所得分配正當的那個道德原則是，「每個人都按照他和他所擁有的工具所生產的價值獲得分配。」然而，要讓這個原則發揮作用，暗中也有賴政府的作為。各種財產權都牽涉到法律與社會公約，正如我們所見，各種財產權的界定與執行是政府的一項主要功能。在這個道德原則充分發揮下，最後的所得與財富分配，在相當大程度內，很可能取決於社會所採納的財產權法則。

這個原則和另一個在道德上也很誘人的原則，亦即，平等對待，兩者之間的關係為何？在一定程度上，這兩原則並不相互矛盾。按照所生產的價值給付酬勞，可能是落實真正的平等對待所必須的作法。假設有幾個我們認為在個人能力與初始資源稟賦方面相等的人，其中某些人比較喜歡休閒，而另一些人則比較喜歡探索有市場銷路的商品，則他們透過市場所得到的報酬不平等，乃是達到總報酬平等或平等對待所必須的。某個人也許比較喜歡某種例行性的工作，因為這讓他有比較多的時間享受日光浴，而不喜歡某個薪水比較高但比較累人的工作；另一個人的工作偏好可能正好相反。如果這兩者被給付相等的金錢報酬，他們的所得在某一更為根本的意義上將不相等。同理，平等對待的原則要求某個人在承擔某一骯髒、令人反感的工作時被給付的報酬，必須多於他承擔某一宜人有趣的工作時被給付的報酬。許多被觀察到的所得不平等屬於這一類。金錢所得的差異，抵銷不同職業或行業在其他非金錢方面的差異。以經濟學家的術語來說，要金錢所得的差異，是為了使全部包括金錢的與非金錢的「淨利益」相等，必須要有的「平等化差異」（equalizing differences）。

另一種經由市場運作而來的不平等，就某一比較微妙的意義而言，也是產生平等對待，或者換句話來說，為了滿足人們的品味，所必須的。這最容易以彩票抽獎為例來說明。想像有一群人，他們起初有相同的稟賦，並且全都自願同意參加某一獎品分配非常不平等的彩票抽獎活動。抽獎後的所得不平等，顯然是這一群人賴以盡量利用他們起初的平等所必須的安排。事後重新分配他們的所得，等於是拒絕他們參加抽獎的機會。這個例子實際上遠比拘泥於「彩票抽獎」的字面意義所顯示的更為重要。人們在一定程度上是按照他們對不確定性的偏好在選擇職業、投資，等等。努力想成為電影明星而不是公務員的女孩，是在刻意選擇參加某一彩票抽獎活動，就像某個人投資於風險極高的鈾礦水餃股而不是政府債券那樣。買保險則是對確定性有偏好的一種表達方式。甚至這些例子也還沒充分表明，在多大的程度上，實際的不平等可能是某些契約安排運作的結果；那些安排是刻意設計來滿足人們的風險偏好的。有一些給付與僱用的特殊安排，是受到這些風險偏好影響的。如果所有潛在的電影女演員對收入不確定有很大的反感，那就可能會發展出若干電影女演員「合作社」，成員們事先同意在某一程度上平均分享收入，從而實際上透過風險集中與分攤，為她們自己提供保險。如果這種偏好非常普遍，大型多角化經營的公司，結合眾多高風險與無風險的事業部門，便可能成為市場常規。而冒險投機的石油探測商、私人獨資企業、小型合夥公司，全都成為稀有動物。

沒錯，對於政府透過累進稅等手段執行的一些所得重分配措施，這是一個理解的方式。人們可以辯稱，由於某種原因，也許是管理成本使然，市場無法提供社會成員想要的那種，或範圍廣泛的各種抽獎彩票，而累進稅則可以說是一種可以滿足人們這方面希望的政府事業。我不否認這個見解包含一些真理，儘管如此，它也不太能證明目前的稅制是正當的，別的不說，就因為這些累進稅是在已經大致知道，是誰在實際的人生彩票中得了大獎，以及又是誰得到鴨蛋後才課徵的，而且投票贊成徵收這些稅的，大多是那些認為他們自己已經抽中鴨蛋的人。這樣的思路也許可以辯解某一世代投票決定，適用於目前尚未出生的未來某一世代的稅率表。我猜，任何這樣的程序所產生的所得稅稅率表，其累進的程度，至少在表面上，將遠低於現行的稅率表。

雖然按照生產價值分配酬勞所產生的所得不平等，有不少是在反映「平等化」差異，或滿足人們對不確定性的偏好，但是，也有一大部分所得不平等，是反映初始稟賦的差異，包括個人能力與財產方面的差異。正是這部分的不平等，引起真正困難的道德議題。

普遍有人辯說，絕對有必要區分個人稟賦的不平等和財產的不平等，以及區分源自繼承的財富不平等，和源自個人努力取得的財富不平等。個人的能力差異、或當事人自己累積的財富差異，所導致的不平等被認為是應當的，或者至少不像繼承的財富差異所導致的不平等那樣明顯不應當。

這種區分是站不住腳的。想像有甲乙兩人，甲自他父母那裡繼承了一副特殊的嗓音，很受市場歡迎，乙則繼承了一筆財產。有什麼道德上的理由認為甲的高報酬比乙的高報酬更應當呢？俄國政委的兒子和農民的兒子相比，無疑有較高的所得期望值——也許還有較高的被鬥爭清算期望值。這會比美國百萬富翁的兒子有較高的所得期望值更合理嗎？還是更不合理？我們可以從另一角度看待這個相同的問題。某位富有的家長想把他的財富傳給他的小孩，他有許多不同的方式實現他的想法。他可以利用某一筆錢資助他的孩子獲得，譬如，公認會計師的訓練，或者幫助他的孩子成立賺錢的事業，或者設置一份信託基金，每年產生一筆財產收入給他的孩子。在任何這些例子中，這個孩子都將有一筆比他在沒有長輩照顧時更高的收入。但是，他的收入，在第一例中，將被視為來自他個人的能力；在第二例中，被視為事業的利潤；在第三例中，被視為來自繼承的財富。可有任何理由區分這三種收入在道德上的高下？最後，似乎不可能合乎邏輯地說，某人有權利享有他憑個人的能力，或他自己累積的財富，所生產出來的東西，但是，他沒有權利把他的任何財富傳給他的孩子；也不可能合乎邏輯地說，某人可以利用他的收入過花天酒地的生活，但是，不可以把他的收入傳給他的後代。毫無疑問，後者是使用他所創造的財富的一種方式。

這些反對所謂資本主義道德原則的理由固然不成立，但此一事實當然證明不了資本主義道德是可以接受的原則。我發現，不管是要證明接受它是對的，或是要證明拒絕它是對的，或是要證明任何取代它的原則是對的，都很困難。我因此傾向認為，它本身不可能當成道德原則看待；它必須視為其他某一原則，譬如，自由原則的實踐手段或附帶推論。

某些假設性的例子也許可以說明這個根本的困難。假設有四位魯濱遜・克魯梭分別被單獨放逐到四個鄰近的島嶼上。其中一位湊巧登上一座物產豐饒的大島，讓他得以輕輕鬆鬆、舒舒服服地過生活。其餘三人湊巧分別登上三座相當貧瘠，只夠他們勉強維生的小島。有一天，他們互相發現彼此的存在。如果那位住在大島上的克魯梭邀請其餘三位和他一起分享大島上的富裕，那當然算是證明他的慷慨。但是，假設他沒邀請他們一起分享。其餘三位是否有道理聯合起來強迫他和他們分享他的財富呢？許多讀者也許會被利誘而回答是。但是，在屈服於這個利誘之前，且考慮這個表面上不同，但本質上其實完全一樣的情況。假設你和三位朋友正走在街上，而你湊巧瞥見並且撿回一張躺在人行道上的二十元紙鈔。如果你和他們平分這二十元，或至少請他們湖吃海喝一頓，那當然是你的慷慨。但是，假設你沒這麼做。其餘三位是否有道理聯合起來強迫你和他們平分這二十元呢？我猜大多數的讀者會回答不，並且在進一步思考後，他們也許甚至會說，那個慷慨的行動本身不是顯然「合理的」。難道我們準備敦促我們自己或我們的同胞相信，任何人，如果他的財富超過這世界上所有人的平均，都應該立即處理掉那超過的部分，把它平分給這世界上其餘的人嗎？當少數幾個人從事這種行為時，我們也許會給予欽佩和讚揚，但是，人們普遍「競相較量慷慨贈送禮物」（potlatch），將使文明社會的存在不可能維持。

無論如何，兩個錯誤的行為加起來，不等於是一個正確的行為。那位富裕的魯濱遜．克魯梭，或那位撿到二十元紙鈔的幸運兒，不願意和別人分享他的財富，並不能證明別人使用暴力脅迫他是對的。我們能正當地坐在審判席上裁判我們自己的案子，單憑我們的意思，決定什麼時候有權利使用武力強取我們認為別人該給我們的東西？或強取我們認為不該是他們的東西？從足夠遠的距離來看，身分、地位或財富上的差異，大多可以視為機遇碰巧的結果。某個人，如果工作努力並且生活節儉，一定會被認為是「該受獎賞的」人；然而，他之所以有這些品行，相當程度是由於他夠幸運地（或夠不幸地？）繼承了他的那些基因。

儘管在口頭上我們全都相對推崇「功勞」而鄙視「機遇」，但我們通常遠比較容易接受源自機遇的不平等，而不是明顯可歸因於功勞的不平等。對於抽中彩票獨得大獎的某位同事，大學教授也許會羨慕他，但不可能對他心懷惡意，或覺得受到不公平的對待。設若那位同事獲得一次微不足道的加薪，使得他的薪水高於那位教授的薪水，則該教授就比較可能覺得委屈。畢竟，機遇的女神，就像正義的女神那樣，是盲目的。而那次加薪，則是對雙方優劣或功勞大小的一次經過考慮的裁判。

按生產價值分配的工具性角色

在市場社會裡，按生產價值給付的主要作用不是分配所得，而是配置資源。正如上面第一章指出的，市場經濟的核心原則是透過自願交易的合作。人們之所以和別人合作，是因為他們這樣能更有效地滿足他們自己的需要。但是，除非個人獲得他所增加的全部生產價值，否則他將是按他能獲得多少價值，而不是按他能生產出多少價值，在進行交易。於是，那些在合作的各方都獲得各自所貢獻的總產出價值時，對各方都有利的交易將不會發生。所以，若要讓各種資源得到最有效的利用，就必須按生產價值給付，至少對一個倚賴自願合作的社會體系來說，那是必須的。如果有充分資訊，強制也許能夠取代報酬的誘因，雖然我很懷疑它能夠。你能任意擺布沒生命的東西；你能強迫人們在某些時候出現在某些地方；但是，你無法強迫人們付出他們最大的努力。換句話說，以強制取代自願合作，會改變可以利用的資源數量。

在市場社會裡，按生產價值給付的基本作用，雖然在於不以強制為手段，而使各種資源得以有效率地配置，然而，除非它也被認為會帶來分配正義，否則它不可能被社會容忍。任何社會都不可能穩定，除非有一些基本的核心價值判斷，絕大多數的社會成員不假思索地接受。某些關鍵機制或社會常規，人們必須視為「絕對的價值」，無條件地接受，而不僅視為有用的工具。我相信，按生產價值給付，過去是，而且大體上，現在仍然是，一個被這樣接受的價值判斷或常規。

藉由檢視資本主義體系內部的反對者，用來抨擊該體系所產生的那種所得分配的理由，可以證明這一點。社會核心價值的一個辨識性特徵是，它被社會成員同樣接受，不管他們自認為是將社會組織起來的那個體系的支持者或反對者。即便是資本主義體系內部那些最嚴厲的體系批判者，也一直暗中接受，按生產價值給付，就道德而言，是公平的。

最廣泛的批判來自馬克思主義者。馬克思說，勞動被剝削。為什麼這麼說？因為勞動生產了全部的產品價值，但只得到一部分的產品價值；其餘是馬克思所謂的「剩餘價值」。即使暗含在此論斷中的事實陳述被接受為真，他所下的價值判斷，也只有在接受資本主義的給付原則下才成立。只有在勞動有權利獲得它所生產的價值時，才可以說勞動「被剝削」。如果反而接受社會主義的前提，「各取所需，各盡所能」——且不管這是什麼意思——那麼，勞動所生產的，就必須和勞動的「能力」而不是和勞動所得做比較，而勞動所得，就必須和勞動的「需要」而不是和勞動所生產的做比較。

當然，在其他基礎上，馬克思主義者的論證也同樣不成立。首先，他們搞混了所有合作資源的總生產價值，和個別資源所增加的生產價值——以經濟學者的術語來說，就是他們搞混了總生產價值和邊際生產價值。甚至更顯著的是，在從前提推演到結論的過程中，他們所謂的「勞動」有一未明言的變化。馬克思承認資本在價值生產過程中的角色，但認為資本是被具體化的勞動。因此，如果全部寫出來，馬克思主義者的三段論邏輯前提應該這麼說：「現在與過去的勞動生產出全部的產品價值。現在的勞動只得到一部分產品價值。」合理的推論想必是「過去的勞動被剝削」，而推斷出的行動則是，過去的勞動應該得到更多生產價值，雖然完全不清楚怎樣讓它得到那更多的生產價值，除非給它豎立更精美的墓碑。

毋須透過強制手段而達成資源配置，是按生產價值分配在市場社會中主要的工具性作用。但是，資源配置不是它唯一的工具性作用，它所導致的不平等也有一些作用。我們曾在第一章指出，在提供一些獨立的權力中心，以對抗政治權力集中的趨勢方面，以及在提供一些「贊助者」資助散布一些不受歡迎的，或純粹只是新穎的理念，以促進公民自由方面，所得不平等所扮演的角色。此外，在經濟方面，所得不平等也提供一些「贊助者」資助新產品的實驗與發展，譬如，購買第一批實驗性質的轎車和電視機，更別說印象派畫作。最後，按生產價值分配，讓所得分配得以自然客觀、不帶人為色彩地（impersonally）進行，而毋須任何「權威當局」指導——這是在實現沒有強迫的合作與協調時，市場一般扮演的那個角色的一個特殊面相。

所得分配面的一些事實

一個內含按生產價值給付原則的資本主義體系可能有，而實際也的確有，可觀的所得與財富不平等。此一事實時常被曲解成，資本主義和自由企業體系，製造出比其他社會體系更廣泛的不平等，而且資本主義體系的擴張與發展，也必然帶來更大的不平等。已發表的大部分所得分配統計數字的誤導性，特別是它們未能區分短期與長期的不平等，對上述曲解有推波助瀾的作用。且讓我們審視比較廣泛的一些所得分配事實。

和許多人的預料大相逕庭的一個最驚人的事實是，有關所得的來源。資本主義發展程度越高的國家，一般稱之為資本的那種資源的使用權，被給付的所得所占比例越小，而個人勞務被給付的所得所占比例則越大。在低度開發國家，諸如印度、埃及，等等，大約一半的總所得是財產所得。在美國，財產所得大約是五分之一。在其他資本主義發達國家，這方面的比例和美國差異不大。當然，這些國家比低度開發國家有更多的資本，但是，它們在國民個人生產能量方面甚至更富有；因此，較大的財產所得是總所得中較小的一部分。資本主義體系的偉大成就向來不是財產的累積，而是它所提供的許多機會，讓男男女女得以擴大、發展和完善他們的個人能量。然而，資本主義的敵人卻喜歡斥責它崇拜物質，而它的一些朋友又總是懷著歉意，低聲下氣地辯解，資本主義的物質崇拜是社會進步的必要代價。

另一個和通俗的想法恰相反的驚人事實是，資本主義導致比其他社會組織體系更小的不平等，而且資本主義的發展也大大降低了不平等的程度。歷史上和地理上的比較同樣證實這一點。在西方資本主義社會，像是斯堪地納維亞那些國家、法國、英國和美國，不平等的程度，無疑遠低於像印度那樣的階級社會，或像埃及那樣的經濟落後國家。要和俄國那樣的共產主義國家比較不平等的程度，無疑比較困難，因為證據缺乏而且也不可靠。但是，如果不平等的程度是以特權階級和其他階級之間的生活水準差異來衡量，則這種不平等在資本主義國家，很可能遠低於在共產主義國家。專就西方資本主義國家而論，資本主義成分越高的國家，在任何真正意義上，不平等的程度似乎越低：在英國低於在法國，在美國低於在英國——雖然由於必須考慮各國人口內在的異質性問題，所以這些比較變得困難；例如，真要有一個公平的比較，則美國也許不該光和英國相比，而是該和英國加上西印度群島，加上它在非洲的屬地相比。

至於歷史上的比較，資本主義社會過去達成的經濟成長，曾伴隨著不平等程度的大幅縮小。遲至一八四八年，約翰・密爾（John Stuart Mill）還能寫下，「迄今（一八四八年）為止，所有已經完成的機械發明是否曾減輕任何人每天的辛勞，仍是個問題。它們讓更多人口得以過同樣單調乏味、辛苦工作，與到處受束縛的生活，並且讓越來越多的製造商和其他生意人得以發財。它們增加了中產階級生活的舒適程度，但是，它們還未開始為人類命運帶來它們理所必至，也是勢所必然要完成的偉大改變。」[1]這段陳述即便是在密爾還活著的時候很可能也不正確，但是，毫無疑問的，今天沒有任何人能這麼說發達的資本主義國家。至於世界上其餘國家，它如今仍然適用。

上個（十九）世紀，進步與發展的主要特徵，是讓一般群眾免於粗重的苦工，並且提供他們一些在以前是上層階級獨享的產品與服務，而專門提供給富有階級享用的產品與服務，卻相對沒有任何增加。除了醫藥方面，過去一世紀的技術進步，大多只是讓一般群眾享有那些，在以前總是以某種形式供給真正有錢人享受的奢侈品。就舉少數幾個例子來說，現代的水電瓦斯管線裝置、中央空調系統、電視、收音機等，在生活上給一般群眾提供的各種便利，相當於以前的有錢人，總是可以藉由驅使僕人或

---

[1] *Principles of Political Economy* (Ashley edition; London: Longmans, Green & Co., 1909), p. 751.

聘用藝人等等，而得到的奢侈享受。

關於這些現象的詳細統計證據，以有意義且可比較的所得分配形式呈現的，很難取得，雖然一些已完成的這種研究，證實剛剛勾勒的那些概括結論。然而，這種統計資料可能非常容易引起誤解。它們不可能把所得的平等化差異，和其他性質的所得差異分隔開來。例如，一個職業棒球員的短暫工作生涯，意味著在他活躍於球場的歲月，他的年收入必須遠高於他在其他職業可以賺到的，才能讓打球在金錢報酬上同等誘人。但是，這方面的差異，和其他方面的所得差異，對統計數字的影響完全一樣。此外，所得統計所根據的所得單位也很重要。以各個所得接受者為單位的所得分配統計，所顯示的表面不平等程度，總是會比以家庭為單位的所得分配統計大很多：許多個別所得接受者，是在外短時兼職或收取小額財產收入的家庭主婦，或處境類似的其他家庭成員。在家庭層次，比較有意義的是按家庭總所得來分類的那種家庭統計分布？或是按每人所得來分類的那種家庭統計分布？或是按某一標準單位的所得來分類的那種家庭統計分布？這不純然是無聊的分辨。我相信，在美國過去半世紀以來生活水準的不平等之所以降低，按小孩數分類的家庭統計分布狀況的改變，是最重要的單一因素。它遠比累進的遺產稅和所得稅來得重要。真正低下的生活水準，是相對低的家庭所得，加上人數相對多的孩子，共同產生的結果。平均小孩人數已經下降，而更為重要的是，此一下降是伴隨著，並且主要是源自，非常大的家庭幾乎已被消除殆盡。結果是，現在一般家庭在小孩人數方面的差異往往比較小。然而，此一變化不會反映在按家庭總所得大小來分類的那種家庭統計分布中。

在解讀所得分配的統計資料時，會遇上的一個大問題，就是如何分辨兩種基本上不同的不平等：暫時、短期的所得差異，以及長期的所得地位差異。想像有甲、乙兩個年所得分配相同的社會。甲社會有很大的流動性與變化，也就是說，特定家庭在所得排序上的位置每年變化很大。而乙社會則有很大的僵固性，每一個家庭年復一年待在同一位置。顯然，就任何意義來說，乙社會是那個比較不平等的社會。甲社會的那種不平等是活潑變化、社會流動，和機會平等的一個標誌；而乙社會的那種不平等則是封建階級社會的一個標誌。正因為企業自由競爭的資本主義體系，傾向以前一種不平等取代後一種不平等，所以千萬不可混淆這兩種不平等。非資本主義社會往往比資本主義社會有更大的不平等，即便單以年所得的差異來衡量；此外，非資本主義社會裡的不平等往往是永久的，而資本主義則會削弱階級地位，並且引進社會流動性。

用來改變所得分配的政府措施

為了改變所得分配，各國政府最廣泛使用的辦法向來是累進的所得稅與遺產稅。在討論它們是否可取之前，值得問一問它們是否已經達成它們的目的。

以我們目前掌握的知識，不可能給這問題一個蓋棺論定的答案。下面的判斷是我個人的意見，雖然我希望它不全然是無的放矢，然而在表述上，為了簡潔起見，它武斷的程度不是現有的證據性質所能支持的。我的印象是，在根據某種所得統計分組的數組家庭之間，這些課稅措施已經對各組的平均所得差異，朝縮小的方向產生了，雖然相對較小，但絕非可以忽略的效果。然而，在這樣分類的各組家庭當中，這些課稅措施也給個別家庭的所得，帶來了一些基本上毫無道理的不平等，而且這新增的不平等，和各組之間的不平等被它們縮小的程度相當。因此，就平等對待或結果平等的基本目標而言，它們的淨效果究竟是增加還是減少了平等，絕非一目了然。

表面上，各種稅率不僅很高，而且累進的梯度也很大，然而實際上，它們的效力卻透過兩種不同的方式被消磨殆盡。首先，它們的一部分效應只不過是使課稅之前的所得分配更不平等。這是常見的稅負轉移效應。它們打擊人們的意願，使人們對從事課徵重稅的職業望而卻步，特別是一些風險很高，以及在非金錢條件上不利的職業，從而提高了那些職業的金錢報酬。第二，它們激發了許多容許規避稅負的立法和其他規定——諸如法定折耗率等所謂稅法「漏洞」、州政府與市政府債券利息免稅、資本利得稅負特別優惠、公司付費帳目、其他間接給付手段、尋常所得改頭換面變成資本利得、等等在數目與種類上令人眼花撩亂的規定。結果使實際課徵到的稅率遠低於名目稅率，更重要的是，使稅負轉移效應不僅沒準則也不公平。人們的收入相同，卻支付非常不同的稅額，視他們的收入來源湊巧是什麼，以及他們是否有避稅機會而定。如果目前的名目稅率完全有效落實，對工作動機與誘因等等的衝擊，很可能大到嚴重挫傷社會生產力，因此，避稅或許是維持經濟健康的一個必要條件。果真如此，則這經濟健康便是以極大的資源浪費為代價換來的，而且還帶來了廣泛的不平等。比較低很多的一組名目稅率，加上對所有收入來源比較公平地課稅，使稅基比較廣泛，很可能在最終的平均稅負上比較有累進性，在細節上比較公平，而且也比較不浪費資源。

這個判斷，即，個人所得稅的衝擊落點向來沒有任何準則，而且對減少所得不平等實際成效也有限，是研究這個課題的學者普遍的判斷，包括許多強烈贊成使用累進課稅，以減少所得不平等的學者。他們也敦促應該巨幅調降高階所得的稅率，並且應該擴大稅基。

另外一個因素也降低了累進稅對所得與財富不平等的衝擊效應，亦即，與其說這些累進稅是針對富有者課徵的稅，不如說它們是針對努力求富者課徵的稅。它們固然限制了人們利用來自既存財富的那部分所得，但是，只要它們實際上有效，它們阻礙財富累積的作用甚至更為顯著。對來自財富的那部分所得課稅，不至於減少那財富本身，它只不過減少那財富的所有者所能維持的消費水準，和財富增加速度。累進稅讓富有者有比較強烈的動機去規避風險，去採用相對穩定的形式保存既有財富，以減少已累積起來的財富將來消耗掉的可能性。相反的，累積新財富的主要途徑卻是透過大量的經常性收入，其中很大的一部分儲蓄起來，並且投資在一些高風險的事業，當中有些會有高報酬。如果累進所得稅實際有效，則這條累積財富的途徑便會關閉。結果，累進所得稅的作用，將是保護現存財富持有者免於新富者的競爭。實際上，這個作用大多被上面提到的那些避稅手段抵銷殆盡。在此值得一提的是，近來有很大一部分新累積起來的財富來自石油業，因為法定折耗率的抵稅規定，提供給該業一條特別容易獲得免稅收入的途徑。

在判斷累進所得稅是否可取時，我覺得有必要分辨兩個問題，雖然這兩個問題實際上不可能嚴謹精確地區隔開來：第一，籌措資金以支應那些已決定採行的政府活動（也許包括第十二章討論的那些要減輕貧窮的措施）；第二，專為所得重分配的目的而課稅。前者或許真需要某一程度的累進稅率，不管是根據人們所獲利益大小來稽徵政府費用的理由，或是根據某些社會公平標準的理由。但是，目前對高所得和高遺產階層課徵的那些高名目稅率，很難根據這個理由證明為正當——不說別的，就因為它們實際收到的稅太少了。

身為自由主義者，我很難看出有什麼理由，可以辯護專為所得重分配而課徵的累進所得稅。這看起來顯然是一個為了施惠某些人，而搶劫其他某些人的例子，因此正面牴觸個人自由。

考慮了所有問題之後，我覺得，最好的個人所得稅稅率結構，是一定免稅額以上的所得，全部課徵均一稅率，這應稅所得的界定範圍必須非常廣泛，而且只允許扣除賺取收入時一些嚴格界定的必要開銷。正如第八章[2]已經提到的，我認為這方案必須搭配廢除公司所得稅，以及要求公司必須把利潤按持股比例，分別歸屬於股東，而股東則必須在申報所得稅時，納入這部分歸屬於他們的利潤。其他一些可取的變革中，最重要的是，廢除石油和其他原料採擷業的法定折耗率，廢除州政府和市政府公債利息免稅，廢除資本利得特別優惠課稅，協調所得稅、遺產稅和贈與稅，以及廢除目前允許的多得數不清的所得稅抵減規定。

2 譯注：原文誤為第五章。

我覺得，一定的免稅額度所隱含的那個程度的累進課稅，可以證明為正當（這一點在第十二章有進一步的討論）。百分之九十的公民表決對他們自己課稅，而給其餘百分之十的公民一定的免稅額度，和百分之九十的公民表決對其餘百分之十課徵懲罰性高稅，是非常不同的兩種情況——而實際上發生在美國的一直是後一種情況。以均一稅率比例課徵所得稅，將意味高所得者繳納絕對數值較高的稅款，以支應各項政府服務的費用。基於他們也被授與較大的利益，繳納絕對數值較高的稅款並非顯然不恰當。還有，實施均一稅率，將可避免發生那種，任何多數民眾都可以表決對其餘民眾課稅，而他們自己的稅負卻不受影響的情況。

這個以均一所得稅率取代現行累進稅率結構的提議，肯定會讓許多讀者覺得是一項激進的提議。實際上，它只是在概念上激進。正因為這個理由，所以根據稅收、所得重分配、或其他中肯的尺度，再怎麼強調它不激進，我都不覺得過分。我們目前的所得稅率從百分之二十累進到百分之九十一，納稅人單獨申報的應稅所得一超過一萬八千美元，夫妻共同申報的應稅所得一超過三萬六千美元，適用的稅率便累進到百分之五十。然而，如果僅就目前申報的和目前界定的應稅所得數，亦即，在目前的免稅額以上，並且扣除所有目前許可的抵減項目後的應稅所得數，只要課徵百分之二十三點五的均一稅率，便可產生和目前高度累進的稅率一樣多的稅收。[3]事實上，這個均一稅率，即便稅法沒有其他任何改變，將會產生較高的稅收，因為基於三項理由，將會有一較大的應稅所得數被申報出來：第一，人們將會有比現在更少的動機，採取各種合法但昂貴的手段，減少他們該申報的應稅所得（所謂避稅）；第二，人們將會有比現在更少的動機，不申報依法該申報的所得（逃稅）；第三，目前的稅率結構所隱含的反激勵效應消除後，現有資源的利用效率將會提高，因此會有較高的所得。

如果目前這些高度累進的所得稅率所產生的稅收竟然是這麼的低，那也就難怪它們的所得重分配效果也必然是這麼的小。但是，這不表示它們沒造成傷害，正好相反，所產生的稅收之所以那麼低，一部分是因為我們國內一些最能幹的人，把他們的精力傾注在設計一些辦法，讓稅收保持那麼低；而且也因為其他許多能幹的人，一邊

---

3 這一點很重要，值得列出相關的數字和計算。寫這篇文章時，可以取得的最新所得稅申報資料年度是美國國稅局發表的《一九五九年所得統計》。該年申報的應稅所得總計如下：

個人申報的應稅所得……………166,540百萬美元

抵免之前的所得稅……………39,092百萬美元

抵免之後的所得稅……………38,645百萬美元

對總計應稅所得課徵百分之二十三點五均一稅率將會產生

0.235×166,540百萬美元＝39,137百萬美元。

如果假定抵免數目相同，則最後的稅收將大致和實際收到的數額相同。

盯著賦稅效果，一邊調整他們的活動。所有這些純粹是浪費，而人們為累進稅率這麼的忙，又得到了什麼？頂多是讓某些人心裡覺得痛快，以為國家正在重分配所得。甚至這種感覺，乃是建立在對累進的稅率結構實際效果無知的基礎上，因此，如果真相大白，則這痛快的感覺無疑是會煙消雲散的。

回到所得分配的議題。顯然有正當的理由，讓社會採取另一種有別於課稅的行動，去影響所得分配。現實的不平等有許多是源自於市場的各種不完美，而許多這些不完美，卻是政府採取的措施造成的，或是可以被政府採取的措施消除的。有充分的理由調整遊戲規則，消除所有這些不平等的源頭。例如，政府授與的各種獨占特權、關稅，和其他讓特殊團體受益的法律規定，都是所得不平等的來源。這些來源的撤除，自由主義者肯定歡迎。教育機會的普及和擴充，一直是傾向降低所得不平等的一個主要因素。諸如此類的措施，在操作上有一優點，亦即，它們針對不平等的病灶下藥治療，而不只是舒緩不平等的病徵。

在許多領域，政府已經以某一套措施造成的傷害，往往不是它能以其他措施彌補得來的；而所得分配正是另一個這樣的領域。在許多時候，大政府主義者所抱怨的那些現象，正是政府，不管大小，創造出來的，然而在這樣的時候，政府卻以私人企業體系有所謂缺陷的理由進行干預；所得分配正是另一個這樣的例子。

第十一章　社會福利措施

（福利）措施的實際效果往往恰和那些出於善意而支持（福利）措施的人所預期的背道而馳。

人道主義和平等主義的情感，除了催生了陡峭累進的個人所得稅，也促成了其他一大堆，旨在增進某些特定群體「福利」的措施。其中，最重要的是那一整套稱為「社會安全」的措施，這個名稱很容易引起誤解。其他措施包括公共住宅、最低工資法、各種農產品價格支持計畫、某些特定群體的醫療照顧計畫、特別援助方案，等等。

我將首先簡要地討論少數幾個屬於後一類的措施，主要是為了指出，它們的實際效果多麼可能大大背離它們意圖達到的目的，然後我將稍微仔細地討論社會安全計畫中最大的那一個組成部分，亦即，老年與遺屬保險（Old Age and Survivor's Insurance, OASI）。

雜項福利措施

一、公共住宅　一個常提出來主張公共住宅的理由，以某一聲稱的鄰里效應為基礎：特別是貧民區，其次是其他低品質住宅區，據說給社會帶來較高的治安成本，譬如，需要較多的消防與警察人力，以防備火災和維持治安。此一嚴格意義的鄰里效應，很可能確實存在。但是，就算存在，它本身也不能作為政府應該提供平民住宅的一個理由，它反而是主張，為了使私人成本和社會成本傾向一致，應該對那種增加社會成本的住宅，課徵較高稅負的一個理由。

肯定有人馬上會反駁說，那額外的稅負將落在低所得者身上，而這是不可取的。這話意味著，公共住宅政策之所以被提出來，不是基於鄰里效應的理由，而是作為幫助低所得者的一個手段。如果真是這樣，那又為什麼特別補助平民的住宅需求呢？如果某些經費確定要用來幫助平民，那麼，以現金而不是以實物方式給出去，會不會得到更有效的利用呢？無可置疑的，那些獲得幫助的家庭，寧可手上有一筆現金，而不是某間住宅。他們自己可以把那筆錢花在住宅上，如果他們願意的話。因此，如果給的是現金，他們的處境絕不會變得更差；如果他們覺得其他的需要更重要，那他們的處境只會變得更好。而且要解決前述那個鄰里效應的問題，現金補助的效果和實物補助一樣的好，因為如果現金補助沒用來購買比較好的住宅服務，便可用來支付那些基於鄰里效應而額外課徵的房屋稅。

因此，公共住宅不可能根據鄰里效應，或根據幫助貧窮家庭的理由，辯解為正當。如果它真有正當的理由，那也只能建立在家父長主義的基礎上；亦即，那些獲得幫助的家庭「需要」住宅的程度，比他們「需要」其他事物的程度更為迫切，但是，他們自己不這樣認為，或者說，他們不會明智地花錢。自由主義者肯定傾向不會接受，這個理由對有負責能力的成年人有效。他不能完全拒絕這個理由以一個比較間接、會影響到小孩的方式呈現；亦即，父母會忽視孩子的福祉，而那些孩子「需要」比較好的住宅。但是，在他能夠接受最後這個論證作為充分的理由，對公共住宅投注大筆經費之前，他肯定會堅持要看到，比通常提出的那種，更有說服力也更切題的證據。

在有實際的公共住宅經驗之前，概括抽象地便可以說這麼多了。既然我們已經有這方面的經驗，我們可以更深入。實際上，公共住宅政策最後得到的實際效果，和原來意圖達到的效果大不相同。

公共住宅的實際效果，遠遠不是它的支持者所預期的，正好相反，在執行公共住宅計畫的過程中，拆毀的住宅單位，往往遠多於建築完成的新住宅單位。這樣的公共住宅計畫，完全沒減少那些需要住房的人數。因此，公共住宅計畫的實際效果，向來是提高每一住宅單位的平均居住人數。某些家庭可能被安置在比他們原來住的地方更好的房子裡——他們有夠幸運獲得占用權，得以入住政府蓋好的房子。但是，這只讓其他家庭的處境更加糟糕，因為所有住宅單位的平均居住人數已經上升。

公共住宅計畫所造成的那些有害的效果，當然，有一部分被私人企業抵銷了，後者改建舊街區或營建新街區，為那些被公共住宅計畫直接趕走的人們，或更普遍地說，為某些在那種由公共住宅計畫所啟動的搶椅子遊戲中淘汰出局的家庭，提供住宅，這些家庭有的是在遊戲的第一回合便淘汰出局，有的則是陸陸續續在往後幾個回合淘汰出局。然而，即便沒有公共住宅計畫，這些私人資源本來就是在那邊可供利用的。

為什麼公共住宅計畫實際上有這樣的效果呢？就因為那個我們已經一再強調的一般性原因——激發許多人贊成公共住宅計畫的那個一般性利益，是分散而且短暫的。這種計畫一旦獲得採納，便一定會遭到它所能嘉惠的一些特殊利益團體的把持與宰制。在這場合，所謂特殊利益團體，是指地方上那些渴望老舊衰敗的街區得到清理與改建的團體，因為他們擁有那裡的房產，或者因為那些老舊衰敗的街區，威脅到附近街區或城市商業中心區的繁榮。他們的目標，需要的拆除多於建設，而公共住宅計畫則是一個方便他們達成目標的手段。即便如此，要求聯邦政府撥款處理老舊街區問題的壓力卻越來越大，據此判斷，「街區枯萎衰敗症」似乎仍然在我國到處猖狂蔓延。

支持者預期從公共住宅計畫得到的另一個好處，是透過住宅條件的改善，來降低青少年犯罪。在許多地方，公共住宅計畫在這方面的實際效果，再一次和支持者的預期恰恰相反，而且它的這個效果，還完全和它未能改善平均的住宅條件無關。為了分辨哪些人可以按優惠的租金取得公共住宅的占用權，自然應當設定的那個所得上限，導致「破碎」家庭高度集中，特別是那些帶有小孩的離婚媽媽或寡婦媽媽。破碎家庭的小孩特別可能成為「問題」小孩，而這些小孩高度集中，則很可能提高青少年犯罪。一個這方面的徵候是，公共住宅對附近的學校向來有不好的影響。雖然一所學校有能力從容對付少數幾個吸收進來的「問題」小孩，但是，要它吸收一大群「問題」小孩，那就很難對付了。然而，在某些地方，破碎家庭占公共住宅安置家庭總數的三分之一或更多，而在附近學校就讀的小孩，可能多半來自這樣的公共住宅。如果這些家庭獲得的援助是現金贈款，他們將會比較稀疏地分散在整個社會。

二、最低工資法　如果有人要找一個例子，說明政府措施的實際效果，往往恰和那些出於善意而支持政府措施的人所預期的背道而馳，那麼，他所能找到的一個最明顯的例子，大概莫過於最低工資法了。最低工資法的許多支持者，理所當然地悲嘆工資率太低的事實；他們認為低工資率是貧窮的一個標誌；他們希望透過取締低於某一下限的工資率來減少貧窮。然而，事實上，一旦最低工資法真的有效，它的效果顯然只是在增加貧窮。國家能夠立法規定某一最低工資率，但是，國家很難要求僱主按照那最低工資率，繼續僱用所有先前按照低於那個最低標準的工資僱用的人。繼續僱用那些人，顯然不符合僱主的利益。因此，法定最低工資的效果，是使失業人數高於沒有最低工資限制時的失業人數。只要低工資率事實上是貧窮的一個標誌，則那些因最低工資法而失業的人，恰好正是那些最不能放棄他們過去一貫得到的那份收入的人，雖然那份收入，在表決贊成最低工資法的那些人的眼裡，實在微薄。

最低工資法在某方面很像公共住宅政策。在這兩種情況裡，受到幫助的人都是一些可以看見的人——工資提高的那些人；居住在政府蓋好的房子裡的那些人。受到傷害的人則都是那些沒沒無聞的無名氏，而且他們的困境都沒讓人們聯想到困境的肇因：加入失業行列的，或更可能的是，因為最低工資法的存在而從未被僱用從事任何正式職業的那些人，他們被迫從事一些收入更低的工作，或者被迫成為社會救濟的對象；那些齊聚在貧民窟裡，被擠壓得越來越緊密的人，而在一般人眼裡，這些四處蔓延的貧民窟，看似需要擴大公共住宅計畫來解決的一個現象，而不是現行公共住宅政策的一個後果。

支持最低工資法的力量，有很大一部分不是來自毫無利害關係的善心人士。例如，一些遭到南方競爭的北方工會和企業，為了減少來自南方的競爭，贊成最低工資法。

三、農產品價格支持計畫　農產品價格支持計畫是另一個例子。除了農業區在總統選舉人團和國會裡的代表比重超大這個政治現實之外，如果要說農產品價格支持計畫還有其他什麼道理可言，那必定是基於相信，農民平均來說收入較低了。即使農民平均收入較低是事實，各種農產品價格支持計畫也達不到它們想要達到的目的，亦即，幫助那些需要幫助的農民。第一，這種計畫提供給農民的利益，如果真有利益可言的話，大小正好和需要的幫助相反，因為那些利益大小，和在市場上賣出的農產品數量成正比。貧窮的農民在市場上賣出的農產品數量不僅比富有的農民少，而且他也有比較大的一部分所得，來自他生產出來供自己使用的農產品，而這部分農產品是沒資格得到這種計畫所提供的利益的。第二，這種計畫提供給農民的利益，如果真有利益可言的話，遠低於整個計畫所花費的數目。譬如，很明顯的，儲存和其他類似的成本花費，完全不會落入農民的口袋——實際上，儲存設備和其他設施的供應商很可能才是主要的受益者。最後同樣不會落入農民口袋的，是政府用在購買農產品的那些錢。因為農民會受到這種計畫的誘導而花更多錢購買肥料、種子、農用機具等等。頂多，只有剩下來的，才會提高他的所得。第三，甚至這個剩餘之後的剩餘，還高估了農民最終獲得的好處，因為這種計畫的效應是使更多人留在農地上，多於沒有這種計畫時會留下來的人數。只有當他們倚靠價格支持計畫在農地上所能賺得的收入，超過他們離開農地所能賺得的收入時，如果真有這種可能性的話，那超出的部分才是他們最後得到的淨利益。因此，提高農產品價格的政府收購計畫的主要效果，是使農產品產量變得更大，而不是提高農民的平均所得。

農產品收購計畫的某些壞處是如此的顯而易見和人盡皆知，幾乎毋須在此贅言：消費者被剝了兩層皮，首先是繳稅支付提供給農民的利益，然後是支付較高的食品價格；農民被套上各種繁重限制耕種的馬鞍，和瑣細的中央控管轠繩；國家被套上一個四處蔓延的官僚組織的沉重負擔。然而，還有一組比較不為人知的壞處——農產品收購計畫向來是我國外交政策推行上的一個障礙。為了維持比世界價格高的國內價格，必須對許多種農產品實施進口配額管制，而我們的政策又時常毫無章法地改變，對他國造成嚴重有害的影響。棉花的高價格鼓勵其他國家擴大它們的棉花產量，當我們國內的高價格導致倉滿為患時，我們便開始以低價在國外拋售，讓那些我們曾以我們先前的行動鼓勵增產的外國生產者，蒙受重大的損失。類似的例子可以列出一大串。

老年與遺屬保險

「社會安全」計畫是現狀對思想的箝制作用，又開始發揮魔力的一個例子。儘管這計畫剛推行時，圍繞著它而起的爭議極大，到如今，它已經變得是如此理所當然地被接受，以致幾乎不再有人質疑它是否可取。然而，它畢竟大規模地侵犯到一大部分人民的個人生活，而且這侵犯行為，盡我所能理解，不管是從自由主義的立場，或從其他幾乎任何觀點來看，都沒有任何具有一丁點兒說服力的道理可言。我打算仔細研究這計畫中那個最大的組成部分，這部分涉及老年給付。

就操作方面而言，那個稱做老年與遺屬保險（OASI）的計畫，包含對許多人的薪資所得課徵一種特別稅，加上對那些達到一定年齡的人，每年給付一定的金額，其大小取決於開始給付的年齡、家庭狀況，和給付開始之前的薪資所得記錄。

就分析觀點而言，OASI包含三個可以分離的元素：

一、要求包羅很廣的一大類人民必須購買指定的年金，亦即，強制的養老年金。

二、要求這種年金必須購自政府，亦即，將這種年金的提供業務國營化。

三、一種所得重分配計畫，人們加入OASI體系時，他們有資格獲得的年金價值，可能不等於他們將繳交的OASI稅。

這些元素顯然沒必要組合在一起。可以要求每一個人完全支付他自己的養老年金；可以允許個人向私人企業購買養老年金；也可以要求人們購買指定的養老年金。政府可以從事銷售養老年金的生意，毋須強迫人們購買指定的年金，並且要求政府經營的年金生意在財務上自給自足。即便不使用這種養老年金的手段，政府顯然也能夠從事所得重分配的工作，而且政府實際上也這麼做了。

所以，且讓我們依序探討每一個這些元素，看它們是否有什麼道理可言，可以辯護到什麼程度。我認為，如果依相反的順序逐一討論它們，會比較方便我們的分析。

一、所得重分配　現行的ＯＡＳＩ計畫涉及的所得重分配，可以大別為兩類：從某些ＯＡＳＩ的受益人重分配給其他ＯＡＳＩ的受益人；從一般納稅人重分配給ＯＡＳＩ的受益人。

第一類所得重分配，主要是把所得從那些在相對年輕時便加入ＯＡＳＩ體系的人，重分配給那些在加入ＯＡＳＩ體系時已經相當年長的人。後者現在獲得的，而且在未來某段時間內也將獲得的ＯＡＳＩ年金給付利益，大於他們所繳交的ＯＡＳＩ稅款，在競爭的市場上所能買到的年金利益。相反的，那些在年輕時便加入ＯＡＳＩ體系的人，將獲得的年金給付利益，根據目前的ＯＡＳＩ繳稅和利益給付計畫表，顯然小於他們所繳交的ＯＡＳＩ稅款，在競爭的市場上所能買到的年金給付利益。

我看不出有任何道理——自由主義的或其他的——可以辯護這種所得重分配。重分配給那些受益人的所得補貼，大小完全和他們的貧富狀況無關——富有的人收到的補貼和貧窮的人一樣多。支付這種補貼的稅收，是對某一上限以下的薪資所得，按某一均一稅率課徵來的。這種稅在低所得中所占的比例，大於它在高所得中所占的比例。有什麼道理可以辯護，對年輕人課稅來補貼老年人，還完全不問接受補貼的老年人的經濟狀況？有什麼道理可以辯護，為了這個目的，對低所得課徵的稅率比較高，而對高所得課徵的稅率卻比較低？或者，就此而言，有什麼道理可以辯護，為了籌措收入支付這種補貼，而對薪資所得課稅？

第二類的所得重分配之所以發生，是因為現行的ＯＡＳＩ體系，在財務上不可能自給自足。當許多人納入ＯＡＳＩ體系，並且正在繳稅，而還很少人有資格領取年金利益時，這個體系的財務看起來似乎自給自足，甚至還有些剩餘。但是，這樣的表象，完全來自忽略了該體系對那些正在繳稅的人所累積的債務。那些人所繳交的稅是否足以支應那累積起來的債務，是一個很值得懷疑的問題。許多專家斷言，即便是按現金收付實現制來記帳，該體系也將需要外來的補貼。而且其他國家所施行的那些類似的體系，向來也需要這樣的補貼。這是一個非常專門的技術性問題，我們在這裡無法也毋須細究，而且專家對這問題的意見，也很可能有一些誠實的差異。

對我們的目的來說，只消問一個假設性的問題就夠了，亦即，如果真的需要外來的補貼，那要求一般納稅人補貼，可有什麼正當的道理呢？我看不出有什麼道理可以辯護這樣的補貼。我們也許想要幫助窮人，但是，可有任何道理要求我們幫助他人，不管他們是否貧窮，只因為他們湊巧活到了某個年紀？這難道不是完全隨性武斷的所得重分配？

我曾經見過的唯一為ＯＡＳＩ所涉及的所得重分配辯護的理由，是一個我認為徹底不道德的理由，儘管普遍有人使用這樣的理由。這理由說，OASI的所得重分配給低所得者的幫助，平均而言，多於給高所得者的幫助，儘管其中有相當大的隨性成分；如果這所得重分配可以做得更有效率，那當然是更好；但是，社會將不會直接表決同意那比較有效率的所得重分配，不過，如果把所得重分配納入某個社會安全配套裡，社會倒是會在表決同意整個配套時，間接讓那所得重分配計畫過關。本質上，這理由是在說，某一措施社會雖然反對，但是，只消以虛假的幌子包裝那措施，便可以把社會糊弄到同意該措施。不用說，那些為OASI的所得重分配這樣辯證的人，正是那些在譴責「引人誤會的」商業廣告時嗓門最大的人！[1]

二、指定年金提供業務的國營化　假設我們為了避免所得重分配，要求每個人支付他所獲得的年金，這當然是指，每個人所繳交的保險費，在納入死亡率和利息收

[1] 這種辯證方式時下另有一個例子，和請求聯邦政府補助學校經費的建議有關（這項提案被貼上引人誤會的「教育援助」標籤）。我們有理由贊成在所得最低的一些州，使用聯邦經費補充學校教育支出，因為在那些州上學的孩子，有可能移居到所得比較高的州。我們沒有任何理由贊成聯邦政府對所有各州徵稅，再給所有各州補助。然而，每一項提交國會審議的法案，都作出後一種而不是前一種規定。這些法案的某些支持者，儘管承認只有理由補助某些州，卻辯稱，要是只規定補助某些州，那法案便不可能通過國會審議，而唯一得以讓比較窮的一些州獲得超比例補助的辦法，是把補助它們的規定，納入某一含有補助所有各州之規定的法案中。

入的考量後，足以抵償他將獲得的年金現值。果然如此，還有什麼理由要求每個人向某個公營事業單位購買年金呢？如果想要達成所得重分配，則顯然必須使用政府徵稅的權力。但是，如果所得重分配不是這計畫的一部分，而如我們剛才所見，也很難看出有什麼道理，可以讓所得重分配成為這計畫的一部分，那為什麼不允許那些想要向私人企業購買年金的人，遂其所願地那麼做呢？那些要求強制購買汽車責任保險的州法律規定，提供一個非常有可比性的例子。就我所知，沒有哪一個有這種法律規定的州，有任何州政府經營的保險公司，更別說強迫車主向某個政府機關購買他們的汽車責任保險。

潛在的規模經濟不是把提供年金的業務國營化的理由。如果規模經濟確實存在，而且政府成立一個銷售年金契約的事業單位，那麼，該單位憑藉其規模經濟優勢，便能夠以低於競爭者的價格銷售年金。在那種情形下，毋須政府強制，大家也都會向該單位購買年金。如果它不能以低於競爭者的價格銷售年金，那大概是因為規模經濟不存在，或不足以抵銷政府經營在其他非規模方面的不經濟。

將提供年金的業務國營化可能會有的一個好處，是讓強制購買年金計畫推行起來更方便。然而，這似乎是一個微不足道的好處。為了這種方便，很容易設計出某種替代國營化的行政安排，譬如，要求人們在申報所得稅時，必須附帶提交一紙養老年金保險費收據的影本；或者要求他們的僱主證明他們已經符合相關的規定。所涉及的行政問題，和目前的這種安排所帶來的問題相比，肯定會比較小。

國營化的壞處似乎顯然大於任何這種微不足道的好處。在這場合，和在其他場合一樣，個人的自由選擇，以及眾多私人企業在吸引顧客上的競爭，將促進市場供應的各種年金契約不斷完善，並且助長契約的差異化與多樣化，來滿足個人特別的需要。在政治層面上，非國營化的一個明顯的好處，是避免政府活動規模的又一次擴張，以及每一次的這種擴張，對自由所造成的間接威脅。

國營化的一些比較不明顯的壞處，源自目前的這個計畫的性質。它所涉及的一些議題變得非常專門技術性而且複雜，外行人對這些議題通常沒有判斷能力。國營化意味著大部分「專家」變成該國營體系的僱員，或變成大學裡和該體系密切關聯的教職人員，不可避免地，他們終將贊成該國營體系的擴張。我必須強調，這可不是出於狹隘的自私自利，而是因為他們在某個框架內操作營生，在那個框架內，他們把政府管理視為天經地義，而且他們也只熟悉各種政府管理的技巧。在美國，迄今唯一值得慶幸的是，還有一些私人保險公司在經營類似的養老年金業務。

國會已變得基本上不可能有效控制一些像是社會安全總署那樣的行政機關，這是由於它們的工作含有很高的專門技術性質，以及它們幾乎壟斷所有專家。於是，它們變成是自治機構，它們的提議大體上會被直接蓋上國會核可的橡皮圖章。那些有能力、有雄心、想要在這些機構成就職業生涯的人，自然渴望擴展這些機構的業務範圍，而且旁人還很難阻止他們這麼做。如果專家說「是」，誰有資格說「不」？於是，我們便看到越來越多人被納入社會安全體系，而如今既然往那個方向擴張的可能性所剩不多，我們便開始看到他們朝增加新的計畫項目，譬如，醫療照顧，努力轉進。

我的結論是，反對養老年金的提供業務國營化的理由非常的堅強，不管是從自由主義的原則來說，或甚至根據福利國的支持者所宣示的那些價值來說。如果他們相信政府能提供比市場更好的養老年金服務，便應該贊成相關政府業務單位在市場上發行養老年金，和其他私人發行機構公開競爭。如果他們是對的，該政府業務單位將繁榮興旺。如果他們是錯的，人民的福祉將因另外有私營單位提供服務而獲得增進。就我所知，只有墨守教條的社會主義者，或那些為了中央控管而相信中央控管的人，才會堅守原則，贊成將養老年金的提供業務國營化。

三、強制購買養老年金　在清除了前述那些糾結在一起的雜項問題後，我們現在已經準備就緒，要面對這個關鍵問題：強迫人們使用他們目前的一部分所得購買年金，為他們的晚年生活作準備。

一個可能為這種強制規定辯護的理由，完全以家父長主義為基礎。如果人們願意的話，他們是可以下定決心，個別去做法律要求他們集體去做的那種事情。但是，他們個別都是短視與不顧將來。「我們」比「他們」更知道，為他們將來的老年生活準備得比他們會自動準備的更多一點，對他們是有好處的；我們無法個別說服他們每一個人；但是，我們能夠說服百分之五十一或更多的人，去強迫所有的人做那種對他們自己有利的事情。這種家父長主義是針對有負責能力的人來講的，因此，它甚至不能以關心孩子或瘋子為藉口。

這一立場的內部是一貫的、合乎邏輯的。一個徹底堅持此一立場的家父長主義者，是不可能透過證明他犯了邏輯上的錯誤，而被勸離該立場的。他是我們在原則上的對手，而不僅僅是一個心存善意但被誤導的朋友。基本上，他相信獨裁專政，即便這獨裁專政是仁慈的，是通過多數表決形成的，它畢竟還是獨裁專政。

我們當中那些相信自由的人，必定也相信人們有自己犯錯的自由。如果某個人頭腦清醒地偏好為當下而活，偏好利用他的資源於眼前的享樂，故意選擇於老年時一文不名，我們有什麼權利阻止他那麼做？我們可能和他爭辯，嘗試說服他認錯，但是，我們可有權利使用強迫手段阻止他做他選擇要去做的事情？難道他是對的，而我們是錯的可能性完全不存在？謙遜是相信自由者的標誌性美德；而驕傲自負則是辨別家父長主義者的特徵。

很少有人是徹底的家父長主義者。如果攤在陽光下冷靜地審視，徹底的家父長主義將是一個最令人反感的立場。然而，在一些像是社會安全的措施中，家父長主義的理由，向來扮演相當重要的角色，因此似乎值得把它說清楚講明白。

根據自由主義的原則，一個可能為強制購買養老年金的規定辯護的理由，是那些不顧將來的人，將不會承擔他們自己的行為所造成的惡果，而是將會讓別人承擔那惡果。據說，我們將不願意看到貧困的老年人忍受極度的匱乏，我們將透過私人的和公共的慈善機構幫助他們。因此，某個人如果現在不為他自己的老年生活作準備，那麼，他便將成為社會的負擔。強迫他購買養老年金是有道理的，因為那種強制不僅對他自己有利，也對其餘的我們有利。

此一道理的份量顯然取決於事實。如果百分之九十的人，在沒有強制購買養老年金的情況下，將在六十五歲時成為社會的負擔，該道理便很有份量。如果只有百分之一的人會變成社會的負擔，它就沒有任何份量。為什麼要為了避免百分之一的人將給社會帶來的不便，而去限制其餘百分之九十九的人的自由呢？

認為有一大部分人如果沒強迫購買養老年金，將會成為社會的負擔，這樣的見解，在最初制定ＯＡＳＩ時，之所以看似可信，全是由於經濟發生大蕭條的緣故。在從一九三一年到一九四〇年的每一年，超過七分之一的勞動人口失業，而年紀比較大的工人，失業的比例還要更為嚴重。這種經驗是史無前例的，而且迄今也未曾再出現過。之所以發生那種情況，不是因為他們不顧將來，以致沒為他們的老年生活作準備，而是因為，如我們在第三章所見，政府管理不善所致。如果OASI真是一帖藥方，那也是一帖針對某種非常不同的，而且我們也從未經驗過的病症，或許還有些療效的藥方。

一九三〇年代的失業人口確實帶來一個嚴重的紓困問題，許多失業的人成為社會的負擔，但是，養老在當時決不是最嚴重的問題，當時許多還在工作年齡的人，變成社會救濟或援助的對象。而OASI體系的穩定擴張，直到現在已有超過一千六百萬人接受年金給付，並未曾阻止接受政府救濟的人數持續增加。

隨著時間的推移，人們為照顧老年生活所做的私人安排，已發生很大的變化。過去有一段時間，兒女曾經是人們為自己的老年生活作準備的主要手段，所謂養兒防老。隨著社會變得更富裕，社會的道德觀念也改變了，硬讓兒女承擔照顧父母的道德責任變小了，有越來越多人於是以累積財產或購買養老金權利的方式，為老年生活作準備。最近，在OASI之外的養老金計畫有加速發展的趨勢。事實上，某些學者相信，如果目前的這種趨勢持續不變，社會將有很大的一部分人，在他們的工作年齡階段省吃儉用，以便在老年時，為他們自己提供一個比他們在壯年時曾經享有的更高的生活水準。我們當中有些人也許會認為這種趨勢不合情理，但是，如果它是在反映人們普遍的偏好，那也只好就這樣嘍。

因此，強制人們購買養老年金，所失者大，而所得者小。它剝奪了我們所有的人很可觀的一部分所得支配權，要求我們必須把那部分所得奉獻給某一特定目的，以某一特定方式，向某一政府單位，購買某一退休養老年金。它已經抑制了年金銷售市場的競爭，和各種退休養老安排的發展。它已經孕育出一個龐大的官僚體系，而該體系正展現出自動成長的趨勢，正在將它的活動範圍，從我們生活的某一領域，擴展到另一領域。而這一切，只是為了避免少數人可能變成社會的負擔。

第十二章　減輕貧窮

如果目標是減輕貧窮，我們便應該有一個旨在幫助窮人的計畫。有充分的理由幫助一個湊巧也是農民的窮人，不是因為他是農民，而是因為他是窮人。

西方國家在過去兩世紀經歷的那種非凡的經濟成長，以及自由企業體系的利益廣布，已經在西方資本主義國家大大減少了任何絕對意義的貧窮人數。但是，貧窮與否，多少是一個相對的問題。因此，即便是這些國家，顯然還是有許多人生活在其餘的人稱為貧窮的情況中。

一個補救的辦法是私人的慈善賑濟；從許多方面來看，這也是最理想的補救辦法。值得一提的是，在自由放任的極盛時期，亦即，在十九世紀中後期的英國與美國，私人慈善組織與機構如雨後春筍般激增擴散。後來，政府的福利活動擴張，一個重大的代價便是私人的慈善活動相應減少了。

人們可以辯稱，私人慈善賑濟是不夠的，因為那些沒捐錢濟貧的人，也自然會獲得別人捐錢濟貧的利益——又是一種鄰里效應。我因為看到貧窮的景象而感到痛心；我因為貧窮的景象減輕而獲益；但是，不管是我，還是別人捐錢減輕貧窮，我都同樣獲益；因此，他人捐錢濟貧的好處，有一部分會讓我得到。換個方式來說，我們也許全都願意捐錢濟貧，只要其他每個人都捐錢濟貧，如果沒有這種保證，我們也許不願意捐出同樣多的錢。在小社區裡，即便純靠私人樂捐濟貧，群眾的壓力也足以實現前述那個附帶條件。但是，在我們的社會越來越常見的那些大社區裡，由於人際關係疏離、人情淡薄，單靠群眾的壓力，要實現那個附帶條件就比較困難。

假設大家像我一樣，接受前述推論，作為以政府行動減輕貧窮的正當理由；例如，假設大家贊成透過政府，保障社區裡每個人的生活水準，不至低於某一下限。那麼，剩下來的問題便是：保障多少和怎樣保障。我想不出有什麼方法可以決定「保障多少」的問題，除了根據我們——我的意思是指大多數的我們——願意為了這目的而對我們自己徵收多少稅。「怎樣保障」的問題，比較有討論的空間。

有兩點似乎很清楚。第一，如果目標是減輕貧窮，我們便應該有一個旨在幫助窮人的計畫。有充分的理由幫助一個湊巧也是農民的窮人，不是因為他是農民，而是因為他是窮人。也就是說，這計畫應該設計來幫助屬於一般人的平民百姓，而不是幫助屬於某些特定職業團體，或某些年齡層，或某些工資率階層，或某些勞工組織，或某些產業的成員。這是各種農業計畫、一般老人福利計畫、最低工資法、偏袒工會的立法、關稅、各種手工藝業或專門職業的執業特許管制，等等似乎永無止境、不可勝數的規定，共同的缺點。第二，當透過市場操作時，這計畫應該盡可能不要扭曲市場或阻礙市場的運作。這是各種價格支持計畫、最低工資法、關稅等等，共同的缺點。

從純粹操作面考量，最可取的濟貧安排是負所得稅（negative income tax）。根據聯邦所得稅法，我們目前每人有六百美元的免稅額（加上最低百分之十的均一扣除額）。如果某人獲得一百美元的應稅所得，亦即，某人的所得比免稅額與各項扣除額多出一百美元，他將支付一筆稅。根據這裡的建議，如果他的應稅所得是負的一百美元，亦即，他的所得比免稅額加扣除額還少一百美元，他將支付負的稅，亦即，收到一筆補貼。例如，假設補貼率是百分之五十，他將收到五十美元。如果他完全沒有所得，而且，為了簡化說明起見，假定他沒有扣除額，並且補貼率固定不變，他將收到三百美元的補貼。他也許會收到比這三百美元更多的補貼，如果他有一些扣除額，例如，醫療費用的扣除額，以致他那減去扣除額的所得，甚至在減去免稅額之前，便已經是負的了。當然，補貼率可以是累進的，就像免稅額以上的所得稅率那樣。按此方式，便可保證不會有任何人的淨所得（這裡指包含補貼在內的所得）下跌到某一下限以下——在前述那個簡單的例子裡，這下限是三百美元。究竟將這下限定在哪一水準，將取決於社會有能力補貼到什麼程度。

這個濟貧安排的好處是顯而易見的。它具體針對貧窮的問題。它給的幫助方式，亦即，現金，對被幫助的人最有用。它是全面性的，可以用來取代目前實施的那一大堆特殊措施。它讓社會承擔的成本全部攤在陽光下一目了然。它在市場外運作。和其他任何減輕貧窮的措施一樣，它也會降低那些被幫助者自助的動機，但是，它不至於完全消除這種動機，而將所得補足到某一固定最低水準的濟貧制度卻會。在負所得稅下，每多賺一美元，總是意味著有更多錢可供個人支用。

無疑會有一些行政管理的問題，但這些問題，在我看來，如果真要說它們是什麼缺點的話，只是小缺點。負所得稅將直接融入我們現行的所得稅制，並且可以和目前的稅制一起管理。目前的所得稅制涵蓋大部分的所得接受者，而實施負所得稅必須涵蓋所有的人，這將附帶使目前的所得稅制運作更為完善。更重要的是，如果透過它來取代目前那些雜七雜八，針對同一濟貧目的而設的措施，整個行政管理成本肯定會減少。

幾個簡單的計算也顯示，這個建議可能比我們目前的那一堆福利措施更省錢，更別說所涉及的政府干預程度將變小。換個角度來看，這些計算可以用來證明，我們目前的措施，就作為幫助窮人的措施而言，是多麼的浪費。

一九六一年，各級（聯邦、各州，與縣市）政府總共花了約三百三十億美元在各種直接福利給付和計畫活動上，包括：老人補助、社會安全給付、受撫養小孩補助、一般補助、農產品價格支持計畫、公共住宅計畫等等。[1]在做此一計算時，我已排除

1 此一數目等於政府移轉給付（三百一十一億美元）減去退伍軍人福利給付（四十八億美元）——前兩項數字都來自商務部國民所得帳，加上聯邦政府的農業計畫支出（五十五億美元），加上聯邦政府的公共住宅和其他住宅援助計畫支出（五億美元）——前兩項是來自財政部一九六一年六月三十日截止的會計年度數字，加上大約是七億美元的容許差，這一方面是為了把總數提高到以十億為單位的整數，另一方面則是考慮到聯邦政府的管理成本，漏列的州和縣市政府計畫，以及一些雜項支出。我的猜測是，此一數目嚴重低估實際的花費。

退伍軍人的福利給付。我也沒納入那些像是最低工資法、關稅、執業特許管制等等所涉及的直接與間接成本，同樣也沒納入公共衛生計畫、州和縣市政府在醫院與精神病院以及其他方面的支出。

美國目前約有五千七百萬個消費單位（未結婚的成年人和家庭）。一九六一年支出的那三百三十億美元，如果用來以直截了當的現金贈與方式，幫助所得最低的那百分之十消費單位，將可平均贈與他們每單位約六千美元。此一現金贈與將把他們的所得提高到所有消費單位的平均所得之上。或者，如果用來幫助所得最低的那百分之二十消費單位，那三百三十億美元將可平均贈與他們每單位約三千美元。即使用來幫助新政主義者習慣稱為吃不好、住不好、穿不好的那三分之一最低所得者，一九六一年支出的那三百三十億美元也可以支應平均每單位約二千美元的現金贈與；這個數目，經過物價變動調整後，大約是一九三〇年代中期，把較低的三分之一所得組和較高的三分之二所得組分隔開來的那個所得水準。目前，經過物價變動調整後，所得和一九三〇年代中期最低的那三分之一所得組一樣低的消費單位，少於所有消費單位的八分之一。

前述那些計畫奢侈的程度，顯然全都超過可以用「減輕貧窮」給予辯護的範圍，即便我們給予「減輕貧窮」一個相當寬大的詮釋。一個補足所得最低的那百分之二十消費單位的所得、以便使他們的所得等於其餘消費單位的最低所得的計畫，所需經費將少於我們目前所花費的一半。

此處建議的負所得稅，主要的缺點在於它的政治影響。它將建立一套向某些人徵稅以便補貼其他一些人的制度。而其他這些人想必是有投票權的。因此，總是存在著這樣的危險：負所得稅可能轉變成為，某一多數為了使它自己獲益，而向某一無奈的少數徵稅的制度，而不是大多數人心甘情願地用來對他們自己課稅，以便幫助少數不幸者的一種安排。因為負所得稅使這利益移轉過程變得如此直截了當，這種危險也許比採用其他濟貧措施時都來得更大。對於這個問題，我想不出有什麼解決辦法，除了訴諸選民的自我克制與善意。

一九一四年，戴雪（A. V. Dicey）曾為文探討一個類似的問題——英國的老人年金，他說，「一個明智而且仁慈的人，想必很可能自問，通過法律宣示，收受養老年金形式的貧窮救濟，和收受該年金者保留參與選舉國會議員的權利，兩者之間並無矛盾，是否真的對英國整體有利。」[2]

在英國，對於戴雪的問題，經驗迄今所給的裁定必須視為正反參半。英國的確走

---

2 A. V. Dicey, *Law and Public Opinion in England*, (2nd ed., London: Macmillan, 1914), p. xxxv.

向普遍選舉權制，不管是收受養老年金者，或是國家其他援助的接受者，都沒被取消選舉權。而對某些人課稅，以嘉惠其他一些人的所得移轉計畫，也確實獲得了巨大的擴張，這種計畫當然必須視為已經延緩了英國的經濟成長，所以那些自以為站在利益接收端的人大部分並未真的得利。但是，這些措施，至少迄今尚未摧毀英國的各種個人自由，或消滅大體上仍是資本主義的英國經濟體制。而且，更重要的是，已經有一些跡象，顯示潮流正在轉向，也顯示一般選民知道要自我克制。

自由主義與平等主義

自由主義的核心是相信個人的尊嚴，相信個人有按照他自己的判斷盡量利用他自己的能力與機會的自由，只要他沒干擾到別人同樣那麼做的自由。這意味著相信某種意義的人人平等；也意味著相信另一種意義的不平等。每個人都享有同等自由的權利，之所以是一項重要而且根本的權利，正因為人人是不同的，正因為個人會想要利用他的自由做一些和別人不同的事，從而能夠在這過程中比別人作出更大的貢獻，讓許多人生活所在的社會整體文明更進步。

所以，自由主義者會把同在一邊的權利平等與機會平等，和在另一邊的物質平等或結果平等，鮮明地區分開來。他可能會歡迎這樣的事實，亦即，自由的社會實際趨向的那個物質平等的程度，高於其他任何社會曾經嘗試作成的物質平等。但是，他會把這個事實看成是自由社會的一個可喜的附帶結果，不是為自由社會辯護的一個主要理由。他可能會歡迎那些既促進自由又增進平等的措施，譬如，那些清除獨占權力、完善市場運作效率的措施。他會把旨在幫助比較不幸者的私人慈善行為，視為適當使用個人自由的一個例子。並且他可能會贊成旨在改善貧窮情況的國家行動，因為那可能是讓社會裡的大多數人，得以更有效地達成某一共同目標的一個方式。然而，對於必須以強制行善取代自願行善，他一定會感到遺憾。

平等主義者也會同意前述的論點，不過，他還會想更進一步。他會主張從某些人手中取得一些東西來送給別人，所依據的理由，不是因為這是一個比較有效的手段，讓「某些人」得以方便達成某一他們想要達成的目標，而是因為這是一種「平等正義」。在這一點，平等和自由發生尖銳的衝突；或者選擇平等，或者選擇自由，絕不可能兩全。一個人不可能既是一個這種意義的平等主義者，又是一個自由主義者。

第十三章　結語

實際的市場運作情況和理想的市場運作情況兩者之間的差距，雖然毫無疑問很大，但若是拿來和實際的政府干預效果與預期的政府干預效果兩者之間的差距做比較，便不算是什麼差距了。

在一九二〇和一九三〇年代，美國知識份子一面倒地相信，資本主義是一個有缺陷的、抑制經濟福祉的、從而抑制自由的體制，而未來的希望，則在於藉由政治當局對經濟事務執行更大幅度的人為控制。促成知識份子如此改信的，不是有什麼實際存在的集體主義社會，成為他們嚮往的榜樣，雖然那個在俄國成立的共產主義社會，以及寄託在它身上的熱烈希望，無疑大大加速這個改信過程。促成知識份子如此改信的，是他們拿現存的社會事態，它的一切不公平和其他缺點一個不漏，和某個應該怎樣就是怎樣的假設性社會事態做比較——實際的被拿來和理想的做比較。

當時也不大可能有其他種比較。沒錯，人類的確經歷過好幾世紀的中央集權管制，和國家對經濟事務的綿密干預。但是，政治上、科學上，和生產技術上，已發生革命性的改變。於是，有人認為，有了民主的政治結構、現代的生產工具、和現代的科學，我們當然能夠做得比以前的人可能做到的好得多。

當時那樣的心態，現在仍瀰漫在我們四周。知識份子仍然傾向認為，現行的任何政府干預都是可喜的，傾向把一切不幸歸咎於市場，並且在評估各種新的政府管制建議時，傾向只考慮它們的理想狀況，只想到如果由能幹的、無私的、不受特殊利益團體壓力影響的人來管理，它們應該可以產生預期的效果。有限政府和企業自由的支持者仍然是處於挨打的那一方。

然而，情況已經有所改變。我們現在已有好幾十年的政府干預經驗。不再需要拿實際的市場運作情況和理想的政府干預運作情況做比較；我們現在可以拿實際的和實際的做比較。

如果我們這麼做，那就很容易看出，實際的市場運作情況和理想的市場運作情況兩者之間的差距，雖然毫無疑問很大，但若是拿來和實際的政府干預效果與預期的政府干預效果兩者之間的差距做比較，便不算是什麼差距了。現在有誰能在統治俄國的那個龐大的專制獨裁體制中，看到人類的自由與尊嚴有什麼很大的進步希望？馬克思和恩格斯在共產主義宣言裡寫道：「無產階級者，除了他們的腳鐐手銬，沒什麼可以輸。他們有一整個世界可以贏。」現在有誰能說，無產階級在俄國被套上的那種腳鐐手銬，比無產階級在美國，或英國，或法國，或德國，或任何西方國家，被套上的腳鐐手銬，來得脆弱寬鬆一些呢？

且讓我們就近看看我們國內的實際干預經驗。過去數十年實施的那些偉大的「改革計畫」中，有哪一項達成它的目標了？那些改革計畫的支持者，他們的善意可曾實現過？

節制鐵路公司獨占以保護消費者的立法條例，很快變成鐵路公司賴以保護它們自己，免於新對手競爭的一個工具，而消費者，當然，變成刀俎上的魚肉被犧牲了。

一個所得稅制，起初立法通過時稅率很低，後來被拿去作為要讓下層社會得利的所得重分配工具，現在已經變成是一個只有粉飾作用的門面，去遮掩各式各樣的漏洞與特別規定，遮掩它們使名目上高度累進的所得稅率，大多形同具文的事實。只須按百分之二十三點五的均一稅率，對目前的應稅所得徵稅，便可產生，和目前從百分之二十累進到百分之九十一的稅率所徵收到的，一樣多的稅收。一個原本打算要降低所得不平等和促進財富擴散的所得稅制，實際上卻助長了公司保留盈餘，從而有利大公司成長，抑制資本市場運作，不利新企業成立。

貨幣制度方面的那些改革，原本打算要促進整體經濟與物價的穩定，卻在第一次世界大戰期間和其後加劇通貨膨脹，並且使整體經濟，在戰後比從前任何時期都更不穩定。把一次嚴重的經濟緊縮，變成一九二九至一九三三年大蕭條那種大災難的因素，固然很多，但那些改革設立的那個貨幣當局，無疑須擔負主要的責任。一個主要是為了防止銀行恐慌而成立的制度，竟然製造出美國歷史上最嚴重的銀行業恐慌。

一個原本打算要幫助貧農，並且要在農業秩序中消除所謂基本亂源的農業計畫，已經變成國家的一個醜聞，因為它浪費公帑，扭曲資源使用，把越來越沉重和綿密的管制規定，牢牢釘在農民身上，嚴重干擾美國的外交政策，而且，儘管產生所有這些弊端，還沒幫到貧農。

一個原本打算要改善窮人的住宅條件、要減少青少年犯罪，以及要協助消滅都市貧民窟的公共住宅計畫，卻使窮人的住宅條件更加惡化、助長青少年犯罪，並且散播都市衰敗的景觀。

在一九三〇年代，對於知識界來說，「勞動」和「工會」是兩個同義詞；相信工會的純潔與美德，如同相信家庭與母愛。當時為了支持工會，並促進「公平的」勞動關係，通過大量的法律，工會的勢力於是大漲。到了一九五〇年代，「工會」已幾乎是一個骯髒的字眼；它不再是「勞動」的同義詞，不再自動被理所當然地認為站在天使的這一方。

社會安全措施，當初立法通過時，是要使接受援助成為一個權利事項，要消除需要直接救濟與援助。如今，有好幾百萬人收到社會安全給付，然而，救濟名冊卻越來越厚，花在直接援助的經費也越來越多。

不難舉出更多這樣的例子：一九三〇年代的白銀收購計畫、公共電力計畫、第二次世界大戰後的援外計畫、聯邦通訊委員會、都市再開發計畫、物資儲備計畫等等——這些以及更多的政府計畫實際產生的效果，非常不同於它們想要達成的效果，而且，一般來說，剛好和它們想要達成的效果相反。

也有一些例外的情況。那些縱橫交錯於全國的高速公路網、橫跨大江大河的雄偉堤壩、環繞地球軌道的人造衛星，全都是體現政府有能力支配大量資源的偉大證物。目前的學校教育體系，儘管它還有這樣或那樣的缺點與問題，也儘管只要引進各種市場力量讓它們更有效地發揮，它便可能獲得這樣或那樣的改善，但是，它確實擴大了美國青年人的機會，也有助於擴大自由的範圍。它是那些成千上萬曾在地方學區教育委員會上服務的人，熱心公益，努力奉獻的一個證明，也是一般民眾願意為他們心目中的公益目的，承擔重稅的一個證明。《謝爾曼反托拉斯法》，儘管在執行細節上有這樣或那樣的問題，但憑它本身的存在，確實促進了競爭。某些公共衛生措施，有助於減少傳染病。某些援助措施，減輕了痛苦與折磨。某些地方當局，時常提供社區生活必不可少的設施。政府大體上維持了治安，雖然在許多大城市，政府在這項非常基本的功能上，表現遠遠不能令人滿意。作為芝加哥的一個市民，我這是有感而發。

果真要把這一切得失評出一個成績來，那分數幾乎肯定是很難看。過去數十年，政府執行的這些新措施，大多未能達成它們的目標。美國的確繼續進步；和以前相比，美國人民的確吃得比較好、穿得比較好、住得比較好，也行得比較好了；社會階級與地位差別的確縮小了；少數族群的確變得比較不是那麼弱勢了；大眾文化的確飛躍進步了。這一切都是許多個人的主動與幹勁，透過自由市場合作產生的成果。政府措施，向來是阻礙而不是幫助此一發展。只因自由市場的創造力非凡，所以我們才能承受並且超越政府措施。推動進步的那一隻看不見的手，比扯後腿的那一隻看得見的手，更有力。

近幾十年來，政府所推動的這些改革措施，有這麼多出了差錯，有這麼多光明的希望，結果是灰飛煙滅，難道個個都是意外？難道只是因為這些措施在細節上不完善？

我相信，答案顯然是否定的。這些措施的核心缺陷是，它們為了促進某一據說是全民的利益，企圖透過政府，強迫人們違背他們自己的切身利益。它們企圖解決某一據說是利益衝突的情況，或某一對於利益的見解有所不同的情況，但它們採取的辦法不是建立某一架構消弭衝突，或說服人們改變他們的利益觀點，而是迫使人們違背他們自己的利益。它們以局外人的價值觀，取代局中人的價值觀；它們或者讓某些人有權指示別人什麼對他們有利，或者讓政府從某些人手中取得一些東西來圖利別人。所以，這些措施受到一股力量的抵制，一股人類所知最強大也最有創意的力量──數以百萬計的個人企圖增進他們自己的利益，企圖按照他們自己的價值觀過他們的生活，所形成的力量。這是為什麼政府措施的實際效果，老是和預期相反的最主要理由。它也是自由社會的一個主要強處；政府措施之所以扼殺不了自由社會，就是因為有它。

我講的那些利益，不完全是狹隘的利己主義的利益。相反的，它們包含人們所珍惜的一切價值，為了這些價值，他們願意散盡他們的財富，甚至犧牲他們的性命。那些犧牲他們的生命反對希特勒的德國人，是在追求他們心目中的利益。那些奉獻大量的精力與時間從事慈善活動、教育活動、和宗教活動的男男女女，也是在追求他們心目中的利益。當然，像這樣的利益只在少數人的心目中才是重大的利益。自由社會的一個優點是，儘管某些利益只是少數人認為的利益，它卻允許這些利益充分發揮，不會把它們排在主宰大多數人類的那些狹隘的唯物是尚的利益之後，不會比較輕視它們。這是為什麼，和集體主義社會相比，資本主義社會比較不是那麼唯物是尚的原因。

既然政府干預的成績是這麼的難看，那為什麼看起來仍舊是我們這些反對新的政府措施、企圖把已經過分龐大的政府角色削減一些些的人，在承擔舉證的責任呢？且讓戴雪來回答：「國家干預，特別是以立法的形式實施的干預，有益的作用是直接的，立即的，並且，可以說，顯而易見的，而干預的有害作用卻是漸進的，間接的，出現在遠處看不見的。……而……大部分人民也不會牢記國家督察員可能是不稱職的、疏忽職守的，甚至偶爾是腐敗的……很少人領悟國家幫助扼殺自助這個不可否認的真理。因此，大多數人類必定幾乎總是會對政府干預過分青眼有加。唯有社會上存在著……一種支持個人自由，亦即，一種支持自由放任的偏見或預設立場，才能夠抵抗此一自然的偏見。因此，僅僅是自助的信念減弱——而這種信念的減弱無疑已經發生——本身便足以解釋趨向社會主義的立法增長。」[1]

自由的保全與擴張，如今受到來自兩方面的威脅。其中一方面的威脅是清楚明確的。它是外來的威脅，來自克里姆林宮那些誓言埋葬我們的壞蛋。另一方面的威脅則是比較微妙。它是內在的威脅，來自一些誠心希望改革我們的善意人士。他們覺得以說理和舉例來達成他們所憧憬的那些偉大的社會改革，過於緩慢不能忍受，所以渴望使用國家權力來達成他們的目的，並且相信他們自己有能力以這種方式，來達成他們的目的。然而，如果他們獲得了那權力，他們將達不到他們熱切嚮往的目的，不僅如此，他們還將製造出一個讓他們望而生畏的集體主義國家，而且他們也將成為首批的受害者。集中的權力，不會因為權力締造者的善意而變得無害。

不幸的是，這兩方面的威脅互相支援增強。即使我們避免了核浩劫、來自克里姆林宮的威脅，也需要我們把相當大的一部分資源用於軍事防衛。政府是我們的很多產品與服務的大買家，甚至是許多廠商和產業唯一的買家，它在這方面的重要性，已經把令人不安的一大把經濟權力，集中到政治當局的手中，改變了企業經營的環境，和

---

1 A.V. Dicey, *Law and Public Opinion in England*, (2nd ed., London: Macmillan, 1914), pp.257-8.

企業成敗的決定標準，從而以這些以及其他方式，危及自由市場的運作。這種危險我們不可能避免，但是，我們沒必要繼續讓政府，在無關國家軍事防衛的領域，像目前這樣執行廣泛的干預，或承擔更多新的活動計畫——從醫療保健到月球探測，來加劇前述那種危險。

正如亞當．史密斯所言，「國家不會一下子就毀了」[2]。我們的基本價值結構和各種自由的習俗、常規與制度所組成的厚實網絡，可承受住許多沉重的打擊。我相信，我們將能夠保全與擴張自由，儘管軍事計畫的規模，也儘管已經集中在華府的經濟權力相當龐大。但是，只有當我們意識到我們所面臨的危險，只有當我們說服我們的同胞相信，要達到他們所嚮往的目的，自由的體制所提供的那一條路線，也許比較慢，但肯定比國家的強制力更可靠，只有這樣，我們將來才能夠保全與擴張自由。思想氛圍已經出現的那些零星閃爍的變化，是未來充滿希望的徵兆。

2 譯者注：據傳有一位憂心國事的英國青年，在美國脫離英國獨立時問亞當．史密斯英國未來的前途。史密斯安撫他說，"There is much ruin in a nation"。有人將之譯為「富盛之邦不會毀於一旦」。

密爾頓・弗利曼年表

年代	生平記事
一九一二	一九一二年七月生於紐約市一個工人階級的猶太人家庭，父母親皆是從奧匈帝國移居美國。
一九二八	十六歲前完成高中學業，憑獎學金入讀羅格斯大學。
一九三二	取得文學士後，一九三三年進入芝加哥大學，並完成碩士學位。畢業後，他曾為羅斯福新政工作，批准了許多早期的新政措施以解決當時艱難的經濟情況，尤其是新政的許多公共建設計畫。隨後弗利曼到哥倫比亞大學繼續修讀經濟學，研究計量、制度及實踐經濟學。
一九三九	與羅絲（Rose Director）成婚，並育有兩名子女。
一九四一	一九四一至一九四三年間，他出任美國財政部顧問，研究戰時的稅務政策。
一九四三	一九四三至一九四五年在哥倫比亞大學參與研究小組，為武器設計、戰略及冶金實驗分析數據。
一九四五	弗利曼與後來的諾貝爾經濟學獎得主喬治·史蒂格勒到明尼蘇達大學任職。
一九四六	獲哥倫比亞大學博士學位，並回到芝加哥大學教授經濟理論，在這段期間內，為國民經濟研究局研究貨幣在商業周期的角色。

年代	生平記事
一九五一	獲得有小諾貝爾經濟獎之稱的約翰．貝茲．克拉克獎。
一九五三	一九五三至一九五四年，以訪問學者的身分前往英國劍橋大學岡維爾與凱斯學院任教。
一九五五	《經濟學和公共利益》出版。
一九六二	《資本主義與自由》出版。
一九七六	獲得諾貝爾經濟學獎，以表揚他在消費分析、貨幣供應理論及歷史和穩定政策複雜性等範疇的貢獻，被譽為二十世紀最重要的經濟學家之一。同年，從芝加哥大學退休，這三十年裡，他將芝大經濟系形塑成緊密而完整的經濟學派，力倡自由經濟，被稱為芝加哥經濟學派。
一九七七	加入史丹佛大學的胡佛研究所。
一九八〇	主持了名為《選擇的自由》（Free to Choose）的電視節目，並出版了《選擇的自由》的著作，廣泛的被大眾認識。
一九八八	取得了美國國家科學獎章，同年並得到總統自由勳章。

年代	生平記事
一九九六	成立弗利曼基金會（Milton and Rose Friedman Foundation），研究各地教育券成效，並向公眾宣揚教育券的優點和教育改革的迫切性。
一九九八	《兩個幸運的人》出版。
二〇〇六	十一月十六日在舊金山家中因心臟病發引致衰竭逝世，享年九十四歲。

名詞索引

二畫

三畫

四畫

五畫

六畫

七畫

八畫

九畫

十畫

十一畫

十二畫

十三畫

十四畫

十七畫

十八畫

十九畫

二十畫

二十一畫

經典名著文庫 018

資本主義與自由

作　　者 — 密爾頓・弗利曼 (Milton Friedman)
譯　　者 — 謝宗林
導　　讀 — 吳惠林
發 行 人 — 楊榮川
總 經 理 — 楊士清
總 編 輯 — 楊秀麗
文庫策劃 — 楊榮川
本書主編 — 侯家嵐
責任編輯 — 侯家嵐
文字校對 — 劉天祥、許宸瑞
封面設計 — 姚孝慈
著者繪像 — 莊河源
出 版 者 — 五南圖書出版股份有限公司
地　　址 — 台北市大安區 106 和平東路二段 339 號 4 樓
電　　話 — 02-27055066（代表號）
傳　　眞 — 02-27066100
劃撥帳號 — 01068953
戶　　名 — 五南圖書出版股份有限公司
網　　址 — https://www.wunan.com.tw
電子郵件 — wunan@wunan.com.tw
法律顧問 — 林勝安律師事務所　林勝安律師
出版日期 — 2010 年 7 月初版一刷
2011 年 11 月二版一刷
2014 年 8 月三版一刷
2018 年 6 月四版一刷
2020 年 10 月四版三刷
2023 年 1 月五版一刷
定　　價 — 450 元

國家圖書館出版品預行編目資料

資本主義與自由 / 密爾頓・弗利曼 (Milton Friedman) 著；謝宗林譯. -- 五版 -- 臺北市：五南圖書出版股份有限公司，2023.01
面；公分. --（經典名著文庫）
譯自：Capitalism and freedom
ISBN 978-626-343-568-1(平裝)

1.CST: 資本主義　2.CST: 自由　3. CST: 經濟政策　4. CST: 美國

550.187　　111019542